宋學概要

夏君虞著

民國滬上初版書·復制版

夏君虞　著

SJPC
上海三聯書店

图书在版编目(CIP)数据

宋学概要 / 夏君虞著. ——上海：上海三联书店，2014.3
(民国沪上初版书·复制版)
ISBN 978-7-5426-4563-0
Ⅰ.①宋… Ⅱ.①夏… Ⅲ.①理学—研究—中国—宋代 Ⅳ.①B244.05
中国版本图书馆 CIP 数据核字(2014)第 029538 号

宋学概要

著　　者 / 夏君虞
责任编辑 / 陈启甸 王倩怡
封面设计 / 清风
策　　划 / 赵炬
执　　行 / 取映文化
加工整理 / 嘎拉 江岩 牵牛 莉娜
监　　制 / 吴昊
责任校对 / 笑然

出版发行 / 上海三联书店
(201199)中国上海市闵行区都市路 4855 号 2 座 10 楼
网　　址 / http://www.sjpc1932.com
邮购电话 / 021-24175971
印刷装订 / 常熟市人民印刷厂

版　　次 / 2014 年 3 月第 1 版
印　　次 / 2014 年 3 月第 1 次印刷
开　　本 / 650×900　1/16
字　　数 / 350 千字
印　　张 / 30
书　　号 / ISBN 978-7-5426-4563-0/B·336
定　　价 / 138.00 元

民国沪上初版书·复制版

出版人的话

如今的沪上，也只有上海三联书店还会使人联想起民国时期的沪上出版。因为那时活跃在沪上的新知书店、生活书店和读书出版社，以至后来结合成为的三联书店，始终是中国进步出版的代表。我们有责任将那时沪上的出版做些梳理，使曾经推动和影响了那个时代中国文化的书籍拂尘再现。出版"民国沪上初版书·复制版"，便是其中的实践。

民国的"初版书"或称"初版本"，体现了民国时期中国新文化的兴起与前行的创作倾向，表现了出版者选题的与时俱进。

民国的某一时段出现了春秋战国以后的又一次百家争鸣的盛况，这使得社会的各种思想、思潮、主义、主张、学科、学术等等得以充分地著书立说并传播。那时的许多初版书是中国现代学科和学术的开山之作，乃至今天仍是中国学科和学术发展的基本命题。重温那一时期的初版书，对应现时相关的研究与探讨，真是会有许多联想和启示。再现初版书的意义在于温故而知新。

初版之后的重版、再版、修订版等等，尽管会使作品的内容及形式趋于完善，但却不是原创的初始形态，再受到社会变动施加的某些影响，多少会有别于最初的表达。这也是选定初版书的原因。

民国版的图书大多为纸皮书，精装(洋装)书不多，而且初版的印量不大，一般在两三千册之间，加之那时印制技术和纸张条件的局限，几十年过来，得以留存下来的有不少成为了善本甚或孤本，能保存完好无损的就更稀缺了。因而在编制这套书时，只能依据辗转找到的初版书复制，尽可能保持初版时的面貌。对于原书的破损和字迹不清之处，尽可能加以技术修复，使之达到不影响阅读的效果。还需说明的是，复制出版的效果，必然会受所用底本的情形所限，不易达到现今书籍制作的某些水准。

民国时期初版的各种图书大约十余万种，并且以沪上最为集中。文化的创作与出版是一个不断筛选、淘汰、积累的过程，我们将尽力使那时初版的精品佳作得以重现。

我们将严格依照《著作权法》的规则，妥善处理出版的相关事务。

感谢上海图书馆和版本收藏者提供了珍贵的版本文献，使“民国沪上初版书·复制版”得以与公众见面。

相信民国初版书的复制出版，不仅可以满足社会阅读与研究的需要，还可以使民国初版书的内容与形态得以更持久地留存。

2014 年 1 月 1 日

宋學概要

夏君虞著

中華民國二十六年五月初版

目錄

下編　內容及派別

自敘

我與宋學的關係，在很早以前就有了，但其中卻有相當的變遷。

我幼時是從我父親讀書的，除每日講授五經四書外，在茶餘飯後庭前月下，往往將宋儒的語錄一段一段地口誦給我聽，兒童純淨的腦筋，來上這麽一個烙印，自然於他整個的思想前程，有很大很深的影響！

稍長，出就外傳，第一個恩師孫澤涵先生，他憐我家貧，特別減輕我的學費，在我從他讀書的時候，他已經是快七十歲了，鬚髮皓白，唯精神卻甚健旺，他口口聲聲說他的教書是要爲中國留讀書種子，他在致友人書裏曾說過：「藉此桑楡，聊培桃李」他教我第一個作文題是「師道立則善人多，」第二個作文題是「賢才舉則天下治，」這都是出在宋儒周敦頤通書裏，我自是時起，開始看宋儒的著作，當然第一部就是周敦頤的通書。同時因爲考證「讀書種子」四字的來源，把明儒方孝孺的書也看過了。

第二個先生是鄭駿卿，我雖然從他只有半年，但他給我印象卻不淺，他教我讀王陽明的詩，他講解易經特別好，自是以後，我纔不專以卜筮之書看待易經；而王詩中「個個人心有仲尼」一語卻引起我尋覓仲尼究在那兒的動念。

由鄭先生的介紹，我於十九歲時又到桐城縣立中學去讀書，於是又開始受桐城派的陶冶。桐城派有他們那一種自成風氣的淸淡習尙，他們反對浮華，以拳術上的名詞來比擬他們好像是講求內功，越是無火氣，越是文章的上乘。他們做文章的家法有八個字，就是易經上所說的「言之有物，言之有序，」「言之有物」的別一個解釋就是「文以載道，」因爲如此，所以作爲他們文章骨幹的，卻是宋學，凡是桐城派的人，都要對於宋學加功研究，換言之，凡是學習桐城派文章的人，都要同時學習宋學，如是他的文章才能「言之有物。」至於「言之有序，」乃是技術問題，不是文章的內容，而是文章的構造。我在桐城讀書四年，和他們那些老師宿儒討論不知道若干次，我那時的腦筋裏，眞以爲「天下文章其在桐城乎！」

二十三歲我升學到武昌師大，得從黃師季剛游者前後凡四年，我的習尙爲之一變，從前以爲宋學以外都是邪說，現在始知漢代的考證學亦是儒門以內一重要學派，考證學在前漢今文家講究家法，在後漢古文家講究師法，然不論如何，其一種「實事求是」的精神，實合於現代的科學精神，有可欽崇之點。且考證學似爲學古者第一不可少之步驟，否則學習的功夫等於白費。卽以文章而論，漢魏六朝之作品，可謂爲情文並茂，由文學眞義上講，自有其不可磨滅之價值，且以「文以載道」之「道」字，言宋儒小程子有云：「心卽道也，」張子朱子皆云：「心統性情，」是性情二者都是道，寫性的文章謂之載道，寫情的文章亦可謂之載道了。如三百篇中不少男女言情之作，孔子並不刪去，後人且尊之爲經，所謂經當然是載道的了。今人看錯了道字，以爲道與性情不相干，好似一個特別希奇的怪物，極力排斥之，同時又提倡性靈，講究言情，可謂淺薄矛盾到了極點！我自是以後，卽專心致力於考據學與漢魏六朝文章，計歷十年，先後寫作凡十餘種，如漢學考，是想補梁任公淸代學術概論之不足；如文章分類史，是研究前人分劃文章之不同與變遷；如文字學，雖是在湖南第一師範的講稿，但中國文字的變遷與構造，確已詳述無遺；如爾雅考，除敍述爾雅一書之源流外，又考正其中字義若干條；如廬江方言，如兒童發音，是由音韻學的立場作國語教育的研究；如中國學術史上幾個大師，是縱橫兩個方法並用以述說整個的中國學術史；如桐城宗派圖，是模仿張爲的唐詩主客圖，呂居仁的江西詩派圖來窮究桐城文派的源委；此外如六朝人的短束，只是鈔寫之功；周秦諸子學案，只是規模粗樹；以及其他幾種降一等的著作，可以不用提及了！這些著作在他人或不值一盼，在我個人可算是費了十年的心血所獲得的結果。不幸得很，這些稿件都在一二八事變中毀失了！那時我在暨南大學教書，我住在眞如李家閣十八號，我的屋頂上接受了一枚炸彈，我的住房內駐滿了士兵，據說：他們在號寒的時候，就將我的書籍文稿用來當柴火烤，我怎能不像歐陽修的五代史開口嗚呼閉口嗚呼？我又怎能不像賈誼的治安策痛哭流涕長太息？我又只得說：「我的精神已作了國殤了！」

我受了這次打擊，我的精神非常痛苦，我攜帶幼子竹本（時方不滿四歲）回到南京來，父子相依，過度人間極其伶仃的生活，我不久就患病吐血，偶然低吟黃景則的「茫茫來日愁如海」詩句，覺萬念俱灰，頗有撒手人間之志，轉思上有白髮雙親，下有黃口稚子，死固易，不能死實難，精神固已做了國殤，此僅存的軀殼亦當得當以作國殤之用，如此而死，未免不値，乃接受中西醫的勸告，挈同幼子在玄武湖上養病，其年八月幼子竹本亦嬰疫痢，倘非救治之快，已有不可言者。住醫院二十餘日，在玄武湖上養息四個月方能步行。

我在養病之中，醫生禁閱書報，每日偃臥在床，情胡聊賴？乃取宋明諸儒之著作觀之，初意不過藉以頤養心性，一如今之失意軍人皈依佛法以求精神有所寄託。乃閱之既久，不無有得於心，又覺治宋學者亦應當應用漢學之方法，實事求是，先求所謂性命眞詮，次再歸之踐履，庶幾不茫然，不蹈空。雖然宋儒有不以徒講字面爲然者，然吾輩後學則實有不能不如此。同時又深深感覺欲完全了解中國學術史，徒習漢學不能該括無遺，宋明兩代學術，在時代上有六七百年的歷史，在成績上有講明人生，根究宇宙的功勞，況且承唐五代之後，外來的宗教如佛教，如景教，如回教，如摩尼教，如祆教等，都猖獗一時，中國自家的文化幾於掃地以盡，道教憑藉政治上的力量，曾再三予佛教以創傷，如所謂「三武一宗之法禍」，但收效太小，全國人心有「載胥及溺」之嘆，宋學挺起於斯時，上以恢復中國固有之精神，下以作朱明政治文化之先導，何能擱置而不研究呢？於是我又轉變我的漢學興趣，回復到宋學的路途上來。不但以之頤養心性，且欲更進一步了解其所謂心性者。

敍述宋學比較有頭緒的，當推黃宗羲的宋元學案，也是研究宋學者所不可不看的一部書。不過這部書卻有三種短處：第一，不是成於黃氏一人之手，黃氏原著只粗具規模，繼承其業者爲全祖望氏，以及其他若干人先後補苴，意見有不少不同之處。第二，這部書雖具史書的性質，但態度並不十分客觀，如王安石的新學，蘇氏父子的蜀學，以及南宋的楊慈湖學案，或則附錄似的另列於書末，或則删其大半，取其小半，以削足適履，所以這部書只可算爲一家言，不是一部很好的學術史。第三，這部書只以授受源流敍述宋學，後世讀者很不容易用以比較認識宋學之內容，在學術目的上講，我們希望明憭宋學師傳之志願小，希望了解宋學內容之志願大，宋元學案是不能滿足我們志願的。——所以我常常這樣地主張：最好以宋學內容爲主，再寫一部書與宋元學案並行，那就補宋元學案之不足，後世學者益發有門徑有頭緒可尋了！我於是乃又更進一步，發憤要寫這部書。

我懷抱這志願前後共歷三年，這三年中，我的生活起了劃期的變化，弄得精神不安，行踪無定，我到過滁州的瑯琊寺，山僧拒不見納，我又到過鎮江的焦山，又以無錢而不能久留，我乃憤而東渡扶桑，作孔子「乘桴浮海」的實行者，然而強弱懸殊，兩國之交誼時生波折，在某一次的風聲鶴唳中，我又不得不賦歸去，況且寄身異國，無阿堵又何可能？不過，生活雖然如此的不安，而我寫這部書的志願卻未嘗或輟，只要時間上有少微的許可，我總一面研究，一面寫作，現在幸而粗粗的告成了，我眞是一則以喜一則以悲！

我的志願雖然那樣大，可是我的對於宋學並不曾研究十分深，加之生活不安，遑言造詣？不過我的立場還是站在學術史上，只求能說明宋學的所以然，幫助今之研究宋學者之前進，或者引起一般人研究宋學之興趣，則我的願望已算是完全達到了。

宋學並不是如前人所說的那樣神聖，也不是如今人所詆的那樣討厭，他是在講明人生，根究宇宙，他並有維持中華民族的眞功勞，只要你肯留心，你便發覺他的博大精深與重要！我們不要以復古眼光去看他，不要以封建產物去待他，這是我對於讀者們的一點點的小希望。

凡例

一、本書分上下兩卷，第一卷是概論一班，第二卷是分析內容。

二、本書批評少於敍述，因作者的目的在講明宋學而不是評論宋學。

三、因爲目的是在講明宋學，所以儘量就宋人的著作引證分析，後人的評語很少徵用。

四、中國人講學與西洋人未必盡同，以故中國人的學術不可盡量應用西洋的學術用語，本書只就中國固有的術語來分析，非必要時不輕易闌入西洋名詞，以淸眉目，至於某種學問與西洋某種學問相似，讓讀者自己去研究，去領會。

五、本書在可能範圍內儘量由宋元學案一書內取材，以便讀者檢考。

六、作者在着筆之先，卽抱定不參考時賢著作，專向宋儒原著作中作化驗工夫之志願，然以學問不深，所化驗結果未必眞確，且恐尚多固陋之處，望讀者多多指正。

七、本書之成多賚余妻蔣君約女士在溽暑中鈔錄之功，合誌此以銘謝。

八、家父母今年七旬週慶，家貧無以爲壽，本書卽用爲紀念。

宋學概要

上編　概論

第一章　何謂宋學

關於「何謂宋學」這一問題，可分三層來研究：卽一、何謂宋學，二、宋學與漢學，三、宋學之成分。

一、何謂宋學

中國歷史上之宋學，前後一共有兩個。其一在戰國時代，當時的學術，漢劉向父子分之爲九流十家，但這十家之中，以儒與楊墨勢力最大，幾於鼎足而三分天下。楊是楊朱，墨是墨翟，與儒家的孟子同時。孟子在儒門一大功勞，就是因爲力闢楊墨之邪說。墨翟是當時宋國的人，後世遂稱他的學術爲墨學，又稱之爲宋學，這是中國歷史上第一個宋學。不過這宋學，大多數人都稱之爲墨學。宋學之名起於近代，在學術史上還沒佔有地位。中國學術史上負有籍籍盛名的宋學，不是在前的第一個，而是在後的第二個。第一個宋學之名，爲墨學之名所掩蓋。第二個宋學乃將宋學之名獨佔成一家。第二個宋學是何人的學術？就是在第一個宋學之後千餘年的趙宋一代三百餘年的學者所研究成功的學術。第一個宋學之宋是國名，第二個宋學之宋是朝代名，第一個宋學是墨學，第二個宋學是儒學。第一個宋學只是墨翟一人之學，雖然有「別墨」一派，也不過是墨學的支流。第二個宋學，其學者則不止一二人，其內容派別也不那樣簡單。第一個宋學，秦漢以後卽無傳授，僅存墨子一書，尙殘缺不甚完備。至於第二個宋學，則自盛興以來，將近千載，其勢力猶方興未艾，支配了中國社會人心如許久遠。本書所擬討論研究的，卽是第二個宋學，因爲只有第二個宋學，纔當得起宋學之名。

二、宋學與漢學

講到宋學，同時不能不令人想起了漢學。拿朝代作爲學術派別的名號，在中國歷史上前後只有兩個：一就是漢學，二纔是宋學。漢學就是前漢後漢四百年間的學術，與宋學爲北宋南宋三百年間的學術，同在中國學術史上佔有了極重要的地位。

宋學與漢學有什麼區分呢？這姑引用清季曾國藩的話爲說明：

「自朱子表章周子二程子張子，以爲上接孔孟之傳，後世君相師儒，篤守其說，莫之或易。乾隆中，閎儒輩起，訓詁博辨，度越昔賢，別立徽志，號曰漢學，擯有宋五子之術，以爲不得獨尊。而篤信五子者，亦屏棄漢學，以爲破碎害道，齗齗焉而未有已。」——聖哲畫像記。

「當乾隆中葉，海內魁儒畸士，崇尙鴻博，繁稱旁證，考核一字，累數千言不能休，別立幟志，名曰漢學，深擯有宋諸子義理之說，以爲不足復存。」——歐陽生文集敍。

清代桐城姚姬傳先生鼐，曾將中國學術分爲三途：一義理，二詞章，三考證。依曾氏的說明，宋學爲義理學，漢學爲考證學；考證學注重的是名物制度，義理學注重的是微言大義。這就是他們大不同的地方。

觀曾氏所言，還可以推勘出兩重要點：一、宋學與漢學之名是同起於清代，二、宋學與漢學兩派對立，鬭爭最烈。原來清代學術極其昌明，然其重要歸趨，則都在於尙古。古有宋學，經元而明，數百年來，已由盛而衰，由菁華而糟粕，由好學深思而流爲束書高閣，誕妄似狂禪。於是有學者如顧炎武等起，以爲此學非是，「經學卽理學」，學者不能不讀書，於是而舉古代漢學以爲學者準繩，以爲惟有漢學才是眞正學問。就清代說，漢學之興，乃是宋學的反動。因爲排斥宋代學術，而崇尚漢代學術，於是爲區別起見，而立漢學之名；又因有漢學之名，而思爲最後掙扎以與漢學抗者，宋學之名亦於是而起。我們今日讀江藩的漢學師承記，與方東樹的漢學商兌二書，可以想見二派當時爭辯之劇烈！在某一方面講：漢學宋學都不過是淸代學術中的兩派，但本書所欲研究之宋學，則正本淸源，不是研究淸代學術中的宋學之後裔，而以北宋南宋三百年間學術爲眞正的大本營。

其實宋學與漢學之分並不那樣單純，而宋學與漢學之爭也不始於淸代。

在大體上講：漢學是考證學，宋學是義理學，不過，若細細加以觀察，則知義理學在漢代並不是絕無，而宋學中亦不少以考證名家者。漢儒如董仲舒，義理學就很深粹，宋儒孫復卽推尊之，以爲有明道之功（見睢陽子集）。漢書藝文志已於禮記中抽出中庸二篇而另列之。所謂二篇，或係大學在內，是四子書之名起於宋儒程朱，而大學中庸之得獨立爲書，則早始於漢代，漢儒之不看輕義理學於此可見再觀宋儒中，如洪邁，如趙明誠，如王應麟等，亦均孜孜於考證學，並均有籍籍之盛名。故謂漢學以考證學爲盛，宋學以義理學爲盛則可，若以宋學之義理學詆斥漢學，或以漢學之考證學詆斥宋學，則大不可。

宋儒對於漢儒之學不甚稱許，固成爲一普遍現象，其言論偏激者有如下數家：

孫復云：「專守毛萇鄭康成之說而求於詩，吾未見其能盡於詩也。專守孔氏之說而求於書，吾未見其能盡於書也。」——睢陽子集與范天章書。

石介云：「鄭康成注文王世子，云文王以憂勤損壽之說，大非也。文王享年九十有七，豈爲損壽乎？夫憂勤天下者聖人之心也，安樂一身者匹夫之情也。後世人君皆耽於逸樂，壽命不長，康成之罪也。」——徂徠文集憂勤非損壽論。

邵雍云：「漢儒以反經合道爲權，得一端者也。」——觀物外篇。

郭雍云：「自孔子歿，微言復絕，至秦漢間，斯道大否。漢興，諸儒僅能訓詁舉大義，或復歸於陰陽家流，大失聖人言易之旨。……大抵自漢以來，學者以利祿爲心，明經祇欲取靑紫而已，責以聖人之道，固不可得而聞也。」——郭氏傳家易說自序。

羅從彥云「自炎漢以來，未有可稱者，莫不雜以霸道，以司馬光之學猶誤爲之說，況其下者？」——遵堯錄。

張栻云：『漢儒之言曰「明於天地之性者，不可惑以神怪，知萬物之情者，不可罔以非類。」言必有所授，非漢儒所能言。』——南軒文集黃鶴樓記。

薛季宣云：「就龍龜之說，成無驗之文，自漢儒啓之，後世宗之，徵引釋經，如出一口。而聖人之道隱，巫史之說行，後世暗君庸夫，亂臣賊子，據之假符命，惑匪彝，爲天下患害者，比比而是。」——艮齋浪語集河圖洛書辨。

陳傅良云：「彼二鄭諸儒崎嶇章句，窺測皆薄物細故，而建官分職，關於盛衰二三大指，悉晦弗著，後學承誤，轉失其眞。」——止齋文集進周禮序。

葉適云：「漢人不知學。」——水心習學記言。

陸九淵：『陸子嘗問學者曰：「有自信處否？」對曰：「只是信幾個子曰。」陸子徐語之曰：「漢儒幾個杜撰子曰，足下信得過否？」學者不能對，問曰：「先生所信者若何？」曰：「九淵只是信此心。」』——宋元學案、槐堂諸儒學案、知州危驪塘先生稹傳。

葉陸二家言論尤爲激烈，這都是宋儒對於漢儒不滿的表示。大概宋儒無論何人，只要談論到漢儒之學，總要帶出譏訐的語氣。如同清代漢學派講到宋學派，必加以攻擊一樣，這是學術界中不好而又不能避免的現象。

不過，宋學與漢學雖然內容各殊，鬬爭甚烈，但其爲儒家支裔則同。雖然漢學中不少神仙方士成分，宋學也羼雜了許多別的學問。

三、宋學的成分

前面說過，宋學內容並不單純，又羼雜了許多別的學問，是欲了解「何謂宋學」，究有一化驗宋學的成分之必要了！宋學的成分，概括言之，可以如下幾種：

甲、義理學　據前曾國藩所言，是宋學就是義理學，義理學就是宋學的骨幹了。然則究竟何謂義理學呢？考義理二字，源出於孟子第六篇第七章：

「心之所同然者何也？謂理也義也。聖人先得我心之所同然者耳！故理義之悅我心，猶芻豢之悅我口。」

心之所同然者爲義理，則義理學者卽心學之謂。宋程子解釋義理二字意義，謂：

「在物爲理，處物爲義，體用之謂也。」——見孟子註。

是義理學爲研究心之體用之學，乃一完全心學之別名。所以謂之義理學，而不逕稱之爲心學者，蓋以此學研究之對象，以心之義理爲主，而不着重心之物質，其詳當於下編「心學內容及派別」一章中言之。

義理學既爲宋學之主幹，則宋儒之可隸名於義理學者自爲數極夥。所謂濂洛關閩，所謂朱陸異同，要之皆爲義理學中之門戶，其詳固不暇一一列舉。

乙、象數學　鶴林玉露有云：『孔孟教人言理不言數，然天地之間有理必有數，二者未嘗相離。河圖洛書與「危微精一」之語並傳。』誠然，象數之學起源極早。「危微精一」者，卽堯門十六字心傳「人心惟危，道心惟微，惟精惟一，允執厥中」之語，爲中國講明義理學之首，然而其時已有河圖洛書之說行焉。大抵民智未開，文化草昧，神仙象數之說，乃一班人民對於大自然不能認識之認識。以文化眼光觀之，象數學之起源，或又當較義理學爲早，所謂「並傳」不過自其後而言之而已！六經之中，言義理者居多，然大易一書，卽理數並重。傳其學者謂是書始於伏犧之畫卦。夫八卦之畫是否始於伏犧，伏犧之畫卦是否具有甚深之理數學思想，抑爲一實際應用之號碼，俱有商榷餘地。惟自是而後，象數與義理都以流傳，大易一書，幾於爲二學全部所貫注，乃一不容否認之事實。

大易而外，六經中之尙書亦有象數學之記載，箕子之洪範五行，所以爲傳授武王之道統者，卽爲一極著名之象數學。

兩漢之世，象數學極其昌盛，大儒如董仲舒揚雄等，均負籍籍名，於六經而外，又傳所謂「六緯」之說，考其用意，蓋欲舉象數學以與義理學並立。說者謂此爲儒家受戰國時方士怪誕之說之影響，事或有之，然儒門之中，固自亦有其象數學之傳授。——不過，在漢學中古文學家傳信此學者極少，與今文學家不同。

陳直齋書錄解題有云：『王晦叔問南軒曰：「伊川令學者先看王輔嗣胡翼之王介甫三家易何也？」南軒曰「三家不論互體故耳。」要之三家於象數掃除略盡，非特如所云互體也。』王輔嗣即王弼，晉人，胡翼之即胡瑗，王介甫即王安石。觀陳氏所言，即自兩漢古文學家而後，只有晉之王弼及宋之胡瑗王安石三家言易能掃除象數之說，其餘殆尠能免者，象數學之勢力亦可謂盛大！

以上爲象數學之源流。

宋代象數學概括言之，可分爲道士與非道士二大派，所謂道士派者，其學乃出於華山道士陳摶之傳授，非道士派則否，其詳如下：

子、道士派　此派之傳授，朱漢上震易解中嘗言及之：

「陳摶以先天圖傳种放，种放傳穆修，穆修傳李之才，之才傳邵雍。放以河圖洛書傳李漑，李漑傳許堅，許堅傳范諤昌，諤昌傳劉牧。修以太極圖傳周敦頤，敦頤傳程顥程頤，是時張載嘗學於程邵之間。故雍著皇極經世書，牧陳天地五十有五之數，敦頤作通書，程頤述易傳，載造太和參兩篇。臣今以易傳爲宗，和會雍載之論，上采漢魏吳晉，下逮有唐及今，包括異同，庶幾道離而復合。」

依朱氏所言，是道士派中又可分三小支流，即：

天、先天圖派　傳授者：

陳摶—种放—穆修—李之才—邵雍。

地、河圖洛書派　傳授者：

种放—李溉—許堅—范諤昌—劉牧。

玄、太極圖派　傳授者：

穆修—周敦頤—程顥
　　　　　　└程頤

和會第一第三兩派的是張載，和會各家的是朱震自己。

朱氏所言，大體得之，唯是朱氏之後各派流傳之狀況有補充之必要，再分言之：

天、先天圖派　邵雍以後之流傳狀況如下：

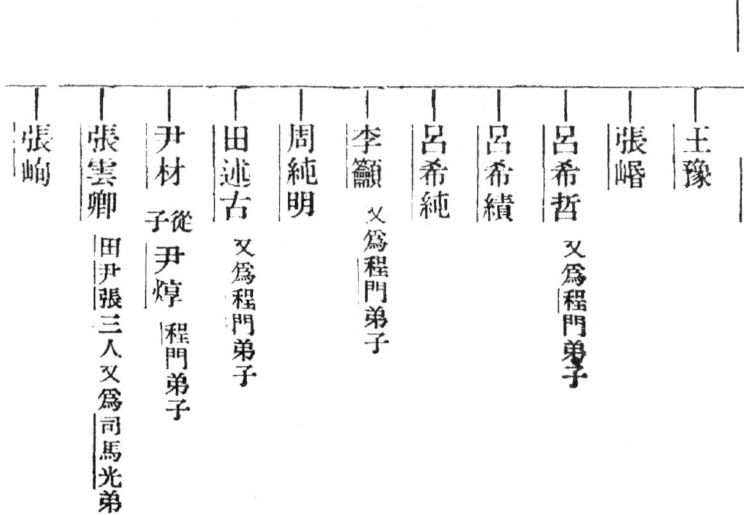
邵雍
子伯溫
王豫
張峿
呂希哲
又爲程門弟子
呂希績
呂希純
李籲
又爲程門弟子
周純明
田述古
又爲程門弟子
尹材
子從尹焞
程門弟子
張雲卿
田尹張三人又爲司馬光弟子
張峋

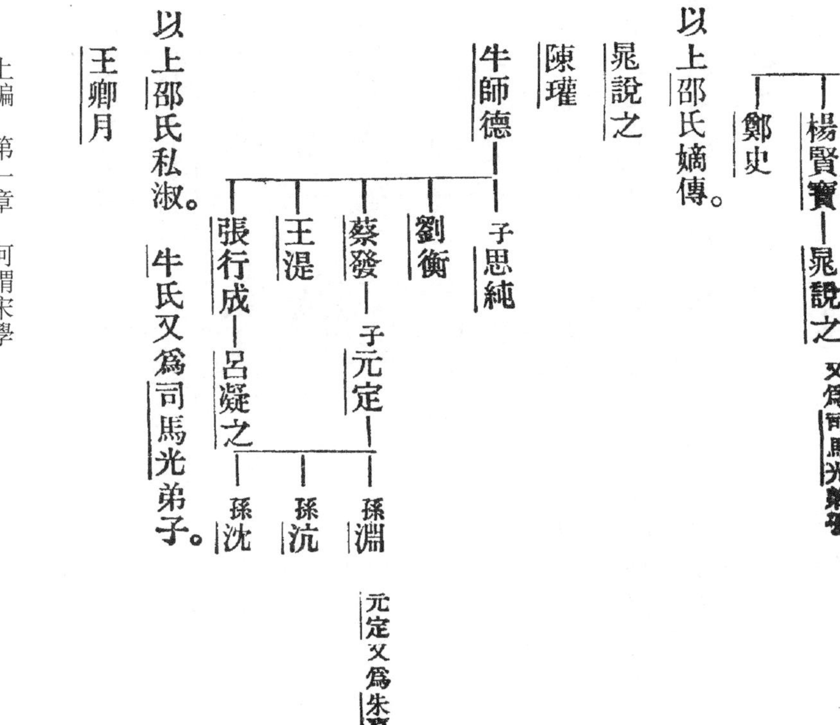

楊賢寶—晁說之 又爲司馬光弟子
鄭史
以上邵氏嫡傳。
晁說之
陳瓘
牛師德—子思純
劉衡
蔡發—子元定 元定又爲朱熹弟子
王湜
張行成—呂凝之
孫淵
孫沆
孫沇
以上邵氏私淑。 牛氏又爲司馬光弟子。

王卿月

以上邵氏續傳。

祝泌—廖應淮

朱元昇—┬—子仕可
　　　　└—子仕立

以上邵學之餘。

杜大可—廖應淮—彭復初—傅立

荆？

以上邵學別派。　杜大可又爲王豫續傳。

先天圖派之流傳大抵如上表，其甚不著名與無甚關係者，未錄。

地、河圖洛書派　此派流傳較不廣，劉牧以後如下表：

劉牧—┬—黃黎獻
　　　└—吳祕—鄭史

私淑徐庸

劉學之傳可考者僅如上表。

玄、太極圖派　此派流傳最廣，其最著者則爲：

北宋　程門之學。

南宋　朱門之學。

程朱之學，在宋學中佔有特殊勢力，門弟子之多爲各家冠，此派流傳之盛可想而知。與朱子同時而反對此派之學者，僅江西陸氏一門，有名之太極圖說辨即爲此而發。無論各家流傳如何，其原出自華山道士陳摶則同。究竟陳摶何所根據？則莫可考。就三派內容而言，前二派數多於理，後一派理多於數。其爲象數之學同，其所以爲象數之學則又不同，殆有轉變於其間焉！

丑、非道士派　非道士派之象數學，其師傳不可考。宋儒中純粹屬此派者，似僅涑水司馬光一人，其所著

潛虛一卷

卽爲此學之代表作。其弟子最有名者爲

晁說之　田述古　牛師德

數人，尤以晁說之爲高足，晁說之亦深慕司馬氏爲人，故號爲景迂生。牛師德之弟子

張行成，著有潛虛衍義十六卷，

亦足算爲此學之流傳。

按查此派象數學之師傳雖不可攷，就此派諸師弟子所有著作推測之，似與漢代揚雄不無關

係。

司馬光　集注四家揚子十三卷

　　　　集注太玄經六卷

晁說之　易玄星紀譜二卷

張行成　翼玄十二卷

司馬氏潛虛一書，卽爲模仿揚子太玄而作，謂此派爲揚雄之私淑，或無不可。果爾，則此派乃爲純粹之儒學。

宋儒中尚有二人，於太玄亦有研究，可附屬於此派。

陳漸　演玄七卷

徐庸　注太玄經十二卷

　　玄頤一卷

非道士派之象數學，可述者大略如上。

所謂道士派與非道士派之分，亦只就其師傳之來源，及其爲首之數人而言。若其流傳則諸家已多淆混，前列各表中已一一爲之注明，是和會衆說又不止張載朱震二人而已了。

象數學在宋學中，似亦具有相當之勢力（參看下編宋學之基本問題章）。

宋儒中不言象數者，除胡瑗外，似只蘇軾王安石二家，後儒反以非正統派稱之。

丙、功利學　功利之名，乃朱子門徒用以詆諆永嘉一派學者，卽亦可謂爲此名所以成立之始。

攷功利二字之來源，當本於董仲舒

「正其誼不謀其利，明其道不計其功」

二語。「正其誼」「明其道」是儒學的本然，「謀其利」「計其功」乃一種雜學說，以功利名其學，是明言其學之不醇了。

宋學中之功利學，大抵主禮樂制度以求見之事功，著名的學者多爲浙派中之永嘉學者：

薛季宣　字士龍，永嘉人，少事袁道潔溉。道潔汝陰人，問學於二程，又傳易於薛翁，已侍薛於宦器之，遂以其學授焉。道潔自六經百氏，下至博弈小數，方術兵書，無所不通。季宣得其所傳，加以考訂千載，凡夫禮樂兵農，莫不該通委曲，眞可施之實用。稱艮齋先生。

陳傅良　字君舉，溫州瑞安人。伊洛之學，東南之士自龜山廌山之外，紹興以後，言理性者宗永嘉。艮齋後出，加以考訂千載，自井田王制司馬法八陣圖之屬，該通委曲，眞可施之實用。傅良既得之，而又解剝於周官左史，變通當世之治，具條畫本末，粲如也。稱止齋先生。

唐仲友　字與政，金華人，與朱晦翁爭秀才閒氣，奉祠肆力於學，上自象緯、方輿、禮樂、刑政、軍賦、職官，以至一切掌故本之經史，參之傳記，旁通午貫，極之繭絲牛毛之細，以求見先王制作之意，推之後世可見之施行。與永嘉諸先生同調，然不甚往還，未解何故？稱說齋先生。或謂永嘉之學倡自先生。

其餘諸人，可參看宋元學案中艮齋止齋說齋三學案。此派學者似多以三禮爲宗，兼尙考訂之學，與義理學之以易爲宗反對考訂者不同。

永嘉之學至葉水心適始一轉手，但永康陳同甫亮又崛起而言事功，不肯隨人牙後談性命，其言有云：

「功到成處，便是有德，事到濟處，便是有理。」

亦可屬之於此學。又張南軒栻門人亦多言經濟，魏了翁私淑朱張之學，而兼有永嘉經制之粹，此學在宋學中勢力亦不小。

丁、歷史學

宋學中史學頗稱發達，其重要學者及著作列下：

歐陽修　集古錄　奉詔修唐書紀志表　自撰五代史記

長子 發　古今系譜圖橫行後世譜學家稱爲「歐體」　宋朝二府年表年號錄

門人 劉攽　尤邃史學，司馬溫公修資治通鑑，命專修漢至隋一段。

曾鞏　金石錄

蘇軾　古史

父 洵　族譜直行後世譜學家稱爲「蘇體」

司馬光　資治通鑑

歷年圖　通歷　稽古錄

本朝百官公卿表

溫公修資治通鑑共商體例外，又命修五代一段。

學侶 劉恕　十國紀年　包犧至周厲王疑年譜

共和至熙寧年略譜　通鑑外紀

門人 范祖禹 温公修資治通鑑，命專修唐一段。

子 范沖 重修神哲兩朝實錄，又有考異一書，世號「朱墨史」（舊文以墨書，删去者以黃書，新修者以朱書。）

續傳 李燾 續資治通鑑長編 四朝史藁 江左方鎮年表

李心傳 高宗繫年錄 十三朝會要

胡安國 春秋傳 資治通鑑舉要補遺

次子 胡寧 春秋通旨

趙 鼎 神宗哲宗二史

呂祖謙 大事記

朱 熹 通鑑綱目 宋名臣言行錄 伊洛淵源錄

陳傅良 西漢史鈔

門人 蔡幼學 宋通志

孔元忠　編年通考

金履祥　通鑑前編

馬端臨　文獻通攷

鄭　樵　通志

袁　樞　通鑑紀事本末

王應麟　通鑑答問　通鑑地理攷

洪　邁　節資治通鑑　四朝史記

以上所舉，不過略示其凡，即此已可見宋學中史學之盛。其中如歐陽修之五代史，司馬光之資治通鑑，朱熹之通鑑綱目，馬端臨之文獻通攷，鄭樵之通志，袁樞之紀事本末，尤爲後人所稱道。而紀事本末體自立一格，前無古人今不能廢，尤稱創作。

戊、文獻學　「文獻」二字，源出於論語八佾篇孔子「文獻不足故也」一語。鄭氏注言：「獻猶賢也。我不以禮成之者，以此二國之君文章賢才不足故也。」朱熹集注：「文典籍也，獻賢也，」是文獻二字原含有文章賢才二意。所謂文獻學者，其意亦應指師傳與典籍二者而言。不過在後世則意義變更了！後世所謂文獻學的意義，大都偏重在文章典籍這一面。所謂文獻學就是文章典籍之學。在儒學中，文獻學與義理學相對立，文獻學是講論禮樂制度，義理學是闡述微言大義。講論禮樂制度，當然注重文章典籍了。

在通常漢學謂之文獻學，宋學謂之義理學。然宋學中以文獻學名家者亦頗不乏人，最著者如東萊呂氏一門，在當時即負有「中原文獻」的盛譽。

考宋元學案所載呂氏一門學者多及八世二十二人之多（參看下編第一章婺學），導源於呂申公公著，成於其長子榮陽公希哲。榮陽公家傳論學有云：

「不主一門，不私一說，直截勁捷，以造聖人。」

「雖萬物之理本末一致，而必欲有爲。」

這就是他的學風了。傳至南宋呂成公祖謙，則更發揚光大，婺學一派，與朱陸鼎立，朱熹當時曾評論之說：

「伯恭（按卽祖謙字）於史分外子細，於經卻不甚理會。」

這都是他家學學風的說明，流風所及，元末明初尙有守其學而不失者，亦可想見其盛。於此有須注意者，卽宋學中之文獻學，與漢代之文獻學微有不同。漢儒偏於考證名物度數，訓詁章句。宋學之文獻學，則所謂義理之文獻學，訓詁章句，多不屑爲。

己、雜學　所謂雜學，乃言以儒學兼雜其他各家之學，此與前節所言「不主一門，不私一說」有別。前節所言「不主一門，不私一說」，乃儒門以內不守一師之說，大旨仍以儒學爲宗。至於雜學則往往以異說解儒學，或者混異說於儒學，只有儒學之名，而精神則不是醇粹的儒學了。朱熹有雜學辯，乃以辯大蘇之易解，小蘇之老子解，張無垢之中庸解，呂氏之大學解。考宋學中之雜學，尙不止上列數家，細分析之則如下：

子、雜禪學者　此派最多，前人所明定者有：

王安石

蘇　軾

蘇　轍

晁説之

吕希哲

謝良佐上蔡

楊　時龜山

游　酢

王　蘋信伯

陳　瓘

鄒　浩

關　治楊時門人

吕本中

陳　淵

張九成（無垢居士又號橫浦居士）

劉勉之

胡憲

劉子翬

汪應辰

張浚

楊簡（慈湖）

詹阜民——喻仲可
　　　　——顧平甫

劉堯夫

陳正己

眞德秀

附注：二程子亦曾出入釋老幾十年。
張載初亦出入佛老。
程門高第多雜禪，不止上列謝楊諸家。

丑、雜老學者　前象數學一節，已言及雜老學者之多，大儒如邵雍周敦頤程顥程頤張載朱熹等均其著者。又宋儒自號「居士」者頗衆，此亦雜老學之證。老學來源於華山道士陳摶，不信奉其說者，以象山陸氏爲最。

寅、雜管晏學者

王安石

卯、雜縱橫學者

蘇洵

蘇軾

蘇轍

雜學之中，以佛老二氏爲最，全謝山祖望有云：

「兩宋諸儒，門庭徑路，半出於佛老。」——題眞西山集。

蓋其時承佛老二學盛行以後，殆其勢有不免受其影響者。

庚、其他　所謂宋學，乃指言有宋一代三百餘年之學術，其成分自不僅如前述六種，其鼎鼎有名而爲後世所稱頌者，尚有以下數學：

子、金石學　著名學者爲：

歐陽修

劉敞

劉攽

趙明誠

洪邁

王厚之王安禮之後

丑、聲韻學　著名學者爲：

吳棫

鄭樵

鄭庠

李從周（魏了翁講友）

寅、考證學　著名學者爲：

洪邁

王應麟

卯、文學　此可分散文與詩及詞三者而言。散文界有所謂「唐宋八家」者，除唐韓愈柳宗元二家外，宋代卽佔有六家：歐陽修蘇洵蘇軾蘇轍王安石曾鞏等是。詩學中亦有所謂唐詩宋詩之壁壘，宋詩人如梅堯臣黃庭堅陳師道蘇軾陸游等均其表表者，而呂居仁之江西詩社宗派圖，張爲之唐詩主客圖，尤爲有名著作。至於宋詞，尤極一時之盛，名家亦不可更僕數，而周邦彥有「詞聖」之稱，其地位幾如詩學中之唐代杜甫，凡此均言宋學者所不可略。

此外尚有歐陽修蘇軾米芾之字，李公麟之畫，亦各自成家，而負一代盛譽。王安石之新學，別樹一幟，不肯隨人，其學以周禮一書爲本，其旨歸亦所以推行聖學。

宋學之成分，如此繁複，誠所謂洋洋大觀。所以宋代文化在中國歷史上，自具其一種特異之色彩，而傳播東至日本，可謂極盛！唯是宋學之成分雖多，而其主要之思想，則仍爲義理學，卽所謂象數學、功利學、歷史學、文獻學以及雜學等等，皆以義理學爲骨幹，亦可說義理學爲宋學思想之淵源。質言之，宋學之成分雖不單純，若以義理學統攝之，亦未爲不可。欲研究宋學者，當自了解其義理學之內容着手，得其義理學，則所謂宋學者思過半了。

四、結語

陳述了「何謂宋學」「宋學與漢學」及「宋學之成分」三者，則所謂宋學之意義當已了然。總結之，卽所謂宋學者，乃指趙宋一代三百餘年儒家中心思想之義理學而言。研究宋學者，當先以宋代之義理學爲對象，由義理學之骨幹再便中而言及其他，此爲本書所採取之途徑，亦爲中國歷來研究宋學者所採取之途徑。

第二章　宋元學案

有名而且空前的，爲研究宋學者所不能不首先閱讀的，就是宋元學案這部書了。明末清初史學而兼義理學家的黃梨洲宗羲，在他著作了明儒學案以外，又編撰宋元學案，可是沒有成功，後來他的兒子黃來史百家及史學家全謝山祖望繼承他的事業，纔把這部書完成。清季何紹基的父親何淩漢先生在這部書的原敍裏說：

「昔讀鮚埼亭集，知黃梨洲先生於明儒學案而外，尙有宋元學案，未及成編，其子來史先生曁全謝山先生後先修補。」

梨洲七世孫直垕在這書的跋裏又說：

「先遺獻公於明儒學案外，又輯宋元儒學案，尙未成編而卒，命季子主一公纂輯之。其後謝山全庶常又續修之。大父曾向全氏索觀而不得。全氏歿，配京盧氏寄稿二十册，續寄序錄一卷。大父得之，欣同拱璧，晚歲里居，爲之鈔輯者有年。無如展轉鈔寫，多有闕略舛誤，魯魚亥豕，更不待言。而全氏手筆又多蠅頭細草，另星件繫，幾不可識別。先子於歸田後，復爲之正其舛誤，補其缺略，倂其件繫，命直屋鈔錄而次第之，是書始克成編。」

一部書經過這多的名手纂輯，當然是價值很高。今考是書共分百卷，凡九十一學案，鄞縣王梓材，慈谿馮雲濠，道州何紹基再繼續修補之。大體以言，可以謂爲黃全兩氏所合作。就九十一學案區分之，則如下表：

黃氏原著者：

學案	案主	命名由來	備註
百源學案	邵雍	居蘇門山百源之上	
明道學案	程顥	文彥博題其墓曰明道先生	
伊川學案	程頤	居伊陽學者稱伊川先生	
橫渠學案	張載	以僑寓爲鳳翔郿縣橫渠鎮人	梓材校正
上蔡學案	謝良佐	譸春上蔡人	
廌山學案	游酢	著有廌山集十卷	

和靖學案	尹焞	賜號和靖處士	
劉李諸儒學案	劉絢　李籲　侯仲良等	以爲首劉絢李籲二人代表	
周許諸儒學案	周行己　許景衡等	以周許二人代表	原名永嘉學案之一全氏改名
武夷學案	胡安國	建之崇安人崇安近武夷山	
豫章學案	羅從彥	學者稱豫章先生	全氏有所歸倂
橫浦學案	張九成	自號橫浦居士	全氏略補
晦翁學案	朱熹	字元晦一字仲晦又稱晦庵	原名紫陽學案全氏改名
龍川學案	陳亮	學者稱爲龍川先生	原稱永康學案全氏改名
象山學案	陸九淵	嘗居貴溪之象山學者稱象山先生	原爲金溪學案之三全氏改名
木鐘學案	陳埴	嘗言「善問者如攻堅木善待問者如撞鐘」故集其答弟子之問者曰木鐘集	原稱潛室學案全氏改名
嶽麓諸儒學案	胡大時　彭龜年等	張宣公栻在嶽麓書院教授諸弟子	
麗澤諸儒學案	葉邽　樓昉　葛洪等	呂東萊祖謙在麗澤書院教授諸弟子	
西山眞氏學案	眞德秀	學者稱西山先生西山卽西巖山	原稱西山學案全氏改名以別於西山蔡氏
北山四先生學案	何基等	何居金華山北人稱爲北山先生	原稱金華學案全氏改名

雙峯學案	饒魯	作石洞書院前有兩峯號雙峯	全氏有修補
東發學案	黃震	字東發	原稱四明朱門學案二全氏改名
靜清學案	史蒙卿	自號靜清處士	原稱四明朱門學案一全氏改名
介軒學案	董夢程	號介軒	原稱新安學案全氏改名
草廬學案	吳澄	所居草屋數間鉅夫題曰草廬故學者稱草廬先生	梓材等併入九江學派

全氏特立者：

高平學案	范仲淹	高平人	梓材修補
廬陵學案	歐陽修	廬陵人	同上
古靈四先生學案	陳襄 鄭穆 陳烈 周希孟	陳襄稱古靈先生	
士劉諸儒學案	士建中 劉顏 王開祖等	士劉爲代表	
范呂諸儒學案	范鎮 呂公著 李常等	范呂二人爲代表	梓材修補
元城學案	劉安世	學者稱元城先生	
華陽學案	范祖禹	華陽人	
景迂學案	晁說之	慕司馬溫公爲人故自號景迂生	

滎陽學案	呂希哲	稱滎陽先生	原附安定學案中
兼山學案	郭忠孝子雍	稱兼山先生	原附伊川學案
震澤學案	王蘋	世居福之福清其父徙吳吳卽震澤	謝山初定名平江平江卽震澤地同爲今蘇州後又改名
王張諸儒學案	王蘋 張嵲 張峋等	王張爲代表	原附康節學案
紫微學案	呂本中	曾爲中書舍人中書省爲紫微省呂祖謙詩云「吾家紫微翁」	原在和靖學案中
漢上學案	朱震	荆門軍人著有漢上易解等書	原在上蔡學案中
默堂學案	陳淵	稱默堂先生	原在龜山學案中
衡麓學案	胡寅	居衡山麓	原附武夷學案中初別爲致堂學案後又改名
五峯學案	胡宏	學者稱五峯先生	原附武夷學案中
劉胡諸儒學案	劉勉之 胡憲等	劉胡爲代表	梓材自武夷學案中移入胡籍溪傳
范許諸儒學案	范浚 許翰等	范許爲代表	
玉山學案	汪應辰	玉山人稱玉山先生	
艮齋學案	薛季宣	稱艮齋先生	梨洲原本此二學案合爲永嘉學案之二
止齋學案	陳傅良	稱止齋先生	

學案	人物	說明	備注
水心學案	葉　適	居水心村	原本併入永嘉學案
梭山復齋學案	陸九韶　陸九齡	九韶講學梭山號梭山居士　九齡稱復齋先生	黄氏原以梭山爲金溪學案之一　復齋爲金溪學案之二
清江學案	劉靖之　劉清之兄弟	清江人	始名靜春學案後改
說齋學案	唐仲友	稱說齋先生	
徐陳諸儒學案	徐誼　錢文子　陳葵等	以徐陳代表	一本作平陽學案
西山蔡氏學案	蔡元定	結廬西山麓讀書宋理宗御書西山二字表之	原附晦翁學案中
南湖學案	杜煜	稱南湖先生	
九峯學案	蔡沈	隱居九峯學者稱九峯先生	
滄洲諸儒學案	李燔　張洽等	朱子講學於滄洲精舍	
慈湖學案	楊簡	築室德潤湖上更名慈湖	原附金溪學案中
絜齋學案	袁燮	學者稱絜齋先生	同上
廣平定川學案	舒璘　沈煥	舒著有廣平類稿　沈著有定川文集	同上
槐堂諸儒學案	傅夢泉　鄧約禮等	陸象山家之西扁曰槐堂有槐木乃學徒講學之地	同上
張祝諸儒學案	張行成　祝泌等	張祝爲代表	原附康節學案中

邱劉諸儒學案	邱崈　劉光祖等	邱劉爲代表	梓材修補
存齋晦靜息庵學案	湯千　湯巾　湯中	中息庵先生巾晦靜先生千存齋先生	
深寧學案	王應麟	著有深寧集	原附眞西山學案中
巽齋學案	歐陽守道	稱巽齋先生	
靜修學案	劉因	稱靜修先生	原附北方學案
靜明寶峯學案	陳苑　趙偕	苑稱靜明先生　偕稱寶峯先生	原附金溪學案中
師山學案	鄭玉	講學於師山書院	
蕭同諸儒學案	蕭𣂏　同恕	蕭同爲代表	
元祐黨案	元祐黨人之未另立學案者（反對者附）	宋哲宗年號	梓材修補
慶元黨案	慶元黨人之未另立學案者（反對者附）	宋寧宗年號	梓材修補
荆公新學略	王安石	封荆國公	
蘇氏蜀學略	蘇洵　蘇軾　蘇轍父子兄弟	蜀人	
屏山鳴道集說略	李純甫	自號屏山居士著有鳴道集	

黄氏原有而爲全氏修補者：

學案	代表人物	說明	全氏修補
安定學案	胡瑗	學者稱爲安定先生	修
泰山學案	孫復	居泰山講學著書	修
涑水學案	司馬光	山西夏縣涑水人世稱涑水先生	黄本及全補均佚梓材等再補
濂溪學案	周敦頤	居濂溪	補講友四人
龜山學案	楊時	學者稱爲龜山先生	修補
呂范諸儒學案	呂大忠兄弟 范育等	呂范爲代表	黄以呂氏及其門人爲藍田學案全氏改補
陳鄒諸儒學案	陳瓘 鄒浩 唐廣仁等	陳鄒爲代表	修補
趙張諸儒學案	趙鼎 張浚等	趙張爲代表	增添陳芮諸人
艾軒學案	林光朝	學者稱爲艾軒先生	修補
南軒學案	張栻	號南軒	補南軒文集
東萊學案	呂祖謙	學者稱爲東萊先生	修補
勉齋學案	黄榦	稱勉齋先生	補講友諸人
潛庵學案	輔廣	號潛庵	修補 梓材再有校正

北溪學案	陳　淳	稱北溪先生	修補
二江諸儒學案	宇文紹節 范仲黼等	范稱二江先生又有二江九先生等同講南軒之學於蜀	修補
鶴山學案	魏了翁	築室白鶴山下	修補
魯齋學案	許　衡	稱魯齋先生	黃稱北方學案全改名並以趙江漢復先之

九十一學案，全氏特立者凡四十有九，修補者凡十有七，黃氏只存二十五學案，其中尚有爲全氏修補處，則此書謂爲黃氏粗樹規模，完成於全氏，實不爲過。

別宋元學爲九十一學案，不是說宋元學術有九十一派之多，只因學已成家的，卽爲之另立一個學案。若欲求其相互關係，不妨列成如下面十八個系圖。

一、二程系（又名程學）

安定—伊川（小程）—
- 滎陽
- 和靖
- 兼山

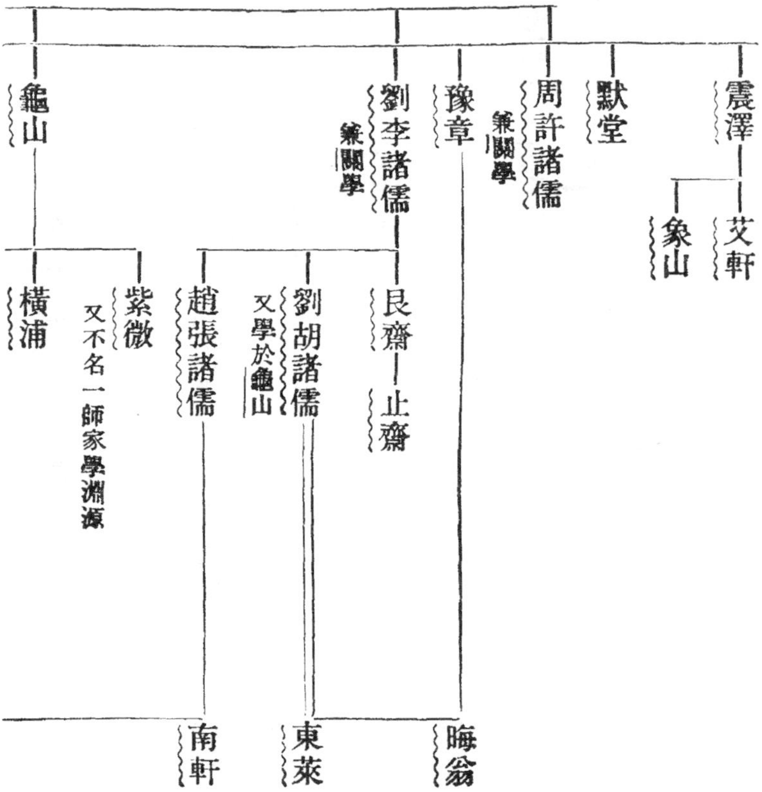

- 震澤
  - 艾軒
  - 象山
- 默堂
- 周許諸儒（兼關學）
- 豫章
  - 晦翁
- 劉李諸儒（兼關學）
  - 艮齋
    - 止齋
  - 劉胡諸儒（又學於龜山）
    - 東萊
  - 趙張諸儒
    - 南軒
- 龜山
  - 紫微（又不名一師家學淵源）
  - 橫浦

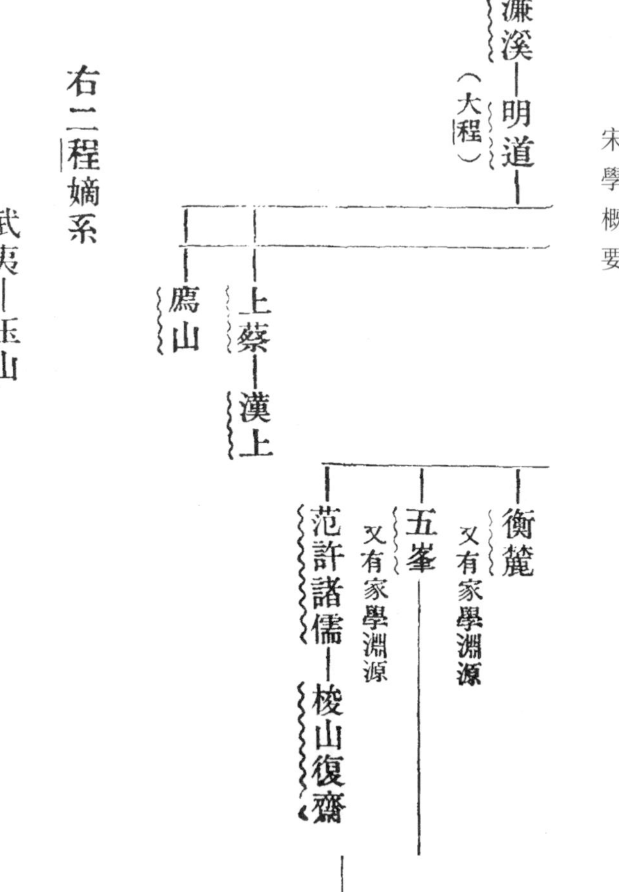

右二程嫡系

武夷—玉山

陳鄒諸儒

右私淑二程而有成者又兼私淑涑水康節

右私淑二程而未純者又兼私淑涑水康節

說齋

右與艮齋止齋同調而未相往還者

二、橫渠系又名關學

高平—橫渠—呂范諸儒

三、廬陵系

廬陵—┬—荊公新學略
　　　└—蘇氏蜀學略
　　　　　……屏山鳴道集說略蘇王餘派

四、泰山

未成派，滎陽、武夷雖係宗傳，然得力另有在。

五、古靈四先生

安定同調

六、士劉諸儒

泰山同調

七、涑水系

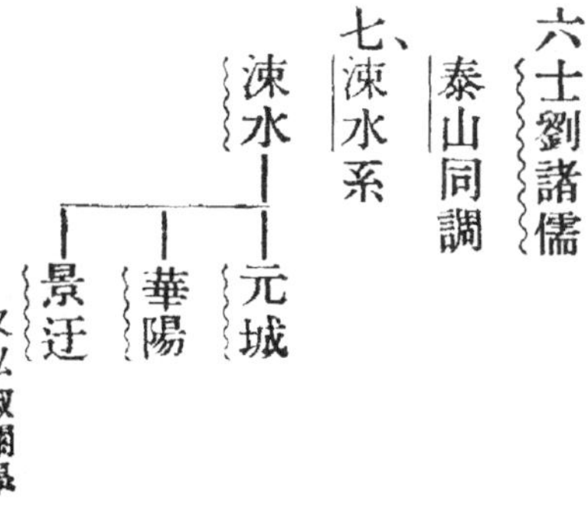

涑水—元城
　　—華陽
　　—景迂　又私淑關學

八、范呂諸儒

涑水同調

九、百源系

百源—王張諸儒—張祝諸儒

十、晦翁系源出程學又名朱學又名閩學

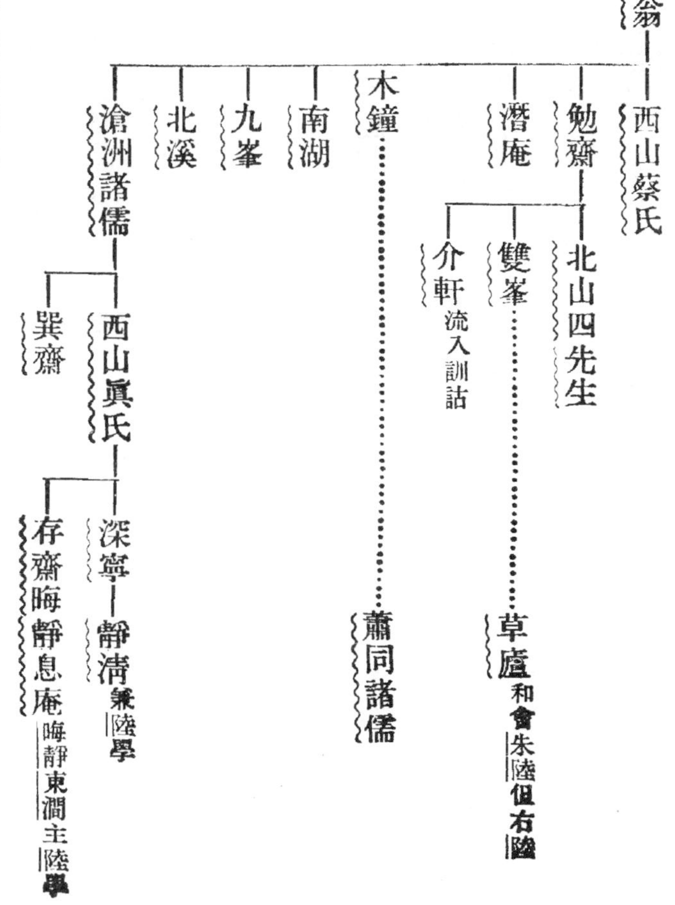
晦翁
西山蔡氏
勉齋
北山四先生
雙峯
草廬和會朱陸但右陸
介軒流入訓詁
潛庵
木鐘
蕭同諸儒
南湖
九峯
北溪
滄洲諸儒
西山眞氏
深寧
靜淸兼陸學
存齋晦靜息庵晦靜東澗主陸學
巽齋

右晦翁嫡系

鶴山

右私淑朱張二系

十一、東萊系源自程學又名呂學

東萊—麗澤諸儒—深寧

十二、南軒系源自程學又名張學

南軒—嶽麓……東發
　　　—二江

十三、清江

與朱張呂同調

十四、邱劉諸儒

與張呂同調

十五、水心

龍川

右二家與朱陸不同，自樹一幟。

十六、象山系又名陸學

象山——慈湖……靜清兼朱學

象山——慈湖……靜明寶峯

師山繼草廬和會朱陸但右朱

象山——廣平定川

象山——槐堂諸儒

梭山復齋——絜齋

十七、徐陳諸儒

三陸同調

十八、北方系程朱續傳

魯齋

靜修

右二家皆趙江漢復傳出。

雖然分爲十八系，其中仍有相互的關係。在大體上講，宋學可以程學爲中心。程學以前的學系，多直接間接與程學以影響。安定濂溪固無論，卽泰山古靈士劉亦多與安定或泰山同調，相與切磋，程學因之亦不無相當關係。程學同時諸大學者，如涑水，如廬陵，如橫渠，如百源，多以交誼往還，攻錯尤力商討更多。程學以後，如晦翁，如東萊，如南軒，如象山，固其流裔；只王安石之新學，蘇門之蜀學，似與對立；水心龍川似偏事功，關係較少。

宋元學案爲研究宋學不可不讀之書。但以卷帙太多，學者往往以爲深苦。余故略爲排比，並表明其相互的關係，或可於學者有相當的補助。

第三章　宋學之起因

宋學興起之原因，一言可以盡之，卽「時爲之也。」其故有如下言之五種：

一、時主之提倡

宋史文苑傳序有云：

「自古創業垂統之君，卽其一時之好尙，而一代之規橅可以豫知矣。藝祖革命，首用文吏，而奪武臣之權，宋之尙文，端本乎此。太宗眞宗其在藩邸已有好學之名，及其卽位，彌文日增，自時厥後，子孫相承，上之爲人君者，無不典學，下之爲人臣者，自宰相以至令錄，無不擢科，海內文士，彬彬輩出焉。」

在專制政體之下，一代之風尙能說與時主無關係？倒過來說：每一代的君主好尙不同，一代的風尙就因之而各異。譬如儒學之所以能復興於漢，佛老之所以能盛行於六朝隋唐。又如文學：漢代之賦，唐代之詩，宋代之詞，元代之曲，各有其特異而成爲一代之花，其原因都在時主之好尙。宋自太祖始，卽右文尊儒，杯酒罷釋石守信兵權以後，風氣爲之一改。趙普以半部論語佐太宗治天下。而有宋歷代君主無不搜求經籍尊尙儒先，於是宋學之興有不期然而然者矣。此爲宋學興起原因之一。

二、儒學自身之變化

論語子貢有言「夫子之文章可得而聞也。夫子之言性與天道不可得而聞也。」是孔門之學原有文章及性道兩種。又孔門四科，德性居文學言語政事三者之首。加之孔子嘗稱顏淵好學，又有「吾與點也」之嘆，又有「君子儒」「小人儒」之誡，其用意所在，自屬憭然。漢儒承秦火之後，不能不爲補苴之功，其崇尙考證亦所謂「時爲之也」。然謂儒學只在考證名物度數而外，別無義蘊，則爲非是。此在漢儒亦有深知之者，如董仲舒，如揚雄，卽嘗致力於天人之學。時至六朝隋唐，雖有辨別菁英與枝葉（見北史儒林傳序），然大體以言，仍不過漢學之流傳而已。王通韓愈所造不深，其流不廣。講求「夫子之文章」者已歷千有餘載，其盛已極。人心已倦，人情可久安於一途乎？於是不得不舍「夫子之文章」，而竊欲聞「夫子之言性與天道」矣。六朝隋唐已有此趨勢，唯當時爲佛老二學所攝取。至宋乃覺悟儒家自有所謂義理之學。此宋學興起原因之二。

三、二氏之末流

兩漢考證學衰，道家之學說代之而起。兩晉老莊之學，盛極一時，至唐其流益鬯。唐玄宗以老子與唐同姓，稱老子爲大聖祖玄元皇帝，詔諸州建玄元皇帝廟。使州學生習道德經，並道派之莊子文子庚桑子等書，亦令習之。置博士助教，以教授學生。由是行之科舉，登庸官吏。封莊子爲南華眞人，列子爲沖虛眞人，文子爲通玄眞人，庚桑子爲洞靈眞人。且以內親王爲女道士。上有好者下必有甚焉，唐代道學之昌明，非僅金丹不老之術已也。至若佛教，漢末而後，始而西僧東來，繼而東僧西學，人主崇之於上，士夫好之於下，闢寺以譯經，組社以講法，六朝已有可觀，南北宗派，於焉肇始。至唐則爲佛學最昌明時期，日本凝然大德所著之三國佛法傳通緣起及內典塵露章，言自佛教來華，所開宗派，羅什而後，凡十三種：毗曇、成實、律、三論、涅槃、地論、淨土、禪、攝論、天台、華嚴、法相、眞言是也。隋唐以前僅有攝論以上之九宗，然學者只隨所嗜好以某經爲研究之宗，並非謂宗派也。唐代增加天台以下四宗，並一改前此之風習，宗派之分，門戶之見，森然以起，釐然以別，無他，學風隆盛，有不期然而然者，非以見其弊，實以見其大也。至宋，道教固衰，佛亦僅一禪宗行世，此又無他，強弩之末，精華已竭，底蘊盡嚴，人心思變，向之不滿於考證學者，今於佛道之心理同矣。舉世徘徊，思闢新徑，以求出人頭地，於是儒家之義理學爲足尙，一倡百和，舉世趨之。宋太宗雖道藏佛藏同刊，然二氏之學終不若儒學之盛，蓋人心所厭，雖大力者末如之何，而久則思變，亦時勢所必爾。唐詩之後變爲宋詞，宋詞之後變爲元曲，殆同一理，此宋學興起原因之三。

四、唐以詩賦取士之矯正

考唐代徵拔人才之方法，計分三種。一由京師及地方學校出身之生徒。二由州縣選拔之鄉貢。三天子直接詔試之博學鴻辭科。其中生徒與鄉貢會試於禮部。試驗科目有六：

秀才　明經　進士　明法　明字　明算

秀才一科最難，高宗永徽二年即已停止。明法明字明算三科出身者，仕進不甚榮達。以故僅明經與進士二科獨盛。又明經科只以五經正義爲準據，敷衍解說，不能背越，出人頭地甚難。不如進士科之作詩賦，可以自由發表意見，可以自由創造格調。且當代風氣，酷嗜文學，歌女教坊，亦以歌詩爲能事。詩賦出身，可以一舉成名，於是進士科較他科爲尤盛。羣趨進士科而詩賦盛，詩賦盛則經學衰，以故唐代無著名經師，——初唐孔穎達等亦只集合六朝舊說以爲注疏，無新進步。——而詩賦末流，又屬空疏無物。晚唐綺靡之習，亡國之音，爲世道人心着想者，尤所沈痛。五代承之，其風加甚。變極則改，爲當然現象，宋儒爲恢復經學，爲改正士習，爲安定人心，都有反對詩賦之必有舉動。此爲宋學興起之四因。

五、排外之心理

中國自漢魏以後，殆已無國防可言。以政治言，有所謂五胡異族自北方侵入，擾亂中國數百年。迄唐雖號中興，然假借外力以定國（借突厥兵），終無以饜外力之慾望，國家人民同受其害。即中世以後之藩鎮禍，如安祿山，如史思明，均異族爲害最烈。五代中，僅朱溫與郭威爲漢人，其餘如後唐之李存勗（沙陀朱邪氏），及明宗（胡人），後晉之石敬塘（沙陀人），後漢之劉知遠（沙陀人），均以外人入主中國。而北方之燕雲十六州，因石敬塘以賂契丹，終宋之世，迄不能恢復，此政治上無國防可言。以文化言，則較政治爲尤慘，政治上李唐一代尚勉強可稱之爲漢族爲主，至於文化則自漢魏以後，佛教由西南方侵入中國，卽取中國固有文化如儒如道而代之。中間道教之徒，亦嘗憑藉政治力量以排斥之，致佛教有所謂三武一宗（北魏太武帝、北周武帝、唐武宗及後周世宗）之法禍，然終不能消滅佛教。李唐一代反爲佛教最昌明時期，政治上雖復興，文化上依然亡國。不止此也，初唐以後，又有所謂回教、景教、祆教、摩尼教，先後侵入中國，並各得一時盛行。中華全土，幾爲外來文化所盡蝕。政治上亡國爲形式上亡國，文化上亡國爲精神上亡國。道家者流知此較早，首揭抗戰之旗。儒家者流憒憒數百餘載。僅韓愈一斥佛教，然遠竄潮州，未減外來文化勢力於毫髮。宋儒受韓氏之啓發，當政治文化「載胥及溺」之後，刺激愈深，感奮愈烈。道家既失敗於先，儒家當繼起於後，此爲宋學興起原因之五。

六、結語

宋學興起原因有如上述之五。五者之中，何一而非時代關係？所以說：「宋學興起之原因，一言可以盡之，時爲之也。」人情之常，喜新厭舊，然新久則又思舊；惡實好虛，然虛久則又嗜實。佛教新矣，至宋不能不變；漢學實矣，至宋不能不改；詩賦虛矣，至宋亦不能不動；加之以時主提倡於時局紛亂之後，宋學興起，殆於勢有不能自已者。

今人多謂宋學之興，必有其經濟背景；竊查宋代經濟狀況，依然是一農業社會，所與往還諸國，經濟進步並無較中國再快。宋學興起，固不能說與經濟關係絕無，然其所居地位並不重要，則可斷言。

第四章　宋儒對於孟子之態度

普通講中國學術史的人，都以爲孔子門下分成兩大派。一派是子夏，講文獻之學；一派是曾子，講義理之學。子夏幾傳而至荀子，再後便是漢學，是文獻學的流傳。曾子再傳而至孟子，再後便是宋學，是義理學的流傳。簡言之，便是說漢學是荀子的傳授，宋學是孟子的道統。關於孔門是否分爲兩派，漢學是不是文獻學可以該括，這裏不必討論。即單言宋學是孟子的道統，亦不無多少商量餘地。

宋學中也有所謂文獻學（參看第一章），謂宋學爲單純的義理學，實大不妥當。再孟子的道統，宋儒固然是接受了，如黃勉齋幹有云：

「周子以誠爲本，以欲爲戒，此周子繼孔孟不傳之緒也。至二程則曰『涵養須用敬，進學在致知，』又曰『非明則動無所之，非動則明無所用，』而爲四箴，以著克己之義焉。此二程得統於周子者也。」

魏鶴山了翁有云：

「周子奮自南服，超然獨得，以上承孔孟垂絕之緒。河南二程子神交心契，相與疏瀹闡明，而聖道復著。」

這是宋儒自己的言論。以孔孟並稱，以周程上接孔孟不傳之緒，後人謂宋學是傳孟子的道統，當然也有幾分理由。不過若說宋學就僅僅是孟子的義理學，以孟子爲宋學的不祧之祖，那就不盡然了。不必深言，卽以宋儒對孟子的態度而觀，便可知道宋學不盡是孟子學說的後裔。

宋儒對於孟子的態度，可以分成三類。一、反對孟子者。二、不盡以孟子爲然者。三、極端推尊孟子者。詳言於後：

一、反對孟子者

宋儒之反對孟子的，前後一共有七個人，自永嘉學者王開祖始，司馬光李覯晁說之葉適陳亮等繼之，另有一婦人焉，范淳夫祖禹的女兒是也。他們反對的理由如下：

甲、王開祖在他的儒志篇裏有這樣的話：「由孟子以來道學不明。」反對孟子的態度很明顯。

乙、司馬光平生不喜孟子，以爲僞書出於東漢，因作疑孟論，致疑於孟子者凡十有一條。大旨是：

「孟子稱所願學者孔子，然則君子之行孰先於孔子，孔子歷聘七十餘國，皆以道不合而去，豈非『非其君不事』乎？孺悲欲見孔子，孔子辭以疾，豈非『非其友不友』乎？陽貨爲政於魯，孔子不肯仕，豈非『不立於惡人之朝』乎？爲定哀之臣，豈非『不羞汙君』乎？爲委吏，爲乘田，豈非『不卑小官』乎？舉世莫知之，不怨天，不尤人，豈非『遺佚而不怨』乎？飲水曲肱，樂在其中，豈非『阨窮而不憫』乎？居鄉黨恂恂似不能言，豈非『由由然與之偕而不自失』乎？是故君子邦有道則見，邦無道則隱，事其大夫之賢者，友其士之仁者，非隘也，和而不同，遯世无悶，非不恭也，苟無失其中，雖孔子由之，何得云『君子不由』乎？

「仲子以兄之祿爲不義之祿，蓋謂不以其道事君而得之也；以兄之室爲不義之室，蓋謂不以其道取於人而成之也。仲子蓋嘗諫其兄矣，而兄不用也。仲子之志，以爲吾既知其不義矣，然且食而居之，是口非之而身享之也。故避之居於陵，於陵之室與粟，身織屨，妻辟纑而得之也，非不義也，豈當更問其築與種者誰歟？以所食之鶃，兄所受之饋也，故哇之，豈以母則不食，以妻則食之邪？君子之責人當探其情，仲子之避兄離母，豈所願邪？若仲子者誠非中行，亦猶者有所不爲也，孟子過之，何其甚邪？

「孔子聖人也，定哀庸君也。然定哀召孔子，孔子不俟駕而行，過位色勃如也，足躩如也，過虛位且不敢不恭，況召之有不往而他適乎？孟子學孔子者也，其道豈異乎？夫君臣之義，人之大倫也。孟子之德，孰與周公？其齒之長，孰與周公之與成王？成王幼，周公負之以朝諸侯，及長而歸政，北面稽首畏事之，與事文武無異也，豈得云彼有爵，我有德齒，可慢彼哉？孟子謂蚳鼃居其位，不可以不言，言而不用，不可以不去，已無官守無言責，進退可以有餘裕。孟子居齊，齊王師之；夫師者導人以善而救其惡者也，豈謂之無官守無言責乎？若謂之爲貧而仕邪？則後車數十乘，從者數百人，仰食於齊，非抱關擊柝比也。詩云，『彼君子兮，不素餐兮。』夫賢者所爲，百世之法也。余懼後之人挾其有以驕其君，無所事而食祿位者，皆援孟子以自況，故不得不疑。

「孟子知燕之可伐，而必待能仁政者乃可伐之。齊無仁政，伐燕非其任也。使齊之君臣不謀於孟子，孟子勿預知可也。沈同既以孟子之言勸王伐燕，孟子之言倘有懷而未盡者，安得不告王而止之乎？夫軍旅之事，民之死生國之存亡皆繫焉，苟動而不得其宜，則民殘而國危，仁者何忍坐視其終委乎？

「經云『當不義則子不可不爭於父。』傳云：『愛子教之以義方。』孟子云：『父子之間不責善，』是不諫不教也，可乎？

「告子云：『性之無分於善不善，猶水之無分於東西，』此告子之言失也。水之無分於東西，謂平地也。使其地東高而西下，西高而東下，豈決導所能致乎？性之無分於善不善，謂中人也。瞽瞍生舜，舜生商均，豈陶染所能變乎？孟子曰：『人無有不善，』此孟子之言失也。丹朱商均自幼及長所日見者堯舜也，不能移其惡，豈人之性無不善乎？

「孟子云：『白羽之白，猶白雪之白，白雪之白，猶白玉之白。』告子當應之云：『色則同矣，性則殊矣。』羽性輕，雪性弱，玉性堅，而告子亦皆然之，此所以來犬牛人之難也，孟子亦可謂以辯勝人矣。

「禮，君不與同姓同車，與異姓同車，嫌其逼也。爲卿者無貴戚異姓，皆人臣也。人臣之義，諫於君而不聽，去之可也，死之可也，若之何以其貴戚之故，敢易位而處也？孟子之言過矣！君有大過，若無紂，紂之卿士莫若王子比干箕子微子之親且貴也。微子去之，箕子爲之奴，比干諫而死，孔子曰：『商有三仁焉。』夫以紂之過大，而三子之賢，猶且不敢易位也，況過不及紂而賢不及三子者乎？必也使後世有貴戚之臣，諫其君而不聽，遂廢而代之，曰：『吾用孟子之言也，非篡也，義也，』其可乎？或曰：『孟子之志，欲以懼齊王也。』是又不然，齊王若聞孟子之言而懼，則將愈忌惡其貴戚，聞諫而誅之。貴戚聞孟子之言，又將起而蹈之。則孟子之言，不足以格驕君之非，而適足以爲篡亂之資也，其可乎？

「君子之仕，行其道也，非爲禮貌與飲食也。昔伊尹去湯就桀，豈能迎之以禮哉？孔子棲棲皇皇，周遊天下；佛肸召，欲往；公山擾召，欲往；彼豈爲禮貌與飲食哉？急於行道也。今孟子之言曰：『雖未行其言也，迎之有禮，則就之，禮貌衰，則去之。』是爲禮貌而仕也。又曰：『朝不食，夕不食，君曰，吾大者不能行其道，又不能從其言也，使饑餓於我土地，吾恥之，周之亦可受也。』是爲飲食而仕也。必如是，是不免於鬻先王之道，以售其身也。古之君子之仕也，殆不如此。

「所謂性者，天與之也。身之者親行之也。假之者外有之而內實亡也。堯舜湯武之於仁義也，皆性得而身行之也。五霸則強焉而已。夫仁，所以治國家而服諸侯也，皇帝王霸皆用之。顧其所以殊者，大小高下遠近多寡之間爾。假者，文具而實不從之謂也；文具而實不從，其國家且不可保，況於霸乎？雖久假而不歸，猶非其有也。」

「虞書稱舜之德曰：『父頑，母嚚，象傲，克諧以孝，烝烝乂，不格姦。』所貴乎舜者，爲其能以孝和諧其親，使之進進以善自治而不至於惡也。如是則舜爲子，瞽瞍必不殺人矣。若不能止其未然，使至於殺人，執於有司，乃棄天下，竊之以逃，狂夫且猶不爲，而謂舜爲之乎？是特委巷之言也，殆非孟子之言也。且瞽瞍旣執於皋陶矣，舜烏得而竊之？雖負而逃於海濱，皋陶外雖執之以正其法，而內實從之以予舜，是君臣相與爲僞以欺天下也。惡得爲舜與皋陶哉？又舜旣爲天子矣，天下之民戴之如父母，雖欲遵海濱而處，民豈聽之哉？是皋陶之執瞽瞍，得法而亡舜也，所亡益多矣。故曰，是特委巷之言，殆非孟子之言也。」

第一條疑孟子「伯夷隘，柳下惠不恭，隘與不恭，君子不由」之說；第二條疑孟子責備陳仲子太過；第三條疑孟子「將朝王，王使人來曰」一段，易爲後人挾其有以驕君，無所事而貪祿位者所援引；第四條疑孟子不應以可伐燕答沈同之問；第五條疑孟子「父子之間不責善」爲不諫不教；第六條疑孟子「人無有不善」之失言；第七條疑孟子問告子白羽白雪白玉之別，與夫犬牛人之難，爲以辯勝人；第八條疑孟子貴戚易位之說，易啓後世篡奪之機；第九條疑孟子爲禮貌與飮食而仕；第十條疑孟子五霸久假不歸之說；第十一條疑孟子「瞽瞍殺人」一段爲委巷之言。溫公對於孟子的懷疑，具體的表現於此。但有一件怪事，他的兒子公休又謂孟子爲最善之書，直陳王道，尤所宜觀；到疾革的時候，尙作孟子解二卷。父子同在館閣，好尙不同如此，不說是怪事，恐怕不可能吧！

丙、李盱江覯是范文正公仲淹的門人。他著的常語中，反對孟子的一共有八條，原文如下：

「孟子曰：『五霸者，三王之罪人也。』吾以爲孟子者，五霸之罪人也。五霸率諸侯事天子，孟子勸諸侯爲天子，苟有人性者，必知其逆順爾矣。孟子當周顯王時，其後尙且百年而秦幷之。嗚呼，孟子忍人也，其視周室如無有也。

「孔子曰：『桓公九合諸侯，不以兵車，管仲之力也，如其仁，如其仁。』又曰：『管仲相桓公，霸諸侯，一匡天下，民到於今受其賜，微管仲，吾其被髮左衽矣。』而孟子謂『以齊王猶反手也』『功烈如彼其卑。』故曰：『管仲曾西之所不爲。』嗚呼！是猶見人之鬭者而笑曰：『胡不因而殺之，貨可得也。』雖然，他人之鬭者耳。桓公管仲之於周，救父祖也，而孟子非之，奈何！

「大哉孔子之作春秋也，援周室於千仞之壑，使天下昭然知無二王。削吳楚之葬，辟其僭號也。諱貿戎之戰，言莫敢敵也。微孔子則春秋不作，微春秋則京師不尊，爲人臣子不當如是哉？嗚呼！孟子其亦聞之也哉？首止之會，序會王世子，尊之也。其盟復舉諸侯，尊王世子而不敢與盟也。洮之盟，王人微者也。序乎諸侯之上，貴王命也。美哉齊桓，其深知君臣之禮如此。夫使孟子謀之，則桓公儼然在天子之位矣，世子王人爲亡人之不暇，孰與諸侯相先後哉？

「或曰：『仲尼之徒，無道桓文之事者，吾子何爲？』曰：『衣裳之會十有一。』春秋也，非仲尼修乎？木瓜，衛風也，非仲尼删乎？『正而不譎，』魯語也，非仲尼言乎？仲尼亟言之，其徒雖不道無歉也。嗚呼！霸者豈易與哉？使齊桓能有終，管仲能不侈，則文王太公何恧焉。詩曰：『采葑采非，無以下體』蓋聖人之意也。

「孟子曰：『盡信書則不如無書，仁人無敵於天下，以至仁伐不仁，而何其血之流杵也。』」曰：紂一人惡邪？衆人惡邪？衆皆善而紂獨惡，則去紂久矣，不待周也。夫爲天下逋逃主，萃淵藪，同之者可遽數耶？紂存則逋逃者曷歸乎？其欲拒周者人可數邪？血流漂杵未足多也。或曰：『前徒倒戈攻於後以北，故荀卿曰殺者皆商人非周人也，然則商人之不拒周審矣。』曰：如皆北也，焉用攻。又曰：甚哉，世人之好異也。孔子非吾師乎？衆言讙讙，千徑百道，幸存孔子，吾得以求其是。虞夏商周之書，出於孔子，其誰不知。孟子一言，人皆叛之，叛之不已，故今人之取孟子以斷六經矣。嗚呼！信孟子而不信經，是猶信他人而疑父母也。

「或曰：『孟子之心，以天下積亂矣，諸侯皆欲自雄，苟說之以臣事周，孰能喜也。故揭仁義之竿，而湯武爲之餌。幸其速售以拯斯民而已矣。』曰：孟子不肯枉尺直尋，謂以順爲正者，妾婦之道，其肯屑就之如此乎？夫仁義又豈速售之物也？子噲不得與人燕，子之不得受燕於子噲，固知有周室矣。天之所廢，必若桀紂，周室其爲桀紂乎？若循環然，聖王之後不能無昏亂，尚賴臣子扶救之爾。天下之地，方百里者有幾？家家可以行仁義，人人可以爲湯武，則六尺之孤可託者誰乎？孟子自以爲好仁，吾知其不仁甚矣。

「孟子曰：『紂之去武丁未久也，其故家遺俗流風善政，猶有存者。又有微子、微仲、王子比干、箕子、膠鬲皆賢人也，相與輔相之，故久而後失之也。尺地莫非其有也，一民莫非其臣也，然而文王猶方百里起，是以難也。齊人有言曰：雖有智慧，不如乘勢，雖有鎡基，不如待時，今時則易然也。』今之學者曰：『自天子至於庶人，皆得以行王道。孟子說諸侯行王道，非取王位也。』應之曰，行其道而已乎？則何必紂之失之也？何憂乎善政之存？何畏乎賢人之輔？尺地一民皆紂之有，何害諸侯之行王道哉？齊宣王問曰：『人皆謂我毀明堂，毀諸己乎？』孟子對曰：『夫明堂者王者之堂也，王欲行王政，則勿毀之矣。』行王政而居明堂，非取王位而何也？君親無將，不容纖芥於其間，而學者紛紛彊爲之辭。

「學者又謂：『孟子權以誘諸侯，使進於仁義，仁義達則尊君親親，周室自復矣。』應之曰：言仁義而不言王道，彼說之而行仁義，固知尊周矣。言仁義可以王，彼說之則假仁義以圖王，唯恐行之之晚也，尙何周室之顧哉？嗚呼，今之學者雷同甚矣！是孟子而非六經，樂王道而忘天子，吾以爲天下無孟子可也，不可無六經，無王道可也，不可無天子，故作常語以正君臣之義，以明孔子之道，以防亂患於後世爾。人知之非我利，人不知非我害，悼學者之迷惑，聊復有言。」

綜觀李氏所言「是孟子而非六經，樂王道而忘天子」的當時風氣，爲彼所極端反對。而「樂王道而忘天子」的來源就是孟子，「孟子者五霸之罪人也」一語，是他反對孟子的表示。質言之，就是李氏是個王權迷信者，用他的這樣宗旨來反對孟子。

晁說之是司馬温公光的弟子，崇拜温公到了極點，温公反對孟子，他也反對孟子。又當時王安石的新法盛行，晁氏也是反對王安石中的一個，王安石最是尊崇孟子，因之晁氏也反對孟子。就是說：「晁氏的反孟，有兩個來源：一是他的師說原來如此，一是當時環境上一種反應。」所以他在反對王安石的配享孔子的同時，又主張去孟子於講筵。宋欽宗居然信從了他的建議，曾引起當時譁然的士議。在他以前的反孟者，只不過形之於言論，到他便見之行動了。自從唐朝韓愈表彰孟子以爲功不在禹下之後，在行動上孟子遭了打擊，這算是第一次。

戊、葉適也是永嘉的學者，他反對孟子的言論，見於他著的紹述講學大旨及習學記言兩書中最多。紹述講學大旨中說：

「孟子亟稱堯舜禹湯伊尹文王周公，所願則孔子，聖賢統紀既得之矣；養氣知言，外明內實，文獻禮樂各審所從矣。夫謂之傳者，豈必曰授之親而受之的哉？世以孟子傳孔子，殆或庶幾！然開德廣，語治驟，處己過，涉世疏，學者趨新逐奇，忽亡本統，使道不完而有迹。」

「孟子言性言命言仁言天，皆古人所未及，故曰開德廣。齊滕大小異，而言行王道皆若建瓴，故曰語治驟。自謂庶人不見諸侯，然以彭更言考之，後車從者之盛，故曰處己過。孔子亦與梁邱據語，孟子不與王驩言，故曰涉世疏。」這是葉氏自己的解釋，對於孟子的態度，一小半是好，一大半是壞。至於習學記言，則只有反對的言論了。

「蓋以心爲官，出孔子之後，以性爲善，自孟子始，然後學者盡廢古人之條目，而專以心爲宗主。致虛意多，實力少，測知廣，凝聚狹，而堯舜以來內外相成之道廢矣。

「周官言道則兼藝，貴自國子弟，賤及民庶，皆教之。其言『儒以道得民，至德以爲道本』，最爲要切，而未嘗言其所以爲道者。雖書堯舜時，亦以言道，及孔子言道尤著明，然終不的言明道是何物？豈古人所謂道者，上下皆通知之，但患所行不至耶？老聃本周史官，而其書盡遺萬事而特言道，凡其形貌朕兆，眇忽微妙，無不悉具，予疑非聃所著，或隱者之辭也。而易傳及子思孟子亦爭言道，皆定爲某物，故後世之於道，始有異說，而又益以莊列西方之學，愈乖離矣。」

「大小行人司儀，所以親待諸侯邦國之禮。周衰，唯管仲知之，故其言曰：『招攜以禮，懷遠以德，德禮不易，無人不懷。』齊侯修禮於諸侯，孔子謂管仲身不由禮，則禮不能行於天下，故謂之小器，孟子考之不詳，因亦並廢管子。」

「諸侯之國，前代相因，周之特封者，齊晉魯衛陳蔡宋鄭，皆自五百里以下，謂必百里者妄說也。」

「禮非玉帛所云，而終不可以離玉帛。樂非鐘鼓所云，而終不可以舍鐘鼓。仲尼燕居，乃以几筵升降酌獻酬酢，不必謂之禮，而以言而履之爲禮；以綴兆羽籥鐘鼓不必謂之樂，而以行而樂之爲樂。是則雖玉帛舍鐘鼓而寄之以禮樂之虛名，天下無復禮樂矣。

「尹公佗事，考之左傳，知有友而不知有君。戰國所爲仁義多如此，孟子不暇辨也。

「孟子曰：『仁則榮。』又曰：『仁者宜在高位。』高榮仁之報也，而不能必高與榮。必高是不可下也，必榮是不可枯也，是以利誘人爲仁也，仁始病矣。

「孟子出而說齊梁之君，幾得政於齊。問答十數章，大抵逆來順往，無問其所從，必得吾之所以言而後止。故孟子自謂『人不足與適，政不足與間，惟大人爲能格君心之非。君仁莫不仁，君義莫不義，君正莫不正，一君正而國定。』夫指心術之公私於一二語之近，而能判王霸之是非於千百世之遠，迷復得路，渙然昭蘇，宜若不待堯舜禹湯而可以致唐虞三代之治矣。當是時，去孔子雖止百餘年，然齊韓趙魏皆已改物，魯衞舊俗淪壞不反，天下盡變，不啻如夷狄。孟子亦不暇顧，但言以齊王猶反手也。若宣王果因孟子得警發，豈遂破長夜之幽昏哉？舜禹克艱，伊尹一德，周公無逸，聖賢常道，怵惕兢畏，不若是之易言也。自孟子一新機括，後之儒者無不益加討論，而格心之功既終不驗，反手之治亦復難興，可爲永歎！

「予嘗疑湯若有恆性。伊尹習與性成。孔子性近習遠，乃言性之正，非僅善字所能宏通。

「許行言賢者與民並耕而食，饔飧而治，雖非中道，比於刻薄之政不有間乎？孟子力陳堯舜禹稷所以經營天下，至謂其南蠻鴃舌之人，非先王之道，詞氣峻截，不可嬰拂。使見老子至治之俗，民各甘其食，美其服，鄰國相望，雞狗之音相聞，民老死不相往來之語，又當如何？

「彼以其富，我以吾仁，彼以其爵，我以吾義，以德則子事我者也，奚可以與我友，摽使者出諸大門之外，疑皆執德之偏。

「孔子但言伯夷求仁得仁，餓死於首陽之下。而孟子乃言其不可與鄉人處，則無故而迫切已甚。伊尹果自任以天下之重，而無亂亡之擇，則曷爲不度其君？案書伊尹去亳適夏，武王觀政之比，而傳者以爲五就。孔子言柳下惠止於不枉道，不去父母之邦。而孟子遂以爲與鄉人處不忍去，則誣辱已甚。夫孟子之稱伊尹，不幾於所謂狂？伯夷不幾於所謂狷？而柳下惠疑若鄉原然者，疑亦未精也。

「古之聖賢無獨指心者。舜言人心道心，不止於治心。孟子始有盡心知性，心官賤耳目之說。

蓋辯士索隱之流多論心，而孟荀尤甚。

「孟子不止於辭，而辯勝矣。」

葉氏於孟子亦有稱許處，但批評處則較多。他說學統始堯舜至孔子，孔子以後，不信曾子子思孟子之傳授，只謂孟子庶幾能近之。大抵永嘉之學，爲宋代講「禮」學的唯一者，與其他之以「易」學爲宗者多不同。所以反對曾子子思這一支，於孟子尙有恕語，於曾子子思評論之尤烈。

己、陳亮也是永嘉學者，當然是反對孟子的了。他有言：

「孔子之稱管仲曰：『桓公九合諸侯，不以兵車，管仲之力也，如其仁，如其仁。』又曰：『一匡天下，民到於今受其賜，微管仲，吾其被髮左衽矣。』說者以爲孔氏之門，五尺童子皆羞稱五霸。孟子歷論霸者以力假仁，而夫子稱之如此，所謂如其仁者，蓋曰似之而非也。觀其語脈決不如說者所云。」

所謂說者蓋卽指孟子之流，其反對孟子於此可見。

反對孟子的：司馬光及其弟子晁說之算是一系。永嘉學者算是一系。江西李覯自成一系。永嘉學者的反對，是溫和的，李覯的反對，較爲劇烈，但都不過是形之言論而已。至於司馬光的一系，反對的態度就不同了。司馬光自己尚只見之言論，他的弟子晁說之則出之以行動，孟子在他的行動上吃了一回虧。

除了前面所講的六個人而外，還有范祖禹的女兒一位。她有一天讀孟子，讀到「出入無時」這一句，她向人說：

「孟子不識心。心豈有出入？」

這是何等深入的批評呵！在當時大儒如程伊川頤聽見了這消息，也不能不對她表示一半的敬意，而這樣地說：

「此女雖不識孟子，卻能識心。」

這是宋學中反對孟子的又一系。

二、不盡以孟子爲然者

所謂不盡以孟子爲然者，當然就是不十分地反對孟子。也可以說，在某一面講，這些人是尊崇孟子的，不過在某一場合，他們卻又不以孟子爲然。下面姑舉出這派幾個著名的人做代表：

甲、程顥

程顥對於孟子的闢楊墨，說仁義，都是極端稱許的，可以說是尊孟的。但他言性則又說：

「善固性也，然惡亦不可不謂之性也。」

這是不盡以孟子爲然了。

乙、程頤

在前面已說過，范祖禹的女兒批評孟子時，程頤是那樣的在回護着，可見他是尊崇孟子的了。

但他在語錄裏有過這樣地說話：

「論性不論氣不備，論氣不論性不明。」

這是不盡以孟子爲然了。

丙、王安石

王安石號稱尊孟者。晁說之的反孟，就是因爲他在尊孟，但他在原性一文裏說：

「孟子言人之性善。荀子言人之性惡。夫太極生五行，然後利害生焉，而太極不可以利害言也。性生乎情，有情然後善惡形焉，而性不可以善惡言也。此吾所以異於二子。

「孟子以惻隱之心人皆有之，因以謂人之性無不仁。就所謂性者，如其說，必也怨毒忿戾之心人皆無之，然後可以言人之性無不善，而人果皆無之乎？孟子以惻隱之心爲性者，以其在內也。夫惻隱之心與怨毒忿戾之心，其有感於外而後出乎中者有不同乎？」

這不是不盡以孟子爲然嗎？

丁、蘇軾

眉山蘇門，極喜孟子，今世尙有所謂蘇批孟子流行。但蘇軾在言性的時候卻與孟子不一樣，他說：

「昔於孟子以爲性善，以爲至矣，讀易而後知其未至也。孟子之於性，蓋見其繼者而已矣。夫善，性之效也。孟子未及見性，而見其性之效，因以所見者爲性；猶火之能熟物也，吾未見火，而指天下之熟物以爲火，夫熟物則火之效也。」——蘇氏易解。

這又不是不以孟子爲盡然嗎？

戊、朱熹

朱子對於温公的疑孟，盱江的常語，以及蘇氏的易解，都有辯。反對反孟，當然就是尊孟。但他與他的弟子石洪慶講話的時候則又說：

「孟子說求放心，已是兩截。如常知得心存這裏，則心自不放。」——見滄洲諸儒學案。

「已是兩截，」便是不十分那樣滿意的話。

以上只列舉幾個著名的人，可以蠡窺了。元儒吳草廬澄有言：

「孟子道性善，是就氣質中挑出其本然之理而言；然不曾分別性之所以有不善者，因氣質之有濁惡而汙壞其性也；故雖與告子言，而終不足以解告子之惑。……蓋孟子但論得理之無不同，不曾論到氣之有不同處，是其言之不備也。不備者，謂但說得一邊，不完備也。故曰論性不論氣，不備。此指孟子之言性而言也。」——草廬精語。

誠然，孟子之言性爲宋儒新舊各派所不滿。雖然極力尊崇孟子的如前舉諸人，亦多有不盡以孟子爲然之處，吳氏所言，乃爲程氏疏釋。

三、極端推尊孟子者

極端推尊孟子的，數目不在小，這裏無用一一列舉。只將施德操的孟子發題一文，節錄其重要者如后，以爲代表：

「天生聖賢，蓋將以祐斯文也，故其所作，必卓然有所建明。余嘗竊怪夫自孔子歿，諸子百家分散四起，操觚牘，挾徒黨，鴐其說於天下，人人自以爲得聖人之道，其說卒不明。惟孟子一書，乃與六經孔氏之說並傳，世之學者至號之爲孔孟。嗚呼，何其盛也！晚聞師說，始知其立言之意果不與百家衆說同，其論道德之旨果不詭於六經孔氏之意，其所以有補於天下後世，其功果不細。而世之學者，至號曰孔孟，其說果不誣。嗚呼，天之生斯人也，其果有意於斯文乎！古人謂其書包羅天地，揆敍萬類，仁義道德，性命禍福，燦然靡所不載，固也。然私竊論之，孟子有大功四：道性善一也，明浩然之氣二也，闢楊墨三也，黜五霸而尊三王四也。是四者，發孔氏之所未談，述六經之所不載，遏邪說於橫流，啓人心於方惑，則余之所謂卓然建明者，此其尤盛者乎？……………嗚呼！堯舜之道，自孔子傳之曾子，曾子傳之子思，子思傳之孟子。自孟子得其傳，然後孔子之道益尊，而曾子子思之道益著，其所以發明斯文，開悟後世者至深矣。……………」施號持正先生，與張橫浦九成爲心交。九成之學，後多溺於佛，施則固守儒學不稍動。這篇文章推尊孟子到了極端，而四功之說，尤爲前人所未言。

考施氏所言孟子四大功，在宋儒中亦有不盡以爲然者。如反對孟子的諸人，對於孟子黜五霸，就說是不應該。又孟子到處勸人行仁義王天下，是忘記了周室，並不能算是眞正尊三王。又如不盡以孟子爲然的諸人，對於孟子言性善也不贊成。只有明浩然之氣，與闢楊墨二端，尙無異議。

四、結語

宋儒在開始就有一種習慣，對於古書不盡那樣地盲從。程伊川有言「學者先要會疑。」「會疑，」就是宋學的進步之原因。在初對於漢儒懷疑，因而自闢門徑，成立宋學。繼而對於孟子懷疑，終之又對於曾子子思及易傳懷疑。懷疑進一步，就是宋學進一步的表現。原來學術是不能統一於某一途的。某一家的學術，總不能百無一失的。不盲從是應該。盲從反失了學術的價值。所以我們在了解宋儒對於孟子的態度以後，倒不必去較量誰是誰非，尤其是在研究學術史的我們與今日。

不過有一點是應該明白了，宋儒對於孟子的態度既有三種不同，所謂宋學僅僅是孟子的義理學，以孟子爲宋學的不祧之祖，那就不盡爲然。

下編　內容及派別

第一章　宋學之以地名派者

講宋學的一向只順口說出濂洛關閩四大家來，濂洛關閩都是地名，濂是濂溪，洛是洛陽，關是代表自陝以西，閩是福建。濂溪是周敦頤講學之所，洛陽是大小二程子講學之所，關是張載，閩係朱熹。固然這些都是宋代著名的學者，但此外著名的還不少，卽以地名學的也不止上列四家，有些固然相關聯，有些便有他們的自己的獨立性，忽略去是不對的。茲連同此四家一並列舉之，且疏說其源委：

一、湖學

湖是今日的湖州，在當日也叫做湖州，是胡安定先生瑗講學的地方。胡先生字翼之，泰州如皋人。范仲淹聘爲蘇州教授，滕宗諒聘爲湖州教授，倡明正學，他教人的方法是這樣：

「立經義治事二齋。入經義齋的資格，是其人必須心性疏通，有器局可任大事者，教材是講明六經。治事齋的辦法是一人各治一事，又須兼攝一事，如治民以安其生，講武以禦其寇，堰水以利田，算歷以明數等。這是很科學的，政治經濟等學科有，農業數學氣象等學科也有，連軍事訓練也有。原來儒家是講究實用的，是要『有文事必有武備』的。安定是牢守着這宗旨，並且有所增進。」

在湖州教授二十幾年。慶曆中，宋仁宗下詔採取他的方法，著爲太學的律令，並且召他做諸王宮教授，他辭疾不行。皇祐中，奉詔至祕閣，與阮逸同太常議更鑄太常鐘磬，遂興作樂事。嘉祐初，擢太子中允天章閣待制，仍專勾管太學，四方之士歸之，至庠序不能容，旁拓軍居以廣之。既而疾作，以太常博士致仕。東歸之日，弟子祖帳，百里不絕，時以爲榮，學者稱爲安定先生。當時禮部所得士，他的弟子常十居四五，隨材高下而修飾之，人遇之，雖不識，皆知是他的弟子。自蘇湖時起，至太學時止，出其門下的不下數千人，小程子頤卽其中很有名的一個。在朝的有錢藻，孫覺，范純仁，錢公輔等。據他的弟子劉彝說：「其在外明體達用之學，教於四方之民者，殆數十輩，其餘政事文學粗出於人者，不可勝數，」

可想見他在宋學的關係了。他幼時家貧無以自給，曾往泰山與孫明復復石守道介同學，孫石都是宋初的大學者，既是同學想彼此不無相當學術上的影響，因爲他在湖州講學，所以人稱之爲湖學。

二、濂溪學

前面已經說過，這是周敦頤的學派之稱。周敦頤字茂叔，元名敦實，避英宗諱改。本是湖南道州營道人，濂溪也是他的營道的住地的名稱，後因疾乞知南康軍，遂家廬山蓮花峯下，取營道故居濂溪名之。世人所稱的濂溪，乃是指稱蓮花峯下的地址，但爲周先生的住所則同。他的著作有兩部最有名，一通書，一太極圖說。朱漢上易解有云：

「陳摶以先天圖傳种放，种放傳穆修，……修以太極圖傳周敦頤，……敦頤作通書。」

陳摶是當時華山的道士，因此有人說周先生的學問是從道家來的。在南宋陸象山也疑心太極圖說開始一句「無極而太極」的不妥當，說是出於老莊。朱晦菴出來辯護，二家爭論，刺刺不休，成爲中國學術史上有名的論戰。今丟開「無極而太極」一句不說，太極圖說確是很精微的一篇人生哲學的文章，不可以不一讀，主要的宗旨是「主靜立人極。」至於通書乃是古今人異口同聲稱爲精微奧妙，共有四十章。明朝薛文清瑄說是「一個『誠』字可以該括；」劉蕺山宗周說是將中庸道理重翻新譜，直是勺水不漏；」在南宋朱子即親爲之注釋，可見他的價值之高貴了。周先生曾官南安，其時攝通守事的就是二程子的父親程珦，視其氣貌非常，因與爲友，並使二子從之學，即是明道先生顥，伊川先生頤。嘉定十三年賜謚元公，淸人黃百家曾有一段評論他的文章：

「孔孟而後，漢儒止有傳經之學，性道微言之絕久矣。元公崛起，二程嗣之，又復橫渠諸大儒輩出，聖學大昌，故安定徂徠卓乎有儒者之矩範；然僅可謂有開之必先，若論闡發心性義理之精，端數元公之破暗也。」——宋元學案案語。

這就是說宋學到周濂溪纔放光明。二程子都是他的弟子，蘇東坡軾黃山谷庭堅也都私淑他。姑毋論來源之正與不正，其流派確是很長大了。程明道說：

「昔受學於周茂叔，每令尋仲尼顏子樂處所樂何事。」

「自再見周茂叔後，吟風弄月以歸，有吾與點也之意。」

黃山谷也說：

「濂溪先生，胸懷灑落，如光風霽月。」

唯王安石提點江東刑獄時，與先生相遇，語連日夜，退而精思，不能有得於心，於此可以說宋儒中只有王安石是例外，其餘很少不受他的影響的。

三、洛學

普通所謂洛學，都指大小二程子而言，卽是大程子明道先生顥，小程子伊川先生頤的學派。二程同居洛陽講學，所以世稱爲洛學，又稱爲伊洛。其實當時講學於洛陽者，尙不止二程，二程外邵百源雍也很有名。所以言洛學當分兩部份來說方纔妥當：邵百源年輩大一點，算第一派，二程子算是第二派。

甲、邵雍字堯夫，他的祖先本是范陽人，他自幼跟隨他的父親古遷徙共城，後又遷至河南，居蘇門山百源之上。共城令李之才授以圖書先天象數之學，他探賾索隱，妙悟神契。他有一天站在天津橋上聽見了杜鵑的叫聲，他登時悲慘不快樂起來，他說：「不二年，南士當入相，天下自此多事矣。」或問其故，他說：「天下將治，地氣自北而南，將亂，自南而北，今南方地氣至矣，禽鳥得氣之先著也。」後來王安石果然是以南人當國，天下從此多事。這段故事，想來在兩種原因之下造出來的：一是痛恨王安石的人，一是推崇邵先生學問高深的人，故意造出來以明他們不是「言之無物」，十分有九不大可靠。但邵先生的學問之高深卻並不假，他的著作有觀物篇，伊川擊壤集，先天圖，皇極經世及漁樵問答（有人說是他的兒子邵伯溫做的）等書，都很有名，他的師承是：

陳摶—种放—穆修—李之才—邵雍。

他與周敦頤同出於陳摶，他們倆的著作中都有「無極」的說話（先天圖有「無極之前」語）。陸象山疑心無極是出於老莊，果眞是不爲無因的啊！

他的弟子有二十二人，這是有名可指的，無名的當然也很多，二十二人當中可分兩派，一派是純粹的邵學，王豫張峮等是，一派是非純粹的邵學，呂希哲兄弟三人及李籲等是。他的兒子邵伯溫更有名，他的續傳有張行成祝泌等。私淑的有晁說之陳瓘牛師德三人，與他同時講學而常往來的有二程子及張橫渠。他臨死時有告程伊川的兩句名語是：

「面前路徑須令寬，路窄則自無著身處，況能使人行也？」

所以他的學問，不是與漢朝的焦延壽京房一樣爲象數而象數，純乎其爲術而已，而是以理運數。他說先天之學爲心學，他的學問當然也是心學了。這是宋代的象數學與前代不同的地方，後來蔡九峯沈等也是如此。

乙、二程子就是程顥程頤兄弟二人，又有人說大程小程，更有人單說小程子叫做二程，這二字便是行二的二字了。大程子字伯淳，死後，文彥博從大家的公議，表其墓曰明道先生，所以後人又稱之爲程明道。小程子字正叔，因爲住在伊陽，所以學者又稱之爲伊川先生，後人遂又稱之爲程伊川。他們兄弟倆性情不一樣，明道和易，人皆親近，伊川謹嚴，莫不肅然。父親程珦同周敦頤很好，因命二子從學。小程又從胡安定先生學。他們的母親侯郡君教子亦有方，家庭教育也出乎尋常，所以講論二程子的學術的淵源當如下表：

胡瑗
陳摶—种放—穆修—周敦頤—程顥
程珦　　　　　　　　　　程頤

大程子五十六歲就死了。小程子有七十五歲壽。大程子天資高些，廣大容與，不是小程子所可及（小程子亦自認是不及）。但洛學的成功卻是小程子的功勞。大程子的學問以識仁爲首，主敬爲要，小程子則主張「涵養須用敬，進學在致知。」他們的弟子遍天下，所以他們的學說流傳很廣。清人全祖望學案敍錄有一段說：

「謹案洛學之入秦也以三呂，其入楚也以上蔡司教荊南，其入蜀也以謝湜馬涓，其入浙也以永嘉周劉許鮑數君，而其入吳也以王信伯。」

三呂是呂大忠大鈞大臨。上蔡是謝良佐。周劉許鮑諸君是所謂永嘉元豐太學九先生，卽周行己許景衡沈躬行劉安節劉安上戴述趙霄張煇蔣元中之中的周許沈劉戴六人，及謝天申鮑若雨潘閔陳經正經邦經德經郛諸人。王信伯是王蘋。還有爲全氏所未道及，而不可不補說的是「楊龜山時之傳洛學入閩，」他——楊龜山和謝上蔡就是程門立雪的故事之主要人。他臨走的時候，程明道目送之曰：「吾道南矣！」可見他在師門地位之高。後來朱晦菴張南軒呂東萊都是出於他的門下，關係宋學很重要。凡此可見二程子的弟子，都是當時有名的學者，即說宋學至二程子而始光大，想沒有什麼不妥吧！當時與他們並立的有蘇軾領導下的蜀學一班文人，不歡喜拘束的多趨之，極力排詘洛學，洛學的人也排詘蜀學，蜀洛兩黨的對立，是宋代學術史上不可忽視的一件事。

在形式上洛學中邵百源似乎是象數學，二程子是義理學，實際上不如此，前面說過邵氏是以理運數，根源並無二致。不過邵氏的後學多流爲術士，程氏的門徒多遁逃入禪，這是應該注意的。

四、關學

這在開始即已經說過是張橫渠的學派。張橫渠名載，字子厚，晉朝也有個張載，常常有人弄不清。那張載是文人，在前；這張載是理學家，在後。如同西漢時有個王褒，南北朝時也有個王褒，中國歷史上同名字的人多着呢。這可參看胡應麟的少室山房筆叢。

張橫渠世居大梁，以喬寓爲鳳翔郿縣橫渠鎭人，故學者稱爲橫渠先生。少孤，能自立，志氣不羣，喜談兵，因與邠人焦寅遊。當康定用兵時，年方十八，卽慨然以功名自許，欲結客洮西之地，上書謁范文正公仲淹。文正公識其人爲遠大器，責之曰：「儒者自有名教可樂，何事於兵？」手中庸一編授之，遂翻然志於道，爲文正公門人，已求諸釋老，後又反求之六經。嘉祐初，至京師，見二程子，二程子是他的外兄弟之子，行輩晚下，他與語道學之要，極爲佩服，因渙然曰：「吾道自足，何事旁求？」於是盡棄異學，淳如也。當是時，他已經擁坐臯皮在京邸中講易，聽講的很多。他說：「今見二程子，深明易道，吾不及也，可往師之。」卽日起輟講。所以他的學問，凡兩次變更，纔成功，第一次是遇着范文正公，第二次是遇着二程子。在他託疾歸橫渠的時候，終日危坐一室，左右都是簡編，俯讀仰思，冥心妙契，雖中夜必取燭疾書，曰：「吾學既得諸心，乃修其辭命，命辭無失，然後斷事，斷事無失，吾乃沛然。」又告諸生說：「學必如聖人而後已，知人而不知天，求爲賢人而不求爲聖人，此秦漢以來學者之大蔽也。」他的學問大旨，以易爲宗，以中庸爲的，以禮爲體，以孔孟爲極，以循古禮爲流俗倡，於是關中風俗爲之一變，而至於古。他同他的老師范文正公一樣，居恆以天下爲念。他慨然有志於三代的禮法，他很看重「貧富不均」的問題。他說仁政必自經界始，他想買一塊地皮，畫爲數井，以實驗先王井田的遺法，未成功就死了。他著的書以東銘西銘正蒙爲最有名，西銘中「民吾同胞物吾與也」這句話，恐怕是沒有什麼人不知道的吧！

關學的來源在前面已經說過是范仲淹了。范仲淹的師傳是如何？不可不說明。

楊愨—戚同文—范仲淹—張載

照宋元學案上所載的是如上表。戚同文是五代末年趙宋初年時人，原籍宋之楚邱。晉末喪亂，絕意仕進，力行好學，化行鄉里，門人尊爲正素先生。全祖望說淸代的湯斌，就是發揚他的學統。黃季剛師也極力推尊之，以爲講宋代學術史的人，應不許忽略這一個聲名不很大的學者。至於楊愨，不過是五代時一個教授五經的人，同時又是戚同文的妻兄。

考關學淵源的尙有不可忽視的二人，卽侯可申顏。侯可字無可，其先太原人，徙華陰。少倜儻不羈，以氣節自喜；旣壯，盡易前好，篤志於學，博物強記，於禮之制度，樂之形聲，詩之比興，易之象數，天文地理陰陽氣運醫算之學無所不究。自陝以西多宗其學，而侯亦以樂育爲己任，主華學之教幾二十年。元豐己未年卒。二程子的母親侯郡君，就是他的女兒，程門弟子侯仲良就是他的孫子。申顏也是有名的君子，非法不言，非禮不履，與侯可爲莫逆交。雖不能說張橫渠與他們有關係，但關中學風卻是他們開先的，講關學應該說侯申開其源，橫渠光其統。

關學的流傳並不怎樣盛，有名的只是呂氏三兄弟大忠大鈞大臨，但三人又嘗受學於二程子之門，學問恐怕不很純粹。永嘉九先生中周行己許景衡沈躬行以及謝天申是大臨的弟子，可以說永嘉學多少有關學的影響。不過呂大鈞的呂氏鄉約，確是關學的嫡派，關中的風俗爲之一變。此外有田腴，是橫渠的門人，呂好問呂切問兄弟曾從之學。好問切問是呂祖謙的從祖，於婺學或者也有點影響。總之，關學的流傳，除掉關中而外，便從河南渡江，到了浙江。

關學有幾樣特點：

甲、關學的學者，多少時任俠使氣，壯時便一變而志於道。

乙、關學重禮，所以也很講究實際制度。但既不與王安石的新法同，又不類似永嘉派的專講事功，雖然是王安石曾經想用張橫渠以推行新法，永嘉學者有受關學的傳授。

丙、治國平天下雖不能說，一鄉確是化了，修己自毋論，在效果方面說，他們尙不至於空談。

現今有人平日酷好宋學，目前又在努力做那實驗縣的工作，不知是不是關學的又一派。

五、蜀學

蜀是指現在的四川省而言。宋學中的蜀學，通常只指言蘇洵蘇軾蘇轍父子兄弟三人，因爲他們是四川的眉山人。蘇軾所領導的學子確實很多，勢力眞大，曾經與程頤的門下起過蜀洛黨爭。蘇軾的學問也有特得的地方，頗有成一派的資格。不過旣謂之蜀學，當然以四川一省的學問爲對象。蘇氏一支固然是蜀學，蘇氏一支以外的學問也不可略去不說，凡是四川人創造的，或者是別人創造而爲四川人奉行的學問，都可謂之爲蜀學，這一來蜀學的範圍就擴大了！還有，雖不是四川人，而是奉行蜀學，或者說是學於蜀的，也不能說不是蜀學，這一來，蜀學的範圍就更擴大了！爲簡括明了起見，今將蜀學用下列幾個表來說明之，並注明應參考宋元學案中何學案：

宇文之邵　字公南，綿竹人，實開范正獻公祖禹之先（見士劉諸儒學案。）

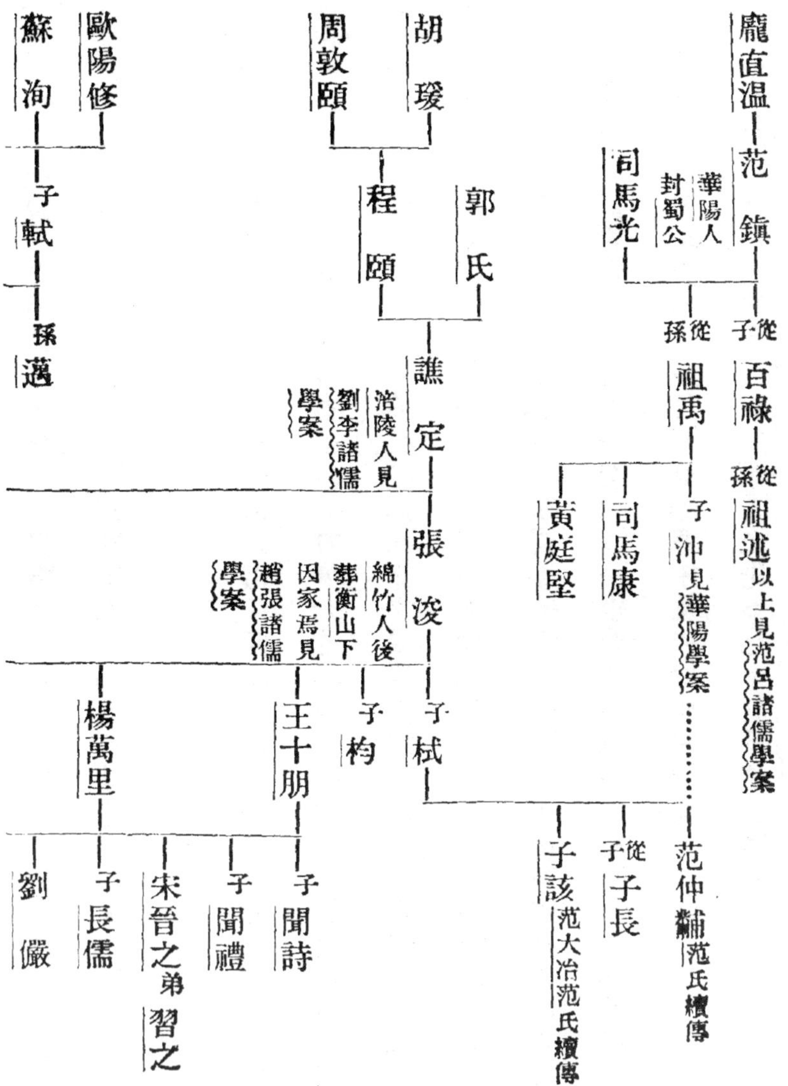
龐直温
范鎮
華陽人封蜀公
司馬光
從子
百祿
從孫
祖述以上見范呂諸儒學案
從孫
祖禹
子
沖見華陽學案
司馬康
黃庭堅
范仲黼范氏續傳
從子
子長
子
該范大治范氏續傳
胡瑗
周敦頤
郭氏
程頤
譙定
涪陵人見劉李諸儒學案
張浚
綿竹人後葬衡山下因家焉見趙張諸儒學案
子
栻
子
杓
王十朋
子
聞詩
子
聞禮
宋晉之弟習之
楊萬里
子
長儒
劉儼
歐陽修
蘇洵
子
軾
孫
邁

字明允眉州眉山人時號爲老蘇謚曰文有老泉文集見蜀學略

任孜

任汲

並老泉講友眉山人東坡稱爲大任小任

字子瞻有易傳及東坡文集等

孫迨

孫過

從孫元老

黃庭堅

晁補之 —— 李植（父中行）

秦觀

張耒

李廌

王鞏

李之儀

孫勰

孫勴

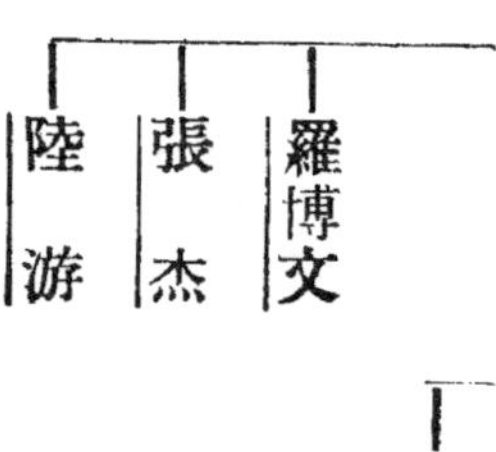

羅博文

張杰

陸游

呂陟

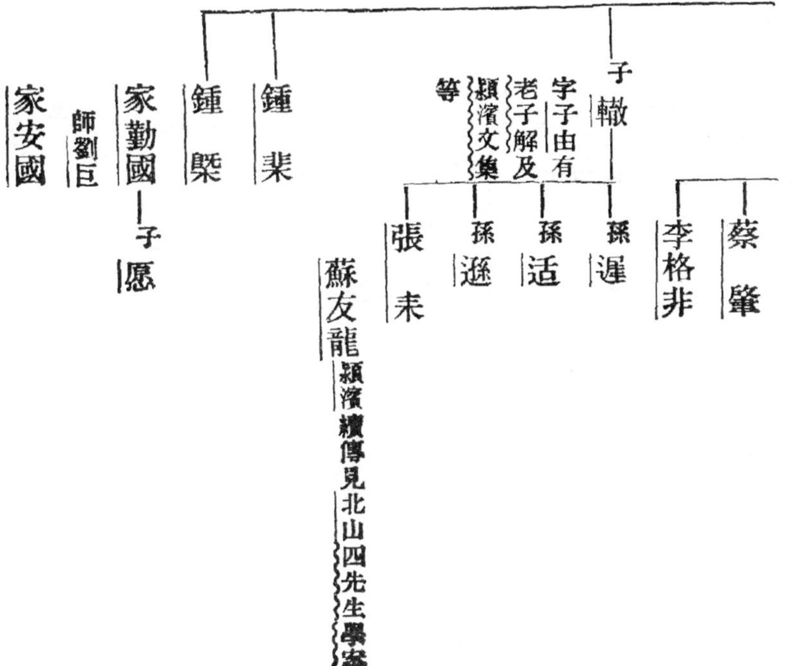

蔡肇
李格非
子轍
字子由有
老子解及
潁濱文集
等
孫遲
孫适
孫遜
張耒
蘇友龍
潁濱續傳見北山四先生學案
鍾棐
鍾槩
家勤國
子愿
師劉巨
家安國

家定國（並二蘇講友）

呂陶（東坡同調）

李之純—從弟之儀（潁濱同調）

又考表中張栻字敬夫，號南軒，因父浚葬衡山下，遂家於衡陽，是蜀人而爲湖南人了，故其學與蜀學湖南學都有關係，與湖南派的關係，後面再說。茲先就其與蜀學關係表明如下，參考南軒學案：

周敦頤—程顥—楊時

胡瑗—程頤—私淑胡安國—胡宏（五峯）

邵雍—邵伯溫—趙鼎—王大寶—張栻

尹焞

司馬光—劉安世—孫偉—劉芮—張杓

身。

這表是張栻家學以外的淵源，蜀學與非蜀學雜列。因爲這是講學術的來源，不是說學術的本身。

- 張栻
  - 從子 庶（又師孫松壽）
    - 子 圮
  - 從子 忠恕
    - 從子 洽
  - 張唐（張氏續傳）
  - 宇文紹節
    - 程公說
    - 程公碩
    - 程公許
  - 陳概（兄陳栗）
  - 講友黃裳
    - 楊泰之（父虞仲）

楊知章—子子讜

李修己—子義山—彭汯

張仕佺

范仲黼—蘇在鎔
稱月舟先生
—張鈞
—師遇

范子長—高載原姓魏，與了翁同產兄弟，大母爲高氏，兄黄中無後，以其子孝璹後之，孝璹有子六人，而魏氏之兄士行又無後，故鶴山復歸於魏。高載字東叔，弟高稼，字南叔，高崇字西叔。

范子該
魏了翁范氏所傳
范大治范氏續傳

范蓀連仲黼子長子該時稱四范

宋德之—高崇又師李雁湖璧

虞剛簡——從子 兟——曾孫 汲

程遇孫 兄王孫

薛紱 稱符谿先生

鄧諫從

張方 並南軒私淑

這是張南軒所傳的蜀學，可參看二江學案。

范仲黼子長子該及蓀，都是成都人，薛紱鄧諫從都是漢嘉人，虞剛簡程遇孫是仁壽人，宋德之唐安人，稱二江九先生，同講南軒之學。范仲黼先生功尤大，因爲是他首講於二江，諸人之未及張門者，都從他得之。

又按二江諸儒學案范雙流先生子長范先生子該合傳中有云：「鶴山之初志學也，由先生兄弟及薛符谿以得門戶，及入中原，始友李敬子，輔潛菴。」是鶴山原來是蜀學，後來纔加入了若干閩學。今再將魏鶴山了翁的學派表明於后，以見蜀學的究竟：

魏了翁（有九經要義及鶴山全集等書）
—從弟 文翁（字華父，邛州蒲江人）
—子 克愚
—郭黃中
—吳 泳
—游 似（又師劉光祖）
—牟子才（又師李方子）—子 巘（稱陵陽先生）—孫 應龍
—趙 范

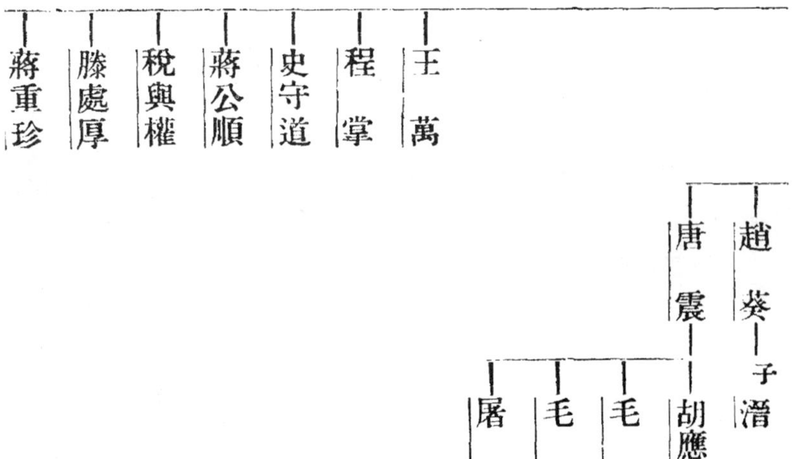
王萬
程掌
史守道
蔣公順
稅與權
滕處厚
蔣重珍
趙葵
子滔
唐震
胡應之
毛振
毛濤
屠高

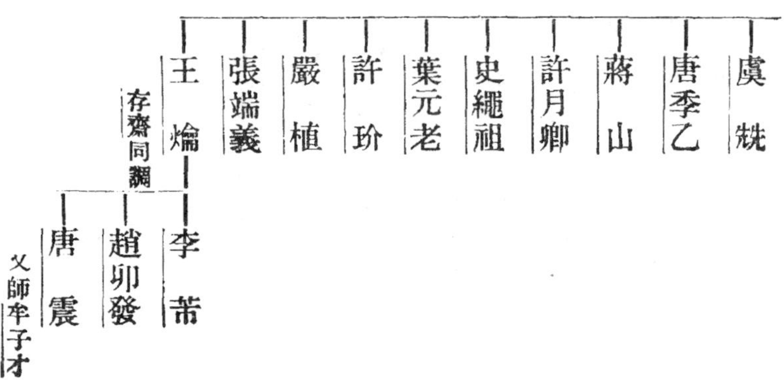

虞兟
唐季乙
蔣山
許月卿
史繩祖
葉元老
許玠
嚴植
張端義
王爚
存齋同調
李芾
趙卯發
唐震
父師牟子才

|高載
|高稼—子斯得
|高崇
|高定子字瞻叔
並鶴山兄弟而兼學侶
|李坤臣—|魏文翁
　　　　|高斯得
　　　　|郭黃中
|譙仲牛
|李從周
並鶴山講友

魏天祐

兄天啓

李坤臣講友

宋史有言「鶴山築室白鶴山下，以所聞於輔廣李燔者開門授徒，士爭負笈從之，由是蜀人盡知義理之學。」輔廣李燔都是朱晦菴的弟子，蜀學於此有閩學的成分了。至於說「蜀人知義理之學，」那可不是自鶴山起，在前已說過，有所謂馬涓謝湜者導洛學入蜀。謝湜是小程子的弟子，字持正，金堂人，登元豐進士；馬涓南部人，係三呂中呂大忠的弟子。呂兼師橫渠，並且宗仰關學比較洛學深，也可以說關學由馬涓導之入蜀了——他們都是北宋時人，在鶴山之前。

又考鶴山學案牟陵陽先生巘傳有云：「以忤賈似道去官，宋亡不出，討論六經，尤雄於文。蜀中自蘇氏父子後，推巽嚴李氏父子，繼之者牟氏也。」蘇氏父子，牟氏父子已見於前列各表中。李氏父子一支茲再詳之於下：

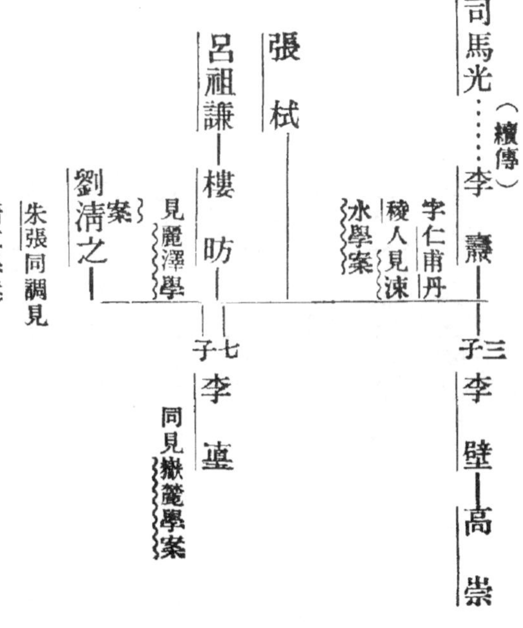

嶽麓諸儒學案，文懿李雁湖先生壁及文肅李悅齋先生埴二傳都有云：「先生父子兄弟以文章著，眉人比之三蘇。」又文肅傳有云：「先生立朝，始終一節，不肯詭隨，所以終不登二府者，有得於伊洛之正傳。而其所至皆有吏聲，要屬有用之才，固不徒以文章，亦非迂談道學者比也。所著有李文肅集。蓋元祐有蜀洛之爭，二百年中其學終莫能合；及後溪與先生兄弟出，鶴山繼之，遂合其統焉。」這說明了蜀學的內容與歷史。後溪係劉光祖，朱晦翁的同調。其先句容人，居簡州，曾經做過眉山的太守。他的學統如下表：

劉光祖（見邱劉諸儒學案）
├─游似─子汶
└─周端朝

統觀前列各表，蜀學的情形大概如下：

甲、蜀學的基石是：

范氏

蘇氏

張氏

李氏

牟氏

高氏（或稱魏氏）

乙、蜀學多能文之士。

丙、蜀學的內容除蘇門雜有佛老縱橫外，至淳熙嘉定間，並涑水蜀洛關及朱張呂乃至永嘉之學（全祖望謂魏鶴山兼有永嘉經制之粹而去其駁，）一爐而冶之。

丁、不甚講象數學。

戊、亦長於史學，李燾的通鑑長編很有名。

四川省地方原很廣大，人口亦衆多，吸收文化以及創造文化的力量當然不弱，蜀學的內容如此複雜，蜀學的人數如此衆多，也是必然的結果。單以蘇門一派來講，他的流傳似乎偏於北方各省。北方各省因爲遼金元的關係，文獻不足徵，沒方法可以考他流傳的狀況，可惜得很！

六、閩學

閩學何止是朱熹？朱熹以前也有名家，朱熹以後不少碩學，單說朱子，乃所謂截其源而斷其流，甚爲不可。

若依照言蜀學的成例，福建人創造的學問，或者是別人創造而爲福建人所奉行的學問，都謂之爲閩學。那末言閩學當自陳古靈襄說起；而湖南學的首倡者胡安國父子也應列入閩學。不過，胡安國父子旣別成湖南學的首倡，姑留待在湖南學項下再說；至於陳古靈以下的閩學的源流，於此則不可不試一疏述其梗略：

提起侯官陳古靈，當然聯想到他的同里鄭閎中穆陳季甫烈周公闢希孟及浦城章表民望之，他們都是同時，都是不假師傳崛起南方從事道學。陳鄭二人都得顯達，季甫公闢則隱居不仕，表民做了不大不小的官。陳襄字述古，學者稱爲古靈先生。是時學者多溺於雕篆之文，詞華相尚。古靈與鄭陳周四人同志於道，門弟子各千餘人，章表民附和之，力持孟子性善之說。於是湖學而後，東南學風再盛，學者又稱二陳及鄭周爲四先生，是爲閩學之始。

稍後於四先生及章表民者，卽有胡安國及楊時。安國爲湖南學首倡。楊時字中立，南劍將樂人，學者稱爲龜山先生，師事大小二程子，歸時大程子目送之曰「吾道南矣！」龜山而後，直到朱熹，閩學的源流，可以列成像下面那麽一個表：

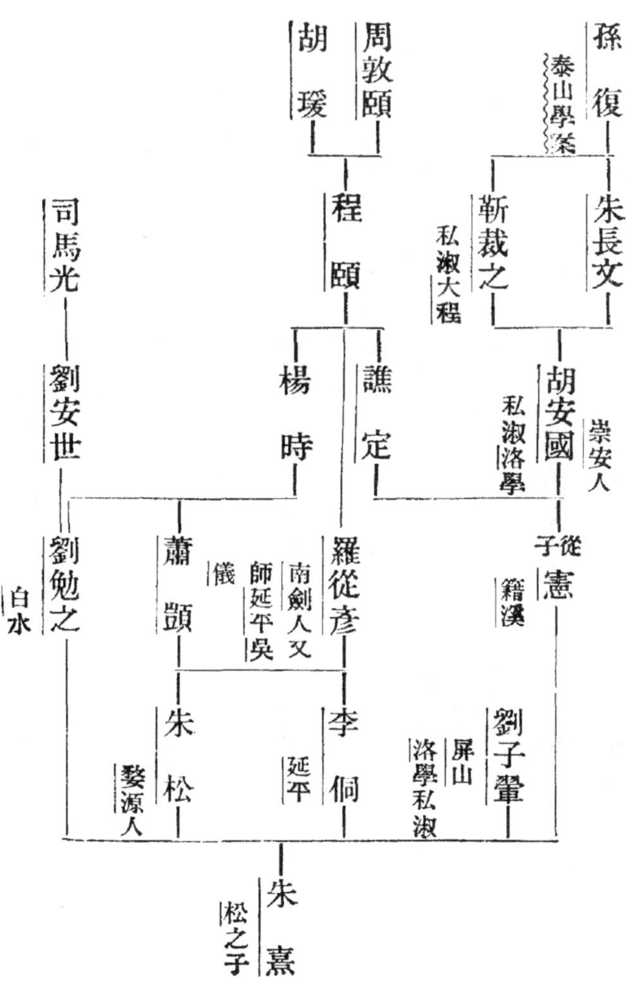

所謂閩學的代表者朱熹，原來還是安徽婺源人。在他以前如胡氏叔姪，楊羅劉李，都是籍隸福建。這些人，有受業程門，有私淑程學，有兼泰山涑水而傳習者。朱熹承其後一爐而冶之，始成其大。朱熹字元晦，一字仲晦，以其父韋齋先生松不附和秦檜，丟掉司勳吏部郎不幹，建炎四年，寓居延平尤溪城外毓秀峯下之鄭氏草堂，就在這裏生了他。他於是同福建發生關係。他小的時候，依賴父友劉子羽輩過活。寓居建之崇安，又徙建陽之考亭，故又稱考亭先生，又稱紫陽。卒年七十一，葬崇安之九峯下。三子埜埜在都很賢，新安考亭兩地各世襲博士一人。因爲他生於福建，長於福建，老於福建，死於福建，葬於福建，世襲又在福建，分明是安徽人現在變成閩學的代表了。不過他的師承都是福建有名的學者，學術上他確是閩學，與安徽不相干。

朱子以前的閩學，如古靈四先生等，只能說是有開之必先，還沒有什麽精彩可講。楊龜山在程門立了雪回頭，誠然不辜負「道南」的希望。但他似乎偏向大程子一面，又多少帶了些佛學的嗜好，創下了「靜中觀喜怒哀樂未發時氣象」的學統，豫章延平踵事增華，朱子少時遂亦不能不如此。中年以後深以小程子「涵養須用敬，進學在致知」的學則爲然，「道問學」的主張與陸象山的「尊德性」對立。晚年又悟「持敬」之誠不十分妥當。明代王守仁有朱子晚年定論一書之纂輯，可窺見朱子學問之究竟，朱子個人學術的三變，同時也代表了閩學的三變。

在朱子以前還有一位陳了齋瓘，也是南劍州人，字瑩中，於涑水明道康節等人學問都有所通。其門人後多歸龜山，雖然不可略去，但也無關緊要。朱子以後的閩學可分兩部份，一是在福建本省以內，一是其他各地。在福建本省以內的如蔡氏一門即其皎皎者。

蔡發（號牧堂老人）——蔡元定（朱門弟子但晦翁稱為老友建之建陽人）
　長子蔡淵——蔡格
　次子蔡沆
　三子蔡沈（兄弟三人皆朱門弟子但家學淵源亦大）——蔡模、蔡杭、蔡權

蔡氏一門的閩學，以象數著名，雖然出自朱子之門，但朱子不無受他們的影響處所。朱子的兒子塾

與埜都從蔡元定受學。蔡氏的學問從牧堂老人以「程氏語錄邵氏經世張氏正蒙」授元定，並說「此孔子正脈也」，已植其規模，家學的力量不一定小於師門。除去蔡氏一門還有黃勉齋榦是閩縣人在朱門中也算皎皎者，蔡氏帶有象數學色彩很重，勉齋便是純粹的理學家，蔡氏家學力量很多，勉齋純粹的朱門弟子，他又是晦翁的女壻。

福建以外的閩學，浙江江蘇湖長江而上，至安徽江西兩湖四川以及河南都有朱門的弟子。但以浙江爲最，如輔漢卿廣(號潛庵)崇德人，陳器之埴(卽陳木鐘學者爲潛室先生)永嘉人，杜良仲煜(稱南湖先生)黃巖人陳安卿淳(稱北溪先生)龍溪人，這些地方都在今日的浙江省。除去蔡黃二氏外朱門要算是這些人較爲高明了。全祖望說：「朱門授受徧於南方，」南方之中，我們應該曉得第一是福建本省，第二是浙江，以下再算到江蘇安徽江西兩湖四川河南。江蘇如章康竇從周，安徽如李季札程洵，江西如李燔張洽，兩湖如李耆壽等，四川如晏淵度政，河南如趙汝談，諸省之中，又以江西人數較多。

眞西山德秀與鶴魏山了翁都是閩學的私淑者，閩學在南宋以及元代很佔勢力。

實際言之，閩學的朱子並無所發明，只不過集濂洛關諸學的大成而極力反對蜀學江西學，甚至湖南學亦有非議，除掉張南軒栻算例外。

朱子眞是幸運，年紀比張南軒呂東萊祖謙陸象山九淵都大，有朱松做他的父親，有胡籍溪劉白水劉屏山李延平做他的先生，有呂東萊張南軒陸象山做他的朋友，有蔡元定一門做他的學生，得天厚，得人厚，又生在福建，得地亦厚，眞是所謂「風雲際會」。

七、江西學

宋代以前的江西，在學術史上恐怕只有白蓮社可以稱數吧！白蓮社的主人是釋慧遠，是晉末南方佛學的首領。他在廬山般若台精舍創立一社，適其時謝靈運鑿池東林寺前，植白蓮其中，因以爲號。社中有十八個賢人，世稱爲廬山十八賢，是爲中國興行念佛之始。謝靈運是他的弟子，但未入社。陶淵明是他的好友，是社友之一。這許多名人都集攏在廬山，所以那時的江西，在學術史上確是放出一道彩光。

白蓮社以後，江西便寂然了。有唐一代，無有可稱。迨至趙宋，地氣再盛，首現宋學光彩者又在廬山之蓮花峯下，周濂溪之上接孔孟已絕的宗傳，在學術史上又立下了不可磨滅的功勞，言江西學術者不可不稱數。然而慧遠北方之人也，周濂溪亦爲湘湖之士僑居江西，講學傳道，雖以江西名，實數江西產物。論江西自產之學術，前無所有，有之亦自宋始，可數者：如歐陽修王安石曾鞏的文章，黃庭堅陳師道楊萬里的詩，王安石的新法。在理學一方面，象山陸氏固曾與閩學的朱子壁壘相對，民到於今猶稱道不衰者也。然文學史上所稱道的陳師道的江西詩派，雖亦成派，只不過是一詩派，不足稱爲江西學；可稱江西學的，在當時則僅有陸氏之理學而已。茲故特就陸氏之學加以申說。

江西學的陸氏以誰爲最著？這就要推象山先生陸子靜九淵爲首領了。象山自號存齋，撫州金溪人，三四歲時，問其父賀（字道卿）：「天地何所窮際」？父奇之。聞人誦伊川語，自覺若傷我者，嘗說：「伊川之言奚爲與孔子孟子之言不類？」讀論語，卽疑有子之言支離。他日讀古書至宇宙二字，解者說：「四方上下曰宇，往古來今曰宙」，忽然大省悟，說：「宇宙內事皆己分內事，己分內事，乃宇宙內事。」又嘗說：「東海有聖人出焉，此心同也，此理同也；西海有聖人出焉，此心同也，此理同也；南海北海有聖人出焉，此心同也，此理同也；千百世之上有聖人出焉，此心同也，此理同也；千百世之下，有聖人出焉，此心同也，此理同也。」乾道八年，登進士第，爲呂東萊所識，始至行都，從遊者甚衆，他都能知其心術之微，言中其情，多至汗下，亦有相去千里，素無雅故，聞其概而盡得其爲人。告學者說：「念慮之不正者，頃刻而知之，卽可以正；念慮之正者，頃刻而失之，卽爲不正。有可以形迹觀者，有不可以形迹觀者，必以形迹觀人，則不足以知人；必以形迹繩人，則不足以教人。」又說：「今天下學者惟有兩途：一途樸實，一途議論。」有一個學生飯次交足，飯罷，他向那學生說：「汝適有過，知之乎？」那學生說：「已省。」他的規矩之嚴如此。結茅於象山，學徒大集，居山五年，案籍踰數千人。年五十四歲卒，謚文安。他的學問大旨是以尊德性爲宗，謂：「先立乎其大，而後大之所以與我者不爲小者所奪。夫苟本體不明，而徒致功於外索，是無源之水也。」所以他教人以悟爲主。他的門下也便有大悟幾十小悟幾百的情形。他還有幾句驚人的說話：「六經註我，我註六經。」他不大著書，他著力在踐履上。他有名的事是與朱子在鵝湖辯道，成爲千古一大公案。這會是呂東萊召集的，用意在同兩家之所異。時在淳熙二年，地址在廣信之鵝湖，會期有說是三日，有說是旬日。會的人除朱陸外，並劉子澄及江浙諸名賢。在會合之前，他的哥哥復齋先生子壽九齡向他說：「伯恭（呂祖謙的字）約元晦爲此集，正爲學術異同，某兄弟先自不同，何以望鵝湖之同？」遂與象山議論致辯，又令象山自說，至晚方罷，復齋說：「子靜之說是。」次早象山請復齋說，復齋曰：「某無說，夜來思之，子靜之說極是，方得一詩云：『孩提知愛長知欽，古聖相傳只此心，大抵有基方築室，未聞無址忽成岑，留情傳注翻榛塞，著意精微轉陸沈，珍重友朋勤切琢，須知至樂在於今。』」象山說：「詩甚嘉，但第二句微有未安。」復齋說：「說得恁地，又道未安，更要如何？」象山說：「不妨一同起行。」及至鵝湖會，東萊首先發言，問復齋別後新功，復齋舉前所作詩，纔四句，朱子顧謂東萊說：「子壽早已上子靜船了也。」舉詩罷，遂致辯於復齋，象山說：「某途中和得家兄此詩云：『墟墓興哀宗廟欽，斯人千古不磨心，涓流積至滄溟水，拳石崇成太華岑，易簡工夫終久大，支離事業竟浮沈，欲知自下升高處，眞僞先須辨只今。』」朱子因爲他們的詩中有「留情傳注翻榛塞，著意精微轉陸沈」，「支離事業竟浮沈」等語句，是刺譏他，他心中很爲不樂，歸後三年，纔和了一首詩說：「德義風流夙所欽，別離三載更關心，偶扶藜杖出寒谷，又枉籃輿度遠岑，舊學商量加邃密，新知培養轉深沈，卻愁說到無言處，不信人間有古今。」鵝湖會終了，兩家門弟子益水火不相容；加之關於周敦頤的太極圖說的「無極而太極」一句，往返辯論七封信，最後朱子這樣說纔休止：「如曰未然，則我日斯邁而月斯征，各尊所聞，各行所知，亦可矣，無復可望於必同也。」幾於聲色俱厲了。所以象山又答他說：「尊兄遽作此語，甚非所望。」梭山以朱子求勝不求益，象山甚至在月下嘆氣，惜朱子枉費精神，於是朱陸異同的問題，到現在還有人在鬧，雖然有王守仁的朱子晚年定論的選輯，終於實際無補，何恨如之！這在學術史上是有名的辯論，所以特地詳細敍說出來。

因爲陸學是以發明本心爲究竟，一班人遂又目之爲心學。心學的名稱在宋學中爲陸學所獨有，以前中國無心學之名。以後王陽明守仁是承繼了陸學道統，他們只贊成敬，不贊成持敬，持敬的「持」字，頗有不妥之處。

司馬光……（續傳）……陸　賀（字道鄉，見涑水學案）——子　九思、九敍、九臯

關於陸學這一流派，可以分三方面來疏釋，一本身，二源，三流。先言本身，本身之授受有如下表：

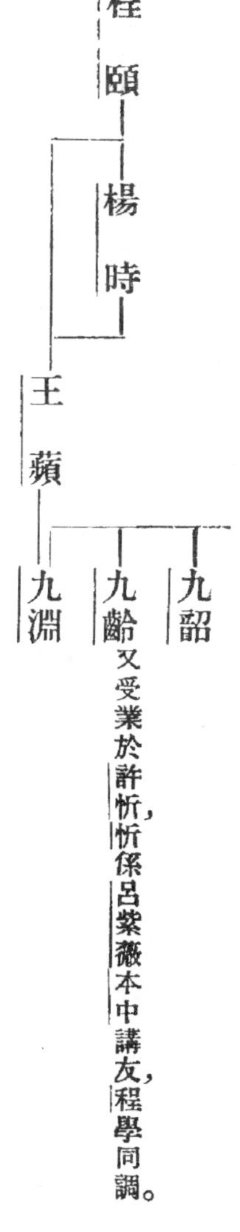

九韶啓之，九齡昌之，九淵成之，世稱三陸。

九淵之學，直接受之楊王，楊王同係閩人，楊亦爲朱學之祖，原來朱陸同源。

世謂伊洛之傳在閩，今觀前表陸學固亦出自程門，殆所謂程門原有此一宗。

講到陸學的來頭，便走上第二個問題「源」的路途上來了。其實陸學的來源並不那樣簡單，涑水的學問固不似陸學，卽是小程子也在所反對之列，陸象山曾說：

「某舊日伊洛文字不曾看，近日方看，見其間多有不是處。」——語錄。

故謂程門有陸學這樣的一宗可，若謂陸學也是洛學則不可。然陸學亦非一蹴而成，其來勢頗可一一指數。

朱晦菴有云：

「上蔡說孝弟非仁也。孔門只說爲仁，上蔡卻說知仁，只要見得此心，便以爲仁。上蔡之說一轉而爲張子韶，子韶一轉而爲陸子靜。上蔡所不敢衝突者，子韶盡衝突，子韶所不敢衝突者，子靜盡衝突。」

敵對的人說的話，多少帶些刺譏的口吻，然說陸學來源的禪變則不無可取。在宋代還有一人也說過：

「象山之學，原於上蔡。」

這是黃東發的話。淸朝全祖望說的更多：

「謝得氣剛，……陸亦得氣之剛者也。」

「象山之學……程門自謝上蔡以後，王信伯林竹軒張無垢至於林艾軒，皆其前茅，及象山而大成。」——學案敍錄。

我嘗就諸家所言，作成一個陸學的來源表，錄於下：

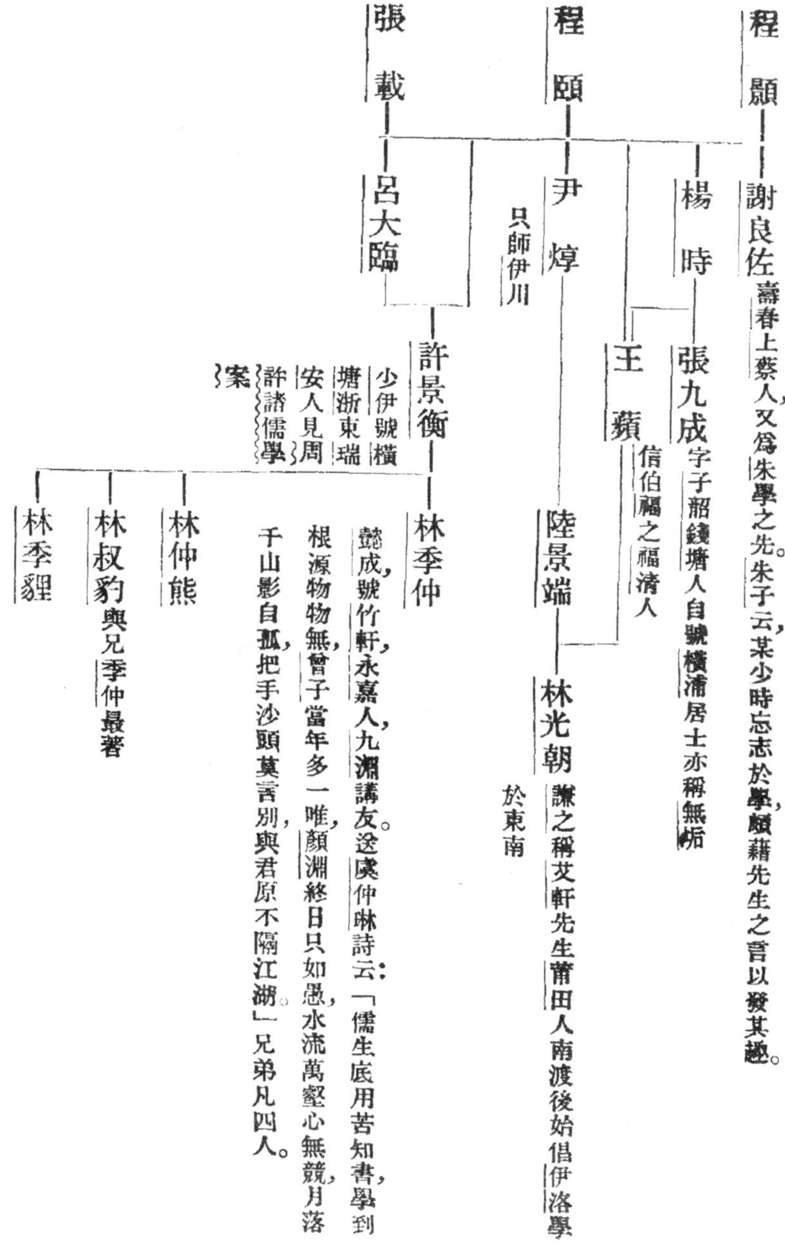
程顥
謝良佐 壽春上蔡人，又爲朱學之先。朱子云，某少時忘志於學，頗藉先生之言以發其趣。
楊時
張九成 字子韶，錢塘人，自號橫浦居士，亦稱無垢
王蘋 信伯，福之福清人
程頤
尹焞 只師伊川
陸景端
林光朝 謙之，稱艾軒先生，莆田人，南渡後始倡伊洛學於東南
張載
呂大臨
許景衡 少伊，號橫塘，浙東瑞安人，見周許諸儒學案
林季仲 懿成，號竹軒，永嘉人，九淵講友。送虞仲琳詩云：「儒生底用苦知書，學到根源物物無。曾子當年多一唯，顏淵終日只如愚。水流萬壑心無競，月落千山影自孤。把手沙頭莫言別，與君原不隔江湖。」兄弟凡四人。
林仲熊
林叔豹 與兄季仲最著
林季貔

閩浙兩省人最多，只上蔡是河南人。覺之一字在陸門甚爲重要，這似乎倡自上蔡之說仁（參看下第三章）陸學原自上蔡不爲無因。然在陸學中人則自謂上接孔孟之傳，周程尙在覺而未全或完全未覺之列，況乎以下的人？前人有此趨勢，陸學受其啟發而成，如此說則無病了。陸學的「流」以江西浙江福建三省人爲多，但著名的都是浙江人。全祖望學案敍錄有云：

「槐堂之學，莫盛於吾甬上，而江西反不逮。」

「象山之門，必以甬上四先生爲首，蓋本乾淳諸老一輩也。」

黃宗羲先全氏亦有言：

「陸子之在象山五年間，弟子屬籍者至數千人，何其盛哉！然其學脈流傳，偏在浙東，此外則傅夢泉而已。故朱子曰：『浙東學者，多子靜門人，類能卓然自立，相見之次，便毅然有不可侵犯之色。』然則此數千人者，固多旅進旅退之徒耳，今傳數十人於此，其概可睹矣。」——槐堂學案案語。

傅夢泉，建昌南城人，是江西陸學比較有名的弟子，此外有名的就只有甬上四先生了。四先生爲誰？

楊簡字敬仲，慈溪人，築室德潤湖上，更名慈湖，諡文元。

袁燮字和叔，鄞縣人，學者稱爲絜齋先生，賜諡正獻。

舒璘字元質，一字元賓，奉化人，學者稱廣平先生，賜諡文靖。

沈煥字叔晦，定海人，賜諡端憲，又稱定川先生。

這就是黃氏所謂明州四先生，全氏所謂甬上四先生。四先生之在陸門，楊袁舒皆從文安，沈從文達，陸學同，陸學之傳授人則不同。又全氏學案敍錄云：

「象山之門，……而壞其教者實慈湖。」

「慈湖之與絜齋，不可連類而語，慈湖夾雜，而絜齋之言有繩矩，東發先我言之矣。」

「楊袁之年輩後於舒沈，而其傳反盛……然舒沈之平實又過於楊袁也。四先生中，沈先生師復齋。宋史混而列之。」

四先生中又以楊袁之傳授爲最，楊袁之中楊氏又被認爲學不純粹，陸學同，所以爲陸學者又不同。朱陸二家門戶雖嚴然，再傳以後，亦多相互出入者，全祖望氏言之較詳：

「鄱陽湯氏三先生（按卽湯千湯巾湯中）導源於南溪，傳宗於西山，而晦靜（按卽湯巾）由朱入陸，傳之東澗（按卽湯巾從子湯漢），晦靜又傳之徑畈（按卽徐霖西安人）楊袁之後，陸學之一盛也。」

「徑畈歿而陸學衰，石塘胡氏雖由朱而入陸，未能振也。中興之者，江西有靜明（按卽陳苑）浙東有寶峯（按卽趙偕）。」

「四明之學多陸氏，深寧（按卽王應麟鄞人）之父亦師史獨善以接陸學，而深寧紹其家訓，又從王子文以接朱氏，從樓迂齋以接呂氏，又嘗與湯東澗遊，東澗亦兼治朱呂陸之學者，和劑斟酌，不名一師。」

「四明之傳，宗朱氏者東發爲最（按卽黃漢慈溪人）。

「四明史氏皆陸學，至靜淸（按卽史蒙卿）始改而宗朱。」——以上學案敍錄。

黃百家亦有言：

「四明自楊袁舒沈從學於象山，故陸學甚盛。其時，傳朱學者有二派，其一史果齋（按卽史蒙卿）從爨氏入；其一余正君，從輔氏入。」

綜觀全黃二人所言，朱陸二學，再傳後之相互出入，壁壘漸破。

陸學一出宋代，卽有抬頭之勢。明代無論矣；卽如元代，如許衡姚樞固主朱學，而吳草廬澄已兼主文安偏多右陸，雖有鄭師山玉之多右朱，然究不及草廬聲力之大。

陸學的流派約略如上述。陸學之傳雖不以江西爲重，陸學之發生則爲江西所特有，江西在宋學中有兩種驚人的表現，一是王安石的新學，一是陸氏一門的心學他們都自置身三代以上，不屑屑於晚近。王安石的新學向不直於儒者口，故很少人稱爲江西學。而以江西學的名稱，專冠諸陸學，已爲一班人所慣習，故這裏講江西學只及陸學。然而陸學也多不直於人口處，驚人者總多不直於人，不僅是陸學王學似五十步與百步之分而已。

八、湖南學

眞正是湖南人創造的學問，在宋代不謂之湖南學，如周敦頤的濂溪學是；反之，稱爲湖南學的學者又多不是湖南人，前有胡安國父子，後有張浚父子，這是研究湖南學的一個有趣味的不大不小的問題。

湖南學的首倡者就是胡安國，字康侯，原爲建之崇安人，這在前閩學一段中亦已言及，依理該爲閩學，但他卻是湖南學的開山祖。

考胡安國是紹聖四年進士第三人，除荊南教授，入爲太學博士，提舉湖南學事，高宗召爲給事中，論故相朱勝非，遂落職奉祠，休於衡嶽之下，著春秋傳，稱胡氏傳。他雖是福建人，但他始而爲荊南教授，繼而提舉湖南學事，既而休於衡嶽之下講學著書，是他的學問全傳授在湖南了，這或者就是他成爲湖南學的首倡者的原因。不但是他，他的子姪如胡致堂寅胡五峯宏胡茅堂寧，亦多官於湖南。五峯並優游衡山二十餘年，雖是福建人，幾乎與福建脫離了關係，不謂之湖南學不可能了。

湖南學雖倡自胡安國，但他的源流是怎樣的呢？考胡安國爲荊門教授，楊龜山代之，因識龜山，又因龜山得識謝上蔡，良佐，游廌山，酢，楊等三人同爲程門高第，胡氏嘗有言：

「三先生義兼師友，然吾之自得於遺書者爲多。」

是眞如全祖望所說的「私淑洛學而大者」的了！但此外他們亦有他們自己的源流，今作一湖南學的授受表如下：

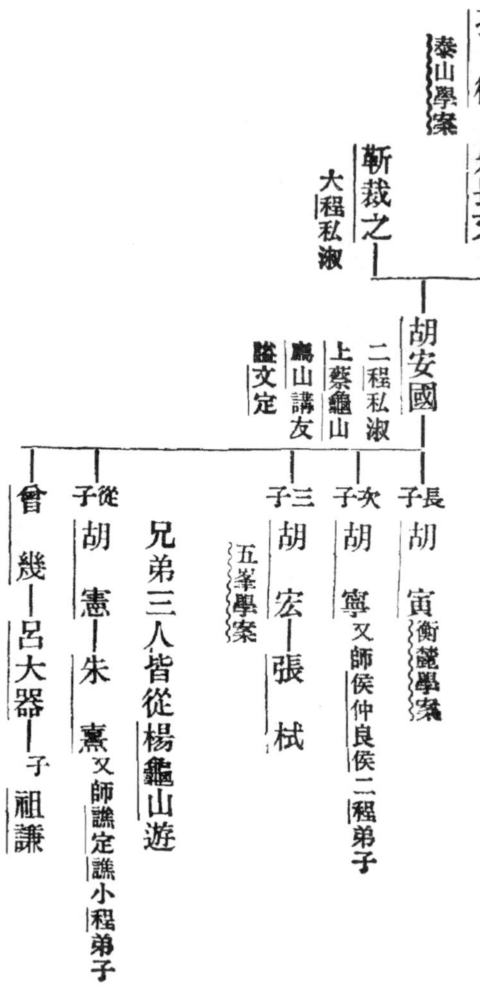

孫復（泰山學案）—朱長文
靳裁之（大程私淑）

胡安國（二程私淑　上蔡龜山　薦山講友　謚文定）
- 長子　胡寅（衡麓學案）
- 次子　胡寧又師侯仲良侯二程弟子
- 三子　胡宏（五峯學案）—張栻

兄弟三人皆從楊龜山遊

- 從子　胡憲—朱熹又師譙定譙小程弟子
- 曾幾—呂大器—子　祖謙

泰山孫復似是湖南學的祖師，再益以二程的旁流，即爲湖南學整個的淵源所自。至於其流，則南宋大儒如朱熹，如張栻，如呂祖謙，都自湖南學中出來，湖南學在宋學中的地位於此可以想見。

見於前表的有三個人是很關重要，一胡寅，二胡宏，三張栻，這三人是湖南學的完成者，胡安國只算是有首倡之功。關於三人的概略如下：

胡寅

字仲明稱致堂先生，原文定公的弟之子，謚文忠，志節豪邁，詩文斐然。朱子有言「致堂議論英發，人物偉然，向常侍之坐見其數盃後，歌孔明出師表，誦張才叔自靖人自獻於先王義陳了翁奏狀等，可謂豪傑之士也。」只此數語，已將致堂的爲人描寫無遺。著有崇正辯一書，專以儒駁釋，朱子亦稱之。

胡宏

字仁仲，稱五峯先生，優游於衡山二十餘年，玩心神明，不舍晝夜。張南軒事之。全祖望學案敍錄有云：「中興諸儒所造，莫出五峯之上，其所作知言，東萊以爲過於正蒙，卒開湖湘之學統。」正蒙一書是橫渠張載著的，是一部有名的作品；胡五峯的知言可以與之比擬，是胡五峯的造詣之深，可與橫渠並駕了，也可見湖南學的地位不在關學之下。

關於南軒之師五峯，有兩種說法：

「南軒先生受學五峯，久而後得見，猶未與之言，泣涕而請，僅令思忠淸未得爲仁之理，蓋往返數四而後與之，前輩所以成就後學不肯易言其如此。」——魏鶴山跋南軒與李季允帖。

「初南軒見五峯，五峯辭以疾，他日見孫正孺而告之，孫道五峯之言曰：『渠家好佛，宏見他說甚。』南軒方悟不見之因，於是再謁之，語甚相契，遂受業焉。南軒曰：『栻若非正孺，幾乎迷路。』」——見五峯學案附錄。

這可見胡門授受之嚴，與排佛之厲，而南軒之得成就也不是偶然。

五峯的知言一書地位固然甚高，但朱子對他不很滿意。

「知言中議論多病，近疏所疑與敬夫伯恭議論，如『心以成性，相爲體用，性無善惡，心無生死，天理人欲同體異用。先識仁體，然後敬有所施，先志於大，然後從事於小。』此類極多。又其辭意多急迫，少寬裕，良由務以智力探取，全無涵養之功，所以至此，然其思索精到處何可及也。」

「五峯善思，然其思過處亦有之。」

「近世爲精義之說莫詳於正蒙，而五峯亦曰，『居敬所以精義也，』此言尤精切簡當，深可玩味。」——同見五峯學案附錄。

這是朱子批評知言的話，好壞兩面都有，而知言一書的內容於此也可窺見了。

自胡安國以來的學統，至五峯而大成，張南軒所唱導的學統，得五峯而始正，五峯之在湖南學，地位何等重要！但他不滿其兄致堂之學，以故致堂之傳不廣，而他們一家中遂無意地分出兩派來。陸學兄弟求同，胡門兄弟自異，古人講學之不苟如此。

張栻

南軒的概史在前蜀學中已約略說過，黃宗羲有云：

「案湖南一派，在當時爲最盛，然大端發露，無從容不迫氣象；自南軒出而與考亭相講究，去短集長，其言之過者，裁之歸於平正，『有子考無咎，』其南軒之謂歟！」

「從容不迫」四字是說南軒的學問，而南軒之在湖南學的功勞也就在此。湖南學之傷於急迫，這在前朱子批評胡五峯語中已說過，朱子說這毛病的來源在知用智力而無涵養。張氏受學五峯，矯之以涵養，故其所得比五峯更純粹，而湖南學至是益光明正大。

南軒本四川綿竹人，隨父浚遷於衡陽。浚故丞相魏國公，謚忠獻，嘗言「留意聖賢之學，愛養精神，使淸明在躬，」這可說是他的學旨。他有意恢復中原，但打了幾次敗仗，有志未成，於是在臨死的時候，他手書付他的二子栻杓說：「吾不能恢復雪恥，卽死不當葬先人墓左，葬我衡山下足矣。」於是張氏變成湖南人了。南軒承繼了家學，又受學五峯，於是蜀學與湖南學合流。而南軒一人佔住了蜀學與湖南學兩席，在蜀學的傳授已見前，在湖南學的傳授，詳載於宋元學案中嶽麓諸儒學案。全祖望這樣地說：

「案宣公身後，湖湘弟子有從止齋岷隱遊者然，如彭忠肅公（按卽龜年）之節概，吳文定公（按卽獵）之勛名，二游文淸（按卽九言）莊簡公（按卽九功）之德器，以至胡盤谷（按當卽胡大時五峯季子）輩，嶽麓之巨子也。再傳而得漫塘（按卽劉宰游九言弟子金壇人），實齋（按卽王遂同上），誰謂張氏之後弱於朱乎？」

這可見湖南學的流傳廣大，不在閩學之下。還有，長沙之陷，嶽麓諸生荷戈登陴，死者十九，唯惜姓名多無考；這在各學派中很少見，可稱爲這派末流一大特色。講到南軒，令人生無限感慨，他只活到四十八歲，他的成就已如此之大，假令天假之年，如朱子之壽考，其成就又當如何？說者多謂朱子集宋學之大成，蓋有幸有不幸！若論實在，南軒早年已知持養功夫的重要，朱子直到晚年方始悟及，南軒更有「心在焉則謂之敬」之言，可算是名言了。

說完了這三人的梗概，湖南學的大概也可以明白了。再總言之，即：湖南學都是外省人在湖南倡導的學問，並不怎樣複雜。胡安國是倡導的人，他的兩個兒子就分成兩小派，而以胡宏一派爲盛。張南軒變急迫爲從容，其流乃大而且正。若言此派的大旨，則固與閩學同爲洛學的後裔，不同的就只朱子批評五峯的那幾句話。孫復雖是祖師，除卻春秋一書有所傳授外，他無所見。

九、浙學

浙是浙江省。在宋學中如閩學，如江西學，在浙江都是有很大的勢力；南宋以浙江臨安作首都，首善之區，人文薈萃之所，各種學問，無所不有，講浙學更不是件簡單的事。不過若就以浙地名學的學派來講，那只有下面二派：

甲、婺學——呂學

婺是浙江省的婺州，不是安徽省的婺源。婺州就是今日出產火腿有名的金華縣，故有些人又稱婺州爲金華。宋學中在此地講學有聲的，是與朱晦菴張南軒陸象山同時齊名而又主持鵝湖之會的呂東萊先生祖謙，故婺學又稱呂學。呂學朱學陸學爲南宋三大派，全祖望同谷三先生書院記有言：

「宋乾淳以後，學派分而爲三，朱學也，呂學也，陸學也。三家同時皆不甚合，朱學以格物致知，陸學以明心，呂學則兼取其長，而復以中原文獻之統潤色之；門庭徑路雖別，要其歸宿於聖人則一也。」

有人這樣地說：

「兼取衆長，復以中原文獻之統潤色之，」這就是呂學的說明。然其學說的內容究竟怎樣？當時曾

「尊兄於尋常人病痛往往皆無之，資質固美，然若只坐在此上，卻恐頽墮少精神。惟析夫義理之微，而致察於物情之細，每存正大之體，尤防己意之偏，擴而充之則幸甚！」——張南軒與呂祖謙書。

「伯恭近來於蘇氏父子亦甚知其非，向來渠亦非助蘇氏，但習熟元祐間一等長厚之論，未肯誦言排之，今頗知此爲病痛矣」——同與朱元晦書。

「伯恭愛弊精神於閒文字中，徒自損，何益？如編文海，何補於治道於後學？」——同上。

「伯恭亦坐枉費心思處多。」——同答陸子壽書。

「博雜極害事，伯恭日前只向雜博處用功，卻於要約處不曾子細研究，如閫範之作，旨意極佳。」——朱晦菴語。

「伯恭之學，大概尊史記，不然，則與陳同甫說不合，同甫之學，正是如此。」——同上

「其學合陳君舉陳同甫二人之學問而一之。永嘉之學，理會制度，偏考其小小者，惟君舉爲有所長，若正則則渙無統紀，同甫則談論古今，說王說霸，伯恭則兼君舉同甫之所長。」——同

上。

「伯恭無恙時，愛說史學，身後爲後生鶻糊塗說出，一般惡口小家議論，賤王尊霸，謀利計功，更不可聽。」——同上。

「問東萊之學，朱子曰：『伯恭於史分外子細，於經卻不甚理會。』」——同上。

「呂成公謂爭校是非，不如斂藏收養。」——王深寧困學紀聞。

「乾文言曰『寬以居之。』朱子謂：『心廣而道積，』程子易小畜傳曰：『止則聚矣。』呂成公謂：『心散則道不積，充拓收斂，當兩進其功。』」——同上。

「東萊先生以理學朱張鼎立爲世師，其精辭奧義，豈後學所能窺其萬分之一？然嘗觀之，晦翁與先生同心者先生辯詰之不少恕；象山與晦翁異論者，先生容下之不少忤。鵝湖之會，先生謂元晦英邁剛明，而工夫就實入細，殊未易量；謂子靜亦堅實有力，但欠開闊。其後象山祭先生文，亦自悔鵝湖之會集粗心浮氣，然則先生忠厚之至，一時調娛其間，有功於斯道何如邪？若其講學之要，尤有切於今日者，學者不可不亟自思也。蓋理雖歷萬世而無變，講之者每隨世變而輒易，要當常以孔子爲準的耳！孔子教人以孝弟躬行爲本，至子思則言誠，至孟子則言性，已漸發其祕，視孔子之說爲已深；至濂溪則言太極，至橫渠則言太虛，又盡發其祕，視子思孟子之說爲益深：一議論出，一士習變。至晦菴先生出，始會萃濂洛之說，以上達洙泗之傳，取本朝諸儒議論之切於後學者爲近思錄，然猶以無極太極陰陽造化冠之篇首，則亦以本朝之議論爲本也。東萊先生乾道四年規約，以孝弟忠信爲本；明年規約，以明理躬行爲本；至其題近思錄卷首，則謂陰陽性命，特使之知所向，講學具有科級，若躐等陵節，流於空虛，豈所謂近思？嗚呼！學者可以觀矣！」——黃東發日鈔。

東萊先生名祖謙，字伯恭，淳熙八年七月卒，年四十五，謚曰成，所以又稱呂成公，綜合當時人的說話可以看出他的學問是：

於史學甚子細。

不主張爭校是非，而重斂藏收養。

既博雜，又尙躬行，以陰陽性命爲最後階段。

調和各派學說而有之，但偏於朱。

早年祖護蘇氏的蜀學，後則變改。

胡五峯有思過處，他亦有枉費心思處。

微有頹墮少精神之嫌。

概括言之便是「不主一門，不私一說，直截逕捷，以造聖人」的學旨，不幸很很只有四十五歲就死了，不然成就又當如何？考他的祖先本是東萊人，後徙壽春，六世祖申國文靖公呂夷簡自壽春徙開封，曾祖東萊郡侯好問始居婺州，他的家學極有淵源，自呂公著起，見載於宋元學案的有八世二十二人，可謂盛極了！

范呂諸儒學案

呂公著（夷簡之子字晦叔亦封申國公謚正獻東萊人）
- 子希哲
- 子希績
- 子希純
- 邢居實

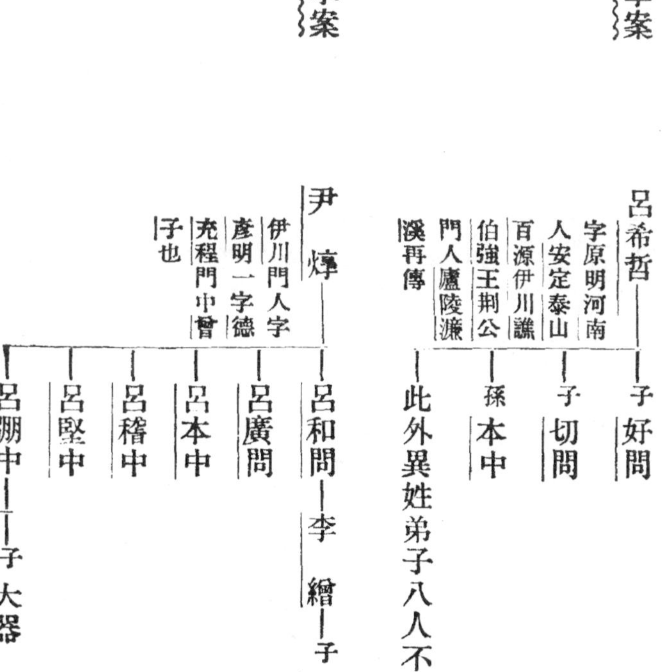
滎陽學案
呂希哲 字原明河南人安定泰山百源伊川譙伯強王荆公門人廬陵濂溪再傳
子 好問
子 切問
孫 本中
此外異姓弟子八人不列
和靖學案
尹焞 伊川門人字彥明一字德充程門中曾子也
呂和問—李縉—子 季札
呂廣問
呂本中
呂稽中
呂堅中
呂弸中
子 大器
子 大倫

紫薇學案

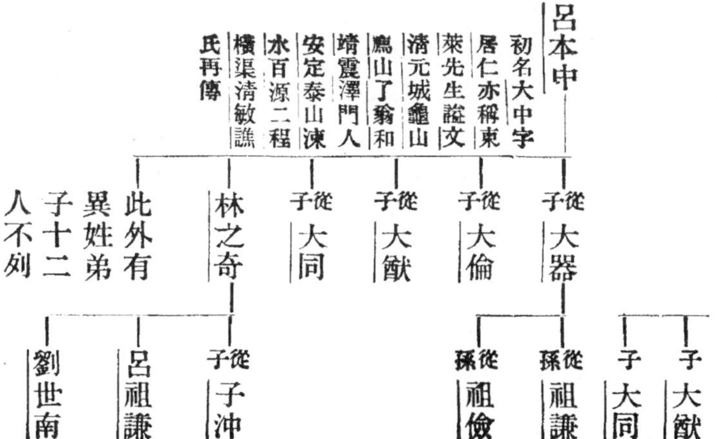
呂本中
初名大中字居仁亦稱東萊先生謚文清元城龜山廌山了翁和靖震澤門人安定泰山涑水百源二程橫渠清敏譙氏再傳
從子　大器
從子　大倫
從子　大猷
從子　大同
林之奇
此外有異姓弟子十二人不列
子　大猷
子　大同
從孫　祖謙
從孫　祖儉
從子　子沖
呂祖謙
劉世南

東萊學案

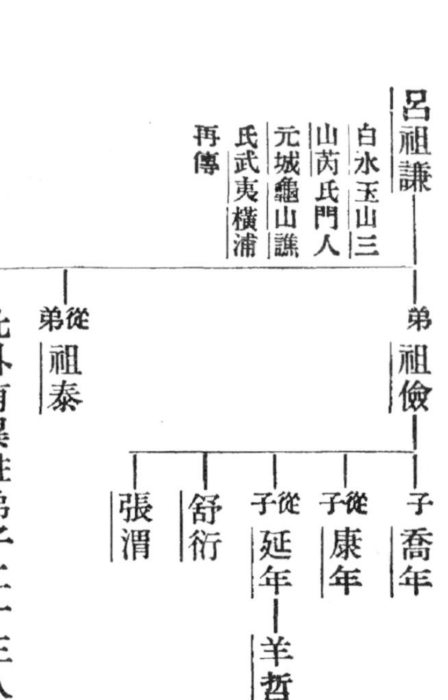

麗澤諸儒學案共有六十七人，雖無呂姓子弟，然皆爲東萊先生的弟子，東萊先生共有有名的弟子九十餘人。他的先代則異姓弟子較少，有名的都是自家子孫，眞是所謂一家之學。從呂公著起，連綿到八代，有二十二人之多，其未登學案者當亦不在少數，家學的淵源，古今恐罕倫比！這就是所謂「中原文獻之統」，而呂學的又一別名，就是所謂文獻之學。呂祖謙得這中原文獻之統的家學，又與朱晦菴張南軒陸象山等講習，調娛衆說，成功了婺學的面目，而與朱陸二學鼎立。

呂祖儉字大愚，與楊慈湖沈端憲袁絜齋同時，共講於明州，亦稱四先生。滕德粹爲鄞尉，朱文公語之曰：「彼中有楊袁沈呂，可與語也。」這可見朱陸呂三家弟子多相往還。所謂派別，亦只是學說上不同，私人的感情，固仍如膠漆。不但末流，卽爭論極烈如陸朱，其互相欽重，書疏往返固無論；朱子主持白鹿書院，並親請陸子爲諸生講論語「君子喻於義，小人喻於利」一章，復齋之死，又爲文以哭之。南宋的朱陸呂或者朱陸之分，與北宋的蜀洛黨爭截然不同，這又是應可注意的一件事！附言於此。

乙、永嘉學

全祖望奉臨川帖子二有言：

「……浙學於南宋爲極盛，然自東萊卒後，則大愚守其兄之學爲一家；葉（按卽葉適）蔡（按卽蔡幼學）宗止齋（按卽陳傅良），以紹薛（按卽薛季宣）鄭（按卽鄭伯熊）之學爲一家；遂與同甫（按卽陳亮）之學鼎立：皆左祖非朱，右祖非陸，而自爲門庭者。」

誠然，浙學可以分爲三小派，一派是呂學，已詳於前，一派是永嘉學，一派是陳亮的學說。但陳亮的學說並未以地名派，而與永嘉學又同「以讀書經濟爲事，嗤咄空疏隨人牙後談性命者爲灰埃。」併爲一派言之，想未爲不可吧！

永嘉與婺州一樣，是浙江省內的一地名，今爲溫州。永嘉學純粹的爲永嘉人的學問，他有一特點，即所謂經制之學，時人又稱之爲功利派，在宋學中算是自立一門戶。吾嘗就宋元學案疏求而成「永嘉學的原委」一文如下：

「永嘉學可分五部言之：一初期，二成立，三轉變，四同調與別派，五流衍。

「初期的永嘉學，固亦程學之支流也。考周許諸儒學案中有所謂元豐太學九先生者，周行己、許景衡、劉安節、劉安上、戴述、趙霄、張煇、沈躬行、蔣元中，同爲永嘉人。九人中周許沈二劉戴均爲程門弟子（餘三人乃私淑），直接受學於程門者也。又有宋之才者，曾受業於楊龜山之門（見龜山學案），有蔣行簡者，曾受業於兼山郭忠孝之子雍之門（見兼山學案），薛季宣之父徽言及胡襄其人者，同爲胡安國門人，胡爲二程之私淑（見武夷學案），間接受學於程門者也。九先生中周行己、許景衡、沈躬行又嘗從藍田呂大臨遊，大臨雖兼師橫渠二程，然固關學之鉅子也。於此永嘉學者或不無受關學之渲染，然大部則爲程學而無疑，至多亦僅能謂爲程學之不純，此就北宋時言之耳。南渡以後，永嘉諸先生之從程門者，其學多無傳，獨周行己（稱浮沚先生）尚有緒言，鄭伯熊（名景望大鄭公）私淑而有成，其弟歸愚翁伯英（名景元小鄭公）與之齊名。方秦檜擅國禁人爲趙鼎胡寅之學，而永嘉乃其寓里，後進爲所愚者尤多，故紹興之末伊洛之學幾息，九先生之緒言且將衰歇，吳湛然（名表臣浮沚門人）沈元簡（名大廉躬行之從子）其晨星也。鄭氏兄弟並起，不爲所動，推性命之微眇，酌古今之要會，師友警策，惟以統紀不接爲懼，首雕程氏書於閩中。葉水心有云：『永嘉之學，覘千載之已絕，退而自求，克兢省以禦物者，周作於前，鄭承於後。』乾淳之間，永嘉學者連袂成帷，無不以鄭氏兄弟爲渠率，則固依然一程學之流衍，未嘗別自創立門戶也。以上可謂爲初期之永嘉學。

「程氏之門又有汝陰袁溉，字道潔，既問學於二程，又傳易於薛翁，已侍薛於宣器之，遂以其學授焉。自六經百氏下至博弈小數方術兵書，道潔無不通，後傳其學於永嘉薛季宣（號艮齋），此永嘉學得程門傳授之又一支也。季宣既得道潔之傳，盡措之用，其父徽言學於武夷胡氏，季宣融會其說，自成一家，其學主禮樂制度，以求見之事功，仍以持敬爲根基。其徒止齋陳傅良繼之，止齋之徒蔡幼學又繼之，於是功利之名立，而永嘉學派遂以告成，『左祖非朱，右祖非陸，』自闢庭戶於人間矣！此爲永嘉學之成立。

「水心葉適，行輩稍後於止齋陳氏，放言高論，自曾子子思以下皆有非議，不僅如陸象山之小視宋賢。然其學始同於陳止齋，而終則不盡同，功利之說，一洗盡之，葉氏個人之轉變，而永嘉學亦隨之轉變，此永嘉學之轉變。然其爲『左祖非朱，右祖非陸』則如故。

「與永嘉諸先生最同調者，有說齋唐仲友。唐金華人也（見說齋學案），金華卽婺州，全祖望有云：

『案乾淳之際，婺學最盛，東萊兄弟以性命之學起，同甫（按卽陳亮）以事功之學起，而說齋則爲經制之學。考當時之爲經制者，無若永嘉諸子，其於東萊同甫，皆互相討論，臭味契合，東萊尤能并包一切，而說齋獨不與諸子接，孤行其教，試以艮齋止齋水心諸集考之，皆無往復文字，水心僅一及其名耳，至於東萊既同里，又皆講學於東陽，絕口不及之，可怪也！將無說齋素孤僻，不肯寄人籬落耶？梨洲先生謂永嘉諸子實與先生和齊斟酌，其說似未然也。』

說齋似係一不著名人物，惟閉門講論經制之學，爲婺人之完全與永嘉學同調者。又陳亮字同甫，學者稱龍川先生，永康人，永康亦金華屬地。永嘉諸賢以經制言事功，陳則專言事功，義利雙行，王霸雜用；然俱以讀書經濟爲事，嗤咄空疏隨人牙後談性命者爲灰埃。陳止齋有言：

『功到成處，便是有德，事到濟處，便是有理，此同甫之說也，如此則三代聖賢枉作工夫；功有適成，何必有德？事有偶濟，何必有理？此晦菴之說也，如此則漢祖唐宗賢於僕區不遠。』

此爲評論朱陳二家語，亦即陳同甫專言事功之說明。止齋既不盡以爲然，則同甫之不盡似永嘉學可知。然亦『左袒非朱，右袒非陸，』與永嘉學稍異而不甚相遠也。又同甫亦師鄭伯熊，並師芮氏，故陳氏之學，可謂爲婺人之師永嘉學而小異者，乃永嘉學之別派。唐陳二人同爲婺人，全氏分婺學爲三，以唐陳與呂氏兄弟鼎立。呂氏雖兼擅衆長，以光中原文獻之統，然大旨則固性命之學也，與唐之講論經制，陳之專言事功，大有不同。陳且出於永嘉，似以唐列入永嘉學同調，陳爲永嘉學別派爲的當。

「鄭伯熊嘗見張宣公之文，謂其弟歸愚曰：『世以爲是人志於功名者謬矣，是學人也，當納交焉。』此永嘉學者對張學之好感也。其後周行己之族孫周去非爲張南軒弟子，（見嶽麓諸儒學案）爲永嘉學者傳張學之一人，南軒門人因亦多言經制者，豈兩家之學本有同心歟？魏鶴山了翁之兼言經制，謂之直接求之永嘉諸老之遺說可，謂爲得自私淑張氏亦未爲不可，永嘉學之流傳，殆與湖南學蜀學結不解之緣矣，時會使之然歟？抑人心之轉變耶？此爲永嘉學之流衍。

「永嘉之有學固在北宋之前，永嘉之名學乃在南渡以後。未名之前固一程學，亦性命學之支流；既名之後，乃以經制言事功，自闢一家門戶，其末流並可令向之言性命者爲之同化，反對事功者兼採其長，何其盛耶？」

看了這一篇短短地文章，對於永嘉學的大概，似乎可以明白了吧！有些人把呂氏兄弟也加入永嘉學，呂氏只講文獻，並不講事功，雖兼採永嘉學之長，但未忘性命學本分，與永嘉學的內容仍自有別，且原來就有婺學的名目，還以另稱之爲婺學爲妥當。永嘉在宋代不但以經制學名，詩學也有相當的聲譽，所謂「永嘉四靈」，就是徐照徐璣翁卷趙師秀四位永嘉的詩人。四庫全書提要批評他們的詩說：

「其詩大率宗唐之姚合，寫景於瑣屑，寄情於偏僻，雖刻意雕琢，而取徑太狹，不免破碎尖酸之病。」

是研究文學史的人所不可不知道的，附說於此。

浙江在南宋爲首善之區，人文薈萃之所，所有的各派的學術，都無有未到浙江來的。然以浙地名學的，則僅有婺與永嘉二學，故以婺學與永嘉學爲浙學，並不是說，除掉這二學，浙江就沒有學問了。又在前湖學的湖州也是浙江的屬地，宋學的開始，卽與浙江有關係，但湖學一向無人稱之爲浙學，這裏自然不便列入浙學的範圍。

十、結語

宋學之以地名學的有上列舉之九家，浙學又可分爲婺與永嘉二家，故亦可謂爲十家。固然，在十家之外，還有不少的好學者，如與湖學同時負盛名的，有泰山孫明復復、徂徠石守道介，稍後如涑水司馬君實光、廬陵歐陽永叔修等，有的雖可爲他學的發源，有的則可獨立自成一派，門下士衆多，未可以等閒論。第因其向無以地名其學者，故此悉以從略。惟學者須知除此十家外，宋代向有其他的好學者。

就時代分析之：湖學濂溪學洛學關學蜀學是北宋的學術，閩學江西學婺學永嘉學，是南宋的學術，湖南學則介於二者之間，而南宋爲多。就地理分析之：宋學是從南方開始，然後到河南到關陝以西，再回頭來到福建到浙江，長江上流則到四川到湖南。時間與空間混而言之：則北宋時代除去燕雲十六州是在契丹的範圍不計外，凡是宋家的土地，都有學術可言；到了南宋，便文化也隨武備同時而南遷，長江一帶，上自四川，下至閩浙，成爲政治的領域，也就是文化的領域。若再就形式上分析之：則湖學濂溪學蜀學是北宋時的南學，洛學關學是北宋時的北學；閩學江西學湖南學永嘉學，是南宋時南人之學，婺學是南宋時北人僑居南方之學；洛學之後入南，蜀學之傳在北，北宋學術有南北無東西；閩學婺學永嘉學，盛於東而傳於西，湖南學或溯江而西，或沿江而東，江西學則興於西而盛於東，南宋學術有東西無南北；政治上有南北，則文化上亦有南北，政治上只有東西，文化上安得不僅限於東西？即令南宋之時，北方亦有蜀學的流傳，但是簡册上無可稽考，有還不是等於無嗎？這不曉得是誰的不幸！

第二章　宋學之以新舊名派者

疆分宋學之派別，除以授受源流，地理，時代外，我以爲尙可採取別一辦法，其法維何？卽守舊與維新是。又可稱之爲泥古與抗古。

何謂守舊？守舊就是極端以古人爲是，古人說東他們也說東，古人道北，他們不敢不道北，亦步亦趨，只仰古人的鼻息，古人的是非，不知進一步去追求。故守舊其實就是泥古，也可以說是食古不化。

維新者則不然。他們固然對於古人古書也有信崇，但他們的信崇是經過懷疑以後，或者他們只取古人古書之意，進而各自求其心之所安。假如古人古書於其心有所不合，那就不問古人之爲聖人，古書之爲聖經，他們決不絲毫回避而不痛加非議，他們眞有韓退之所謂「舉世非之而不顧」的氣概。故維新與守舊對，不泥古而抗古。

試言宋學中守舊與維新二派之情形：

一、守舊派

守舊派在宋儒中佔絕對的多數，他們篤守古代聖賢的遺說，只有發揮，不敢踰越，就令偶爾有些創議，亦必牽強傅會曲折以求合於古。如程子的言性，分爲義理之性與氣質之性兩種，這本是前人所沒有的，假如自以爲應該如此立說，那就直陳己意，以求正於天下後世好了。但他卻不如此，偏要說孟子的道性善是指義理之性而言，孔子的性相近卻是說氣質之性，合孔子孟子的學說，以爲他自家議論的根據以折服他人。又如易經上只有「易有太極」一句話，而周敦頤卻說「無極而太極」，陸象山兄弟反對，朱子卻硬說易之不言無極不爲少，周之言無極不爲多。這樣自己發明的學說，偏說是本之前人，不是泥古是什麽？自己發明的尚且如此說，他們平日爲學的趨歸，敢踰越古人一步？雖然他們也提倡「學者先要會疑」（小程子語錄），但只准在範圍中去疑，若是出了這個範圍，那便與古人不合，勢必羣起而作異端之攻。

這派的宋學所守的古聖遺言，大概是下面幾種書：

甲、易經

易經雖然是六經中之一經，但在古代類多以卜筮的書視之。孔子雖有「五十學易」的說話，「韋編三絕」的工夫，但此外的人學只管學尊重，卻沒有怎樣的尊重。金儒趙秉文有言：

「且易之一經，夫子晚而喜之，蓋慎言之也。孟子不言易。荀卿曰：『始乎爲士，終乎讀禮』，於時未嘗言易。後世猶曰：『孟子不言易』，蓋深言之也！」——性道教說。

誠然，孟子不言易，荀子也不言易，所謂慎言深言只是後人追加之詞，未必就是前人的本意，不言易就是不大重視易了，秦始皇焚書，而易以卜筮幸免，更可窺見易在周秦以前不爲儒者所重視。漢儒傳易雖有古今文學家的不同，然仍未脫離神怪的風習。到得晉代，王弼始以老子的宗旨去解釋易經的意義，於是易始由數的門閭移入理的鄉里。這是易經的簡史。

易經在宋代便不同了，宋儒幾於個個言易，打開宋儒的著作，那一家沒有幾句說易經的話。張橫渠的皋皮講易，聽了程子的言論便輟講。陸象山的學問更以易經上簡易二字作規矩，黃東發震有言：

「文公既歿，其學雖盛行，學者乃不於其切實而獨於其高遠，講學舍論語而不言，而必先大易。」

這何嘗只是朱門爲然?先講易學，是宋儒的普遍現象。我嘗說：漢學與宋學的區分，固然是如曾文正公國藩所言在考據與義理，然他們的根據也各自不同，漢儒是以禮學爲本，宋儒是以易學爲本。捨易學則無以言宋學。

宋儒言易，在理數兩方面都有，如司馬光，如邵雍，如蔡元定，是數比理有名，如王安石，如二程，如張載，如朱熹，是理比數有名，而動靜陰陽等說都是由易而出。還有，宋儒的學問全體，不外乎「窮理盡性以至於命」八字，這八字的出處就是在易繫辭。宋學殆可謂之爲「易學的昌明時代!」

乙、四子書

何謂四子書?論語大學中庸孟子是。論語是孔門弟子記載孔子及其門弟子的言論，普通視爲代表孔子的。大學中庸本禮記中二篇，漢書藝文志已爲之單獨列出，可知二篇亦已脫離禮記而獨立。大學是曾子作的，中庸是子思作的。至於孟子，就是孟軻所作的那「孟子七篇。」司馬遷作史記，以孟子與荀卿合傳，是因爲當時孟荀原是並稱的兩位大儒。孟荀列傳中臚列同時諸子，以孟子爲首，荀子爲殿，亦可見孟子在當時以及秦漢世人視之，不過爲諸子之一，並不怎樣地尊重。至唐韓愈始尊信之，以爲功不在禹下，由是孟子一書由諸子一躍而爲聖經。宋儒對於孟子的態度雖不一致，然信尊他的人卻居多數。朱子取孟子並論語大學中庸合而稱之爲四子書，四子書的來源雖然很古，四子書的合倂以及得名，都是宋代的事。以這四種書合爲四子書，第一層意義，就是表明學統是由孔子傳之曾子，曾子傳之子思，子思傳之孟子。除葉水心適而外，宋儒反對這說的很少。第二層意義，便是儒家古聖經講性命之學的，除易經外，只有這四種書，特地提出來令學者知所以入門。第三層意義便是明告天下，儒家講明性命之學的，在孔門就有這麽多可閱讀可依據的書籍，學者不能疑心他們的學問是「本店自造」，同時要學者也不必信行異端，而忘記了中國固有的自家文明。

因此宋學以四子書爲依據，同時還以四子書去教人，趙普以半部魯論治天下，在宋代開始就有這麽一件美談。

丙、春秋

宋代史學極其昌明，前言宋學的成分時已詳言及。彼等史學大半不是爲史而作史，而是假借作史，以寓他們的華袞斧鉞之褒獎懲罰的意思。他們唯一的宗師據說就是孔子修的春秋，換言之，宋代史學之如彼昌明，乃由他們春秋學的特別發達。在開始的時候有泰山孫復，徂徠石介，稍後如武夷胡安國，都是以春秋學名家。至如歐陽修的五代史，司馬光的資治通鑑，朱熹的通鑑綱目，雖不是春秋其名，也是春秋其實。宋儒亦有不以春秋爲然者，如王荊公安石就說春秋是「斷爛朝報，」意思是說春秋並不見得怎樣神聖，但除安石外，很少有人作這怪議論。

丁、其他

前面三種書是宋學的根本，凡是宋儒未有不研究這三種書的。但三種以外諸書，宋儒亦提倡多讀，並且主張用心去讀。關於這可引三段故事以證明之：

「謝上蔡初以記問爲學，自負該博，對明道舉史書不遺一字，明道曰：『賢卻省得許多，可謂玩物喪志』謝聞之，汗流浹背，面發赤。明道卻云：『只此便是惻隱之心。』及看明道讀史，又卻逐行看過，不差一字，謝甚不服，後來省悟，卻將此事做話頭，接引博學進士。」——胡安國語。

「學固不在乎讀書，然不讀書則義理無由明。要之無事不要理會，無書不要讀，若不讀這一件書，便缺了這一件道理，不理會這一件事，便缺了這一件道理。」——朱熹語。

「包揚字顯道，號克堂，南城人，師象山。初在南豐時，嘗詆朱子，有『讀書講學充塞仁義』之語。朱子以告象山，象山亦大駭，答以『此公好立虛論，須相見時稍減其性，』後遺顯道書，責其怪，象山嘗曰：『某何嘗教人不讀書？』」——槐堂諸儒學案。

這些都足證明宋儒無不讀書，無書不讀，而且讀之無不是一字不放鬆，就令如象山那樣輕視書籍，但其意如程明道一樣，只是教人不要溺於書，並不是主張不讀書，見不讀書者他也要斥之不遺餘力，後人說陸門不讀書，眞是寃枉！

宋儒既無書不讀，故附帶的在守舊派中發見考證學，金石學。

守舊派在宋學中極佔勢力，宋學之爲宋學，也可以說就唯此派是賴。我嘗說：我國古代經典，未必語語盡是，其所以成爲中國學術的最高原則者，都是宋儒之功。譬如掘地爲井，不及泉不止，非其地之必有泉，掘者不憚勞苦，日日掘之，年年掘之，世世掘之，九仞不見泉，十仞，十仞不見泉，百仞，千仞，萬仞，並於井之底裏，疏通傍達，如桃花源之其口纔通人，其內則豁然開朗，別成天地，自表面觀之，依舊是那一個井，倘若下窺其底裏，則範圍之大，幾乎包括了整個地球的核心，但仍以徑尺之圓井口做出入的要道。宋學的精神，凡前代的佛老等學，何嘗不是兼收併蓄，然一歸之於周公孔孟，豈眞是周公孔孟原有如此的深宏廣大？乃是宋儒勤勞篤信之功而已耳！以有定之範圍，究無窮之宇宙，想見宋儒孜孜矻矻之苦！

二、維新派

維新派在宋學中爲數較少，就他們的態度言之，又可區分三派：甲、輕視古代典籍者，乙、菲薄古代聖賢者，丙、澈底維新者。分言之則如下：

甲、輕視古代典籍者

此派以陸象山兄弟爲首，象山有言：

「六經皆我註脚，六經註我，我不註六經。」

復齋有詩云：

「留情傳註翻榛塞。」

雖然他們不主張不讀書，但他們卻不怎樣尊重書，讀書只算是學問的第二義。

乙、非薄古代聖賢者

這派人較前一派態度稍爲激烈，前一派如陸象山雖曾詆及前輩程伊川等，但伊川等同爲宋人，尙不十分嚴重，於孔子孟子猶極端尊信。至此派人則不然，有些於孔子尙尊信，孔子以下如曾子子思孟子，則毫無顧忌，肆行詆斥，上編第四章宋儒對於孟子的態度中第一項之反對孟子的諸人，如王開祖如司馬光，如范淳夫之女如李覯晁說之，如葉適陳亮，而葉適尤其中之極端者，他的指論學統，曾子以下就不無微辭了。又有些於孔子尙貌爲尊敬，但對於孔子的著作，則不無懷疑，如歐陽修著易童子問三卷，其下卷開始卽說：

「童子問曰：『繫辭非聖人之作乎？』曰：『何獨繫辭焉？文言說卦而下皆非聖人之作，而衆說淆亂，亦非一人之言也。』」

又如楊慈湖簡在他著的己易裏就一再說這處那處不是孔子的言論。對孔子的著作，說不是孔子的言論，這雖不對孔子懷疑，也算是對孔子懷疑了！對於孔子尚且懷疑，在宋學中不能不算是大膽到了極點。

丙、澈底維新者

此派更爲激烈，其首領無疑地是王荆公安石。他有名的「三不足」之言，就是這種思想的表現，何謂「三不足？」即是：

「天變不足畏，

祖宗不足法，

人言不足卹。」

儒家所尊重者天，迅雷烈風，孔子爲之色變，而安石說天變不足畏；孔子之道以孝弟爲本，謂

「三年無改於父之道，可爲孝矣，」而安石謂祖宗不足法；儒家的政治以君治民，同時又以民治君，所謂「天聽自我民聽，天視自我民視，」所謂「民爲貴，」而安石謂人言不足卹。不止此也，春秋是儒家的聖經，而安石說：「春秋乃斷爛朝報。」就算是對於周公還好，周官一書是他平生學問的中心。對於詩書也不反對，但又惡古人訓釋諸經過於拘執，乃自訓釋詩書周官頒之學官，號曰新義。晚歲又爲字說二十卷，學者爭傳習之，以其經試於有司，必宗其說，少異，輒不中程，推翻古人成說，廢棄古人成說，自我作古，隨文生義，他所行的新法，雖說是原自周官，然與周官卻是兩物。在言性方面雖說是以孔子爲宗，但對孔子其他學說則雖無反對明文，卻有反對的實在，在宋儒中眞是一位澈底嶄新者！亦可以謂之爲革命的宋學。其後元祐黨案慶元黨案的主持者，都是他的學裔，但都是假借名號者流，並不是眞正能得承繼他的學統。

大抵不羈之才，是不可久拘於一隅的，宋代如彼之久，宋學如此之大，其必有此三派合成之維新派，蓋亦事勢之必然。前一派在南宋，後二派以北宋爲多。漸久而維新者漸少，最後則入於無聊之途，維新之易流爲不善的結果，古今中外多其例，不獨宋學爲然。

三、結語

所謂守舊維新，只不過就宋學而言宋學，若以之與非宋學相比較，則守舊者又可以謂之爲維新，而維新者並不怎樣見得就是革命。如宋學的守舊派，在宋學中誠然其爲守舊了，但以之與漢儒相較，則他們的篤守古經，盲從古人的程度就淺得很了。又維新的宋學，在宋學中也誠然是個革命者了，但以之與近日的全盤西化者相較，則他們的守舊的色彩也算是極其濃厚。這種守舊與維新的名詞，不可去掉時間與空間的限制。

在宋代末年，維新派由無聊而沒落，幾於統一於守舊這一派。

第三章　仁學之內容及其派別

中國學術史上，商湯以前，無有言及仁字或信字的。論語雖主仁，然仁究爲孔子所罕言。孔門問答，問仁的卻不少，孔子只在人事上答以爲仁不爲仁，從未單獨的指出怎樣叫做仁。又可以說，孔門弟子雖確已認及仁字在道學上居了很重要的地位，個個動了求知仁的眞面目的志願，但孔子總不肯輕易的說出來，只在人事上指點叫人們去爲仁。

儒家的學問到了孟子略有轉換。孔子罕言仁，孟子卻極口稱說仁；孔子單說仁，只在易經上說過「立人之道曰仁與義，」而孟子則仁義二字往往並舉；孔子只在批評顏淵的時候，說過「其心三月不違仁，其餘則日月至焉而已，」而孟子則說「仁，人心也，」「仁也者人也合而言之道也，」將仁與心與人與道說成一個。從此以後，仁字在儒門便成了一種高深的必要的學問，爲別家所無有的異樣特彩。

宋儒自命爲上承孔孟的學統，對於仁學當然是討論不遺餘力了！司馬光算是反對孟子的一個著名人物，而他雖說孟子可疑，但對仁學則不置疑，在他上疏論君德的時候，說君德有三，而「仁」居「明」「武」二德之首；程學為宋學的綱領，伊洛與洙泗並稱，但大程子著識仁篇謂「學者先須識仁，」小程子也說「盡仁道者即是聖人，非聖人則不能盡仁道；」此外如胡五峯告彪居正有云：「游定夫先生所以得罪於程氏之門者，以其不仁不敬而已；」又張南軒受學於五峯，久而後得見，猶未與之言，泣涕而請，僅令思忠清未得為仁之理（參看魏鶴山跋南軒與李季允帖）；呂敬伯從學於眞西山，西山稱其有求道之志，因示以入道之要，佩服仁誠敬三字，終身不忘；又洪頤為楊慈湖的續傳，亦嘗語學者曰，「為學當以求仁為先；」可以窺見宋儒重視仁學之一斑。

不過重視仁學雖為宋儒各家所同然，而其對於仁字之意義，則往往因時間的先後，與夫研究的因革，發生各種不同的主張，因而成為各種不同的派別。在人數衆多與學術進步上講，這是必然而且不可避免，亦無須乎避免的現象。

「仁者見仁謂之仁」，是與「智者見智謂之智」對待的，今言宋學的仁學派別，便是同為一仁者，而所見又各有不同了！人類都有一種我執，無論怎樣，總難祈求全天下人意見一致，無已，只好就派別以言派別，以求對於此學之認識。宋學的仁學派別如何？大別之有正統派與別派二大流。

以下分別加以說明：

一、正統派

所謂正統派，是謂在宋學中居了正統的地位。不論在當時或者是後世，凡是講到宋學這名詞，同時就令人意識到這名詞的內涵就是這一班人。所謂宋學，就是這一班人的學問，好像中國是中國人的一樣。

雖然同爲正統派的學者，但對於仁學的認識却不一致。其中又可分爲若干小派別，此爲其同中之異點。然雖各有不同，而其中心思想則依然無有二致，此又爲其異中之同點。內容都不簡單，再分言之如下：

甲、同中之異點

同中之異點有幾？在當時各家學說中歸併可成爲以下的五派：

子、以愛訓仁者

以愛訓仁派在正統派中，可以謂之完全守舊派。因爲以愛訓仁，在儒門中可以說是源自孔孟，

論語上說：

「樊遲問仁，子曰，愛人。」

孟子上說：

「愛人不親反其仁。」

「仁者愛人。」

「惻隱之心，仁之端也。」

「惻隱之心，仁也。」

「君子之於物也，愛之而弗仁。」

「仁民而愛物。」

「仁者無不愛也。」

「堯舜之仁不偏愛人，急親賢也。」

「仁者以其所愛及其所不愛，不仁者以其所不愛及其所愛。」

仁字與愛字連在一起，言愛字必提及仁字，言仁字也提到愛字。可知孔孟看仁與愛只是一物，可以說是以愛訓仁的遠祖。漢儒雖不大講究這類學問，但偶爾道及仁字，也必以恩愛爲言。到得唐代韓愈，遂認愛爲仁字的正當解釋，他的名著原道開始一句卽說：

「博愛之謂仁，」

開始替仁字下了愛字的定義。宋儒以愛訓仁者，就是承繼了這種祖傳的學說。有名的幾家是：

周敦頤，

王安石，

鄒　浩。

周敦頤說：

「德，愛，仁也。」——通書誠幾德。

王安石的學說不可考，只於陳淵與宋高宗面論程王學術異同之語中見之。陳氏語云：

「聖賢所傳，止有論，孟，中庸：論語主仁，中庸主誠，孟子主性。愛特仁之一端，而安石遂以愛爲仁。……」

鄒浩雜記有云：

「以愛己之心愛人，則仁不可勝用也。」

三家的言論語氣都同論孟一樣。王安石本爲宋學中的澈底維新派，而他的言性則宗孔子，言仁則守儒門的舊說，不能不奇怪！可惜他的新經在南宋時已經焚掉，無自對於他的學說作進一步的考查。

三家之中，以周王二氏學問最深，勢力亦大。不過三家都居宋學倡始時代，有些革新，有些又是守舊，這或者也是不可避免的事實。

當時反對以愛訓仁的，以程門爲大宗，雖然程門之學是出自周氏。小程子頤有言：

「孟子曰：『惻隱之心仁也。』後人遂以愛爲仁，惻隱固是愛也，愛自是情，仁自是性，豈可專以愛爲仁？孟子言惻隱爲仁，蓋謂前已言『惻隱之心，仁之端也，』既曰『仁之端，』不可便謂之仁。退之謂『博愛之謂仁』，非也仁者固博愛，然便以博愛爲仁則不可。」——同見語錄。

「問『愛人是仁否？』伊川曰：『愛乃仁之端，非仁也。』」——同見語錄。

「愛自是情，仁自是性，」二語是小程子區分愛與仁的話，也是反對以愛訓仁的說明。情乃性之動，情固自性中來，然遂以情爲性則大不可。

小程子以後，反對以愛訓仁的就多起來了！如謝上蔡良佐就是很有名的一個，他這樣地說：

「晉伯（按卽呂大忠字）甚好學，初理箇仁字不透，吾因曰：『世人說仁，只管著愛上，怎生見得仁？只如力行近乎仁，力行關甚愛事？何故卻近仁？』推此類具言之，晉伯因悟曰：『公說仁字，正與尊宿門說禪一班。』」——語錄。

守舊派經程門這樣的一反對，遂銷聲匿迹下去，儒家舊有的學說，因之而不能不有所改變。故在儒家仁學史上，這三人可說是唐代以前的儒學的尾聲；在宋學本身上講，這三人只可視爲宋學的序幕。

丑、以以人體公訓仁者

小程子既不贊成以愛訓仁，他自己的主張又是怎樣呢？在他的語錄中我們可以尋出下面兩段說話：

「仁之道，要之只消道一公字，公卽是仁之理。不可將公便喚做仁，公而以人體之故爲仁。只爲公則物兼照。故仁所以能恕，所以能愛，恕則仁之施，愛則仁之用也。」

「某謂仁者，公而已矣。伊川曰：『何謂也？』曰：『仁者能愛人能惡人。』伊川曰：『善涵養。』」

觀此，是小程子主張以以人體公訓仁了！這一說是從古所未有，爲程門所獨發明。

何謂「以人體公」？這意義可分二層來說：第一層是說仁就是公。公之對爲私，公是先天固有的，私是起於後天的。私是在公的範圍內劃定一個界限，這界限立，便支分節解了公。公是全宇宙是一個，無有表裏動靜精粗隱顯的分別，仁的意義就似這樣。所以朱子解釋程子的意思說：

「公不可謂之仁，但公而無私便是仁。」

「無私以間之則公，公則仁。譬如水，若些子礙便成兩截，須是打併了障塞，便滔滔流去。」——同朱子語。

所謂公卽是無私，有私便不能算是公，朱子的「公而無私」一句，表面上似乎有語病，然其實就是程子「以人體之」的同樣意義。繼朱子之後，解釋程子意思的，有朱子的學生陳淳，他說：

「仁只是天理生生之全體，無表裏動靜隱顯精粗之間。唯此心純是天理之公，而絕無一毫人欲之私，乃可以當其名。若一處有病痛，一事有欠缺，一念有間斷，則私意行而生理息，卽頑痺不仁矣。」——北溪語錄。

元儒許衡也說：

「仁者人心之所固有，而私或蔽之，以陷於不仁；故仁者必克己，克己則公，公則仁，仁則愛。……」——魯齋遺書。

這些都可說是小程子的學說的引申者，都是替小程子的以人體公的分疏，都是在解釋公就是仁這一層。

第二層，光是公不能算做仁，必定以人體公方喚做仁。光是公，而無人體之，則這「公」字落了空。公是一個死的事物，譬如槁木死灰，也可以說是無私於天地間，可以算是公了。但槁木死灰可以

說是仁嗎？這一層至關重要，就是儒家與別的所謂異端的區分點。所以小程子既說了

「仁之道，要之只消道一公字。」

但隨後即說：

「公即是仁之理。不可將公便喚做仁，公而以人體之故爲仁。」

朱子也說：

「公不可謂之仁，但公而無私便是仁。」

元儒許魯齋也說過：

「公者，人之所以爲仁之道也。」——魯齋遺書。

公而加人以體之，這公便活潑潑地了。公而活潑潑地，便是仁了！

第一層是說仁的意象，第二層是加以限制，用以修飾這意象。兩層意思該備，就是小程子所謂「公而以人體之」的仁。

寅、以覺訓仁者。

小程子不贊成以愛訓仁，而主張以人體公爲仁，這是較前人爲進一步。但他的門弟子由於他的啟發，轉而作再進一步的主張，不說以人體公爲仁，而逕直說仁就是覺。這謂之爲以覺訓仁派。首倡的人物，就是謝上蔡良佐，他說：

「心者何也？仁是已。仁者何也？活者爲仁，死者爲不仁。今人身體麻痺，不知痛癢，謂之不仁；桃杏之核，可種而生者，謂之仁，言有生之意；推此仁可見矣！學佛者知此謂之見性，遂以爲了，故終歸妄誕。聖門學者見此消息，必加功焉。故曰：『回雖不敏，請事斯語矣。』『雍雖不敏，請事斯語矣。』仁，操則存，舍則亡，故曾子曰：『動容貌，正顏色，出辭氣。』出辭氣者，從此廣大心中流出也。以私意發言，豈出辭氣之謂哉？夫人一日之間，顏色容貌，試自檢點，何嘗正？何嘗動？怠慢而已！若夫大而化之，出於自然，則正動出不足言矣。」——上蔡語錄。

「仁者天之理，非杜撰也。故哭死而哀，非爲生也，經德不回，非干祿也，言語必信，非正行也，天理當然而已矣！當然而爲之，是爲天之所爲也。聖門學者，大要以克己復禮，無私心焉，則天矣。孟子曰：『仁，人心也。』『盡其心者，知其性也，知其性則知天矣。』」——同上。

「出辭氣者，猶佛所謂『從心中流出。』今人唱一喏，不從心中流出，便是不識痛癢。古人曰，『心不在焉視而不見聽而不聞食而不知其味。』不見不聞不知味便是不仁死漢不識痛癢了！又如仲弓『出門如見大賓使民如承大祭。』但存得如見大賓如承大祭底心在，便是識痛癢。近道莫如靜齋戒以神明其德天下之至靜也。心之窮物有盡而天無盡，如之何包之？此理有言下悟者，有數年悟者，有終身不悟者。」——同上。

這些都是謝上蔡的話：「以私意發言，」「出於自然，」「非杜撰也；」與小程子公字的意思不遠。但他不說公是仁，而說知痛癢是仁，知痛癢便是覺了。他的弟子曾恬又曾記述他們的問答說：

「問從上諸聖皆有相傳處，至如老子，問如何？謝子曰：『他見得錯了。』余問錯在甚處？曰：『只如失道而後德，失德而後仁，失仁而後義，失義而後禮，是甚說話？自然不可易底便喚做道，體在我身上便喚做德，有知覺識痛癢便喚做仁，運用處皆是當便喚做義，大都只是一事，那裏有許多分別。』」

「有知覺識痛癢便喚做仁，」這就是謝子對於仁字的解釋。小程子的學說已是前無古人，謝子較小程子爲更進一步，當然也是前無古人了！這種學說在當時就分贊否兩派，贊成的有下列數家：

張九成（橫浦）

胡　實（五峯的從弟）

胡大原（五峯的從子）

楊　簡（慈湖）

方逢辰（朱學續傳）

反對的有下列二大儒：

程　頤

朱　熹

張橫浦在他的橫浦心傳裏說：

「或問，『孔子言仁，未始有定名，如言仁之本，仁之方，以剛毅木訥爲近，以克伐怨欲不行爲難；樊遲之問，則異於子貢，司馬牛之問，則異於子張，顏淵之問，則異於仲弓；文子止得爲淸，子文止得爲忠，管仲止得爲如；往往皆無一定說。而先生論仁，每斷然明之以覺，不知何所見？』先生曰，『墨子不覺，遂於愛上執着，便不仁。今醫家以四體不覺痛癢爲不仁，則覺痛癢處爲仁矣。自此推之，則孔子皆於人不覺處提撕之，逮其已覺，又自指名不得。』或曰，『如此則義字亦可說？』先生曰，『若能於義上識得仁，尤爲活法。』」

「仁卽是覺，覺卽是心，因心生覺，因覺有仁，脫體是仁，無覺無心，有心生覺，已是區別，於區別熟，則融化矣。」

胡實在廣仲問答裏說：

「心有所覺謂之仁，此謝先生救拔千餘年陷溺固滯之病，豈可輕議哉？夫知者知此者也，覺者覺此者也，果能明理居敬，無時不覺，則視聽言動，莫非此理之流行，而大公之理在我矣，尙何憒驕險薄之有乎？」

胡大原在伯逢問答裏說：

「以愛言仁者，指其施用之迹也；以覺言仁者，明其發見之端也。」

「心有知覺謂之仁，此上蔡傳道端的之語，恐不可爲有病。夫知覺亦有深淺，常人莫不知寒識暖，知饑識飽，若認此知覺爲極至，則豈特有病而已？伊川亦曰，『覺不可以訓仁，』意亦猶是，恐人專守着一個覺字耳！若夫謝子之意，自有精神，若得其精神，則天地之用卽我之用也，何病之有？以愛言仁，不若覺之爲近也。觀過知仁云者，能自省其偏，則善端已萌。此聖人指示其方，使人自得，必有所覺知，然後有地可以施功而爲仁也。」

楊簡在慈湖已易裏說：

「其覺謂之仁，其宜謂之義。」

方逢辰在石峽書院講義裏說：

「先儒論仁，最善名狀者無如謝上蔡，指草木之核種之卽生，道以爲仁，其中一包皆仁理也。雖然，此借草木之核而言耳！人之核安在？曰，心。天地之核安在？曰，人。夫生生不息者，天地之心也。然其心不能直遂，必以託諸人。人得天地之氣以爲形，得天地之理以爲性，故萬物皆備於我。而天地之所以生生者，實寄吾性分之內。天高地下，一日無人，則天地特塊然者耳。故孟子曰，『仁也者人也。』二物相配之爲合，仁以性言，人以形言，仁固所以爲人之理，人則所以載是理而行之者，故曰『合而言之道也。』然則天地以此心寄諸人，豈徒然哉？許多道理皆要從人心上抽迸出來，如草木勾萌，自有勃然不可遏者，羞惡辭讓是非之心，迸裂而出。上蔡曰：『活者爲仁，死者爲不仁。』人心不仁，則天地之心亦死矣！故孟子又曰，『仁人心也。』七篇之書，自首至尾，切切焉以陷溺人心爲憂。凡教人，曰存曰養曰盡曰求，曰心之端，曰心之官，曰根心曰生心，曰物之長短輕重心爲甚，直指人之識痛癢有知覺處示之，非便以知覺痛癢爲仁，特欲其切己省察而救活其本心也！不然，死灰而已！槁木而已！頑石而已！此之謂不仁。莊列之徒，正坐此病。」

或者自抒所見，或者言明爲謝子辯護，然直接間接都是主張以覺訓仁，而贊成謝上蔡的學說。

前面所引胡大原的伯逢問答中有一句程伊川的話：

「覺不可以訓仁。」

這可算是小程子不贊同謝上蔡的主張。小程子以後不贊成謝上蔡的學說的，以朱子爲最有名最劇烈。他說：

「上蔡說仁說覺，分明是禪。」

「上蔡說孝弟非仁也。孔門只說爲仁，上蔡卻說知仁，只要見得此心，便以爲仁。上蔡之說，一轉而爲張子韶，（按卽九成）子韶一轉而爲陸子靜。上蔡所不敢衝突者，子韶盡衝突，子韶所不敢衝突者，子靜盡衝突。」

上蔡說仁爲覺，已是禪，則子韶子靜更無論了！

以上是以覺訓仁派的大概。

卯、以萬物與我合一訓仁者

這一說乃始創於大程子顥，同時張橫渠載也主張這一說，程門高弟楊龜山時傳受之，在當時聲勢頗不弱。

仁學在大程子本爲重要，他教學者以識仁爲第一步。在宋學中只有胡五峯宏也如此主張。朱子便不十分贊成這種爲學的步驟。大程子說：

「學者須先識仁，仁者渾然與物同體，義禮智信皆仁也。」——識仁篇。

「醫書言手足痿痹爲不仁，此言最善名狀。仁者以天地萬物爲一體，莫非己也，認得爲己，何所不至？若不有諸己自與己不相干，如手足不仁，氣已不貫皆不屬己，故博施濟衆乃聖人之功用，仁至難言，故曰：『己欲立而立人己欲達而達人，能近取譬，可謂仁之方也已。』欲令如是觀仁，可以得仁之體。」——語錄。

「剛毅木訥質之近乎仁也，力行，學之近乎仁也。若夫至仁，則天地爲一身，而天地之間，品物萬形，爲四肢百體，夫人豈有視四肢百體而不愛者哉？聖人，仁之至也，獨能體是心而已，曷嘗一離多端而求之自外乎？故『能近取譬』者，仲尼所以示子貢求仁之方也。醫書以手足風頑謂之四體不仁，爲其疾痛不以累其心故也。夫手足在我，而疾痛不預知也，非不仁而何？世之忍心無恩者，其自棄亦若是而已。」——同上。

「孟子曰：『仁也者人也，合而言之道也，』中庸所謂『率性之謂道』是也。仁者仁此者也，敬以直內，義以方外，仁也，若以敬直內則不直矣，行仁義豈有不直乎？必有事而勿正，則直也。夫能敬以直內義以方外，則與物同矣，故曰，敬義立而德不孤。是以仁者無對，放之東海而準，放之西海而準，放之南海而準，放之北海而準。」——同上。

「以己及物仁也。」——同上。

這些都是大程子釋解仁字的說話。他的重要意義就是萬物與我合一爲仁。他的「仁者以天地萬物爲一體，莫非己也。」「至仁則天地爲一身。」「敬以直內，義以方外仁也。……夫能敬以直內義以方外，則與物同矣。」「以己及物仁也。」都是這個意思。

張橫渠言仁的地方很多，其十足表現仁字意義的當推西銘一文。西銘原名訂頑，明儒劉蕺山宗周解釋着說：

「訂頑云者，醫書以手足痿痺爲不仁，視人之但知有己而不知有人，其病亦猶是，則此篇乃求仁之學也。」

在當時程子也說：

「訂頑之言，極純無雜，秦漢以來，學者所未到，意極完備，乃仁之體也。」

是所謂訂頑者，就是說仁的別名了！西銘的原文如下：

「乾稱父，坤稱母，予茲藐焉乃渾然中處。故天地之塞吾其體，天地之帥吾其性，民吾同胞，物吾與也。大君者吾父母宗子，其大臣宗子之家相也。尊高年所以長其長，慈孤弱所以幼其幼，聖其合德，賢其秀也。凡天下疲癃殘疾，惸獨鰥寡，皆吾兄弟之顛連而無告者也。於時保之，子之翼也。樂且不憂，純乎孝者也。違曰悖德，害仁曰賊，濟惡者不才，其踐形唯肖者也。知化則善述其事，窮神則善繼其志。不愧屋漏爲無忝，存心養性爲匪懈。惡旨酒，崇伯子之顧養，育英才，潁封人之錫類。不施勞而底豫，舜其功也。無所逃而待烹，申生其恭也。體其受而歸全者，參乎！勇於從而順令者伯奇也。富貴福澤，將厚吾之生也。貧賤憂戚，庸玉女於成也。存吾順事沒吾寧也。」

朱子嘗於程子語錄中見仁者渾然與物同體一句，卽認得西銘意旨。可見西銘一文，與渾然與物同體一句，本是一個。朱子又嘗說：「程門專以西銘開示學者。」這卻錯了。大程子與張橫渠在仁學一點上，彼此主張相同，並不是誰抄襲誰。

在龜山語錄中，我們可以看見楊時也是這樣的主張：

「李似祖曹令德皆龜山弟子，嘗問何以知仁？龜山曰：『孟子以惻隱之心爲仁之端，平居但以此體究，久久自見。』因問二子尋常如何說隱？似祖曰：『如有隱憂，勤恤民隱，皆疾痛之謂也。』曰：『孺子將入於井而人見之者必有惻隱之心疾痛非在己也而爲之疾痛何也？』似祖曰：『出於自然不可已也。』曰：『安得自然如此？若體究此理，知其所從來，則仁之道不遠矣。』二子退，或從容問曰：『萬物與我爲一，其仁之體乎？』曰：『然。』」

這是楊龜山主張萬物與我合一爲仁的例證。楊氏道南一派，依理該是一致如此主張；然而却大不然，他的苗裔朱子就是反對他的名角。朱子反對的言論，可於仁說一文中見之，參看下修正派一節。其實楊氏不過繼承大程子的成說，並不是自創。如其要反對這一說，應該要先反對大程子，僅以楊氏作爲反對的對象，那是不公平的。

辰、修正派

以愛訓仁，原爲儒家舊有的學說。然愛是情，仁是性，以情爲性，其學未免不精。故宋儒在其初有承之者，在其繼則反對之說蜂起，有以以人體公訓仁，有以覺訓仁，又有以萬物與我合一訓仁，此倡彼和，此和彼誹，於是仁學呈一異觀，終無一說可以折衷天下人的心理。朱熹號稱集宋學的大成，於此自不能不慭焉心傷，乃取前賢各說，斟酌取捨，而成一種仁學的修正派的學說。

所謂修正派的學說，第一層意義當然不是自創的，第二層意義也非蹈襲的。就前人已成之說，加以合理的改進，卽所謂修正派的主要工夫。我們看朱子對於仁學是怎樣的去修正：

「天地以生物爲心者也，而人物之生，又各得夫天地之心以爲心者也。故語心之德，雖有總攝貫通無所不備，然一言以蔽之，則曰仁而已矣。請試詳之，蓋天地之心，其德有四，曰元亨利貞，而元無不統，其運行焉則爲春夏秋冬之序，而春生之氣無不通。故人之爲心，其德亦有四，曰仁義禮智，而仁無不包，其發用焉則爲愛恭宜別之情，而惻隱之心無所不貫。故論天地之心者，則曰乾元坤元，則四德之體用不待悉數而足。論人心之妙者，則曰仁人心也，則四德之體用亦不待悉數而該。蓋仁之爲道，乃天地生物之心，卽物而在，情之未發，而此體已具，情之既發，而其用不窮，誠能體而存之，則衆善之源，百行之本，莫不在是。此孔門之教所以必使學者汲汲於求仁也。其言有曰：『克己復禮爲仁。』言克去己私，復乎天理，則此心之體無不在，而此心之用無不行也。又曰『居處恭，執事敬，與人忠，』則亦所以存此心也。又曰：『事親孝，事兄弟，及物恕，』則亦所以行此心也。又曰：『求仁得仁，』則以讓國而逃，諫伐而餓，爲能不失乎此心也。又曰：『殺身成仁，』則以欲甚於生，惡甚於死，而能不害乎此心也。此心何心也，在天地則坱然生物之心，在人則溫然愛人利物之心，包四德而貫四端者也。或曰：『若子之言，則程子所謂愛情仁性，不可以愛爲仁者非歟？』曰：『不然，程子所謂，以愛之發而名仁者也。吾之所論，以愛之理而名仁者也。蓋所謂情性者，雖其分域之不同，然其脈絡之通，各有攸屬者，則曷嘗判然離絕而不相管哉？吾方病夫學者誦程子之言，而不求其意，遂至於判然離愛而言仁，故特論此以發明其遺意，而子顧以爲異乎程子之說，不亦誤哉？』或曰：『程氏之徒言仁多矣，蓋有謂愛非仁，而以萬物與我爲一爲仁之體者矣。亦有謂愛非仁，而以心有知覺釋仁之名者矣。今子之言若是，然則彼皆非歟？』曰：『彼謂物我爲一者，可以見仁之無不愛矣，而非仁之所以爲體之眞也。彼謂心有知覺者，可以見仁之包乎智矣，而非仁之所以得名之實也。觀孔子答子貢博施濟衆之問，與程子所謂覺不可以訓仁者，則可見矣。子尙安得復以此而論仁哉？抑泛言同體者，使人含糊昏緩而無警切之功，其弊或至於認物爲己者有之矣。專言知覺者，使人張皇迫躁而無沈潛之味，其弊或至於認欲爲理者有之矣。一忘一助，二者蓋胥失之。而知覺之云者，於聖門所云樂山能守之氣象尤不相似，子尙安得以此而論仁哉？』因並記其語作仁說。」——仁說。

這篇仁說整個地表出朱子修正派的意旨，於前賢諸說有取有去。他自己替仁字下的解釋便是

心之德，愛之理

六個字。這六個字心與愛是前人說過的，如中庸及孟子「仁人心也，」韓退之「博愛之謂仁。」然而於心之下加德，愛之下加理，則爲朱子所自創，非蹈襲，非自創，非非蹈襲，非非自創，便是這一派的特色。

關於心之德愛之理六字，前篇固已說出其理由，然其意義尙嫌未十分明白，朱子亦自知之，所以他在別的地方又作如下的說明：

「心之德是統言。愛之理是就仁義理智上分說，如義便是宜之理，禮便是別之理，智便是知之理，但理會得愛之理，便理會得心之德。又曰，愛雖是情，愛之理是仁也。仁者愛之理，愛者仁之事。仁者愛之體，愛者仁之用。愛是箇動物事，仁是箇靜物事。理便是性，緣裏面有這愛之理，所以發

出來無不愛。程子曰：『心如穀種，其生之性乃仁也。』生之性，便是愛之理。」

「因舉天地萬物同體之意，極問其理。曰，『須是近裏着身推究，未干天地萬物事也。須知所謂心之德者，即程先生所謂穀種之說，愛之理者，則正爲仁是未發之愛，愛是已發之仁爾。只以此意推之，不須外邊添入道理。若於此處認得仁字，即不妨與天地萬物同體。若不會得，便將天地萬物同體爲仁，卻轉無交涉矣，孔門之教說許多仁，卻未曾有定說出。蓋此理眞是難言，若立下一個定說，便該括不盡，且直於自家身分上體究，久之自然通達。程子謂四德之元，猶五常之仁，偏言則一事，專言則包四者。須是統看仁如何卻包得數者，又卻分看義禮智如何亦謂之仁，大抵於仁上見得盡。須知發於剛果處亦是仁，發於辭遜是非亦是仁，且款曲研究，識盡全體。正猶觀山，所謂橫看成嶺，直看成峯，若自家見他不盡，初謂只是一嶺，及少時又見一峯出來，便是未曾盡見全山，到底無定據也。』」

「以生說仁，生自是上一節事，當求天地生我底意，而今須要自家體認得。試自看一個物，堅硬如頑石，成甚物事？此便是不仁。藹乎若春陽之溫，盎乎若醴酒之醇，此是形容仁底意思。」

「仁雖是有剛直意，畢竟本是個温和之物。但出來發出時，有許多般，須得是非辭遜斷制三者方成仁之事。及至事定，三者各退，仁仍舊温和，緣是他本性如此。人但見有是非節文斷制，卻謂是仁之本意則非也。春本温和，故能生物，所以說仁爲春。」

「問：『仁是天地之生氣，義禮智又於其中分別，然其初只是生氣，故爲全體？』曰：『然。』問：『肅殺之氣亦只是生氣？』曰：『不是二物，只是收斂，春夏秋冬亦只是一氣。』又曰：『若曉得此理，便見得克己復禮，私欲盡去，便純是温和沖粹之氣，乃天地生物之心，其餘人所以未仁者，只是中心未有此氣象。』問：『向聞先生語吾學者五行不是相生，合下有時都有，如何？』曰：『此難說，然會得底便自然不相悖，喚做一齊有也得，喚做相生也得。他雖不是相生，但氣亦自相灌注，如人五臟固不曾有先後，但其灌時自有次序。』久之又曰：『仁字如人釀酒，酒方微發時，便是義，到得成酒後，卻只是與水一般，便是智。又如一日之間，早間天氣淸明，便是仁，午間極熱時便是禮，晚下漸涼便是義，夜半全然收斂無些形迹時，便是智。只如此看甚分明。』」

「天理之渾然既謂之理，則便是箇有條理底名字。故其中所謂仁義禮智四者，合下便各有一箇道理，不相混雜。以其未發，莫見端緒，不可以一理名，是以謂之渾然，非是渾然裏面都無分別，而仁義禮智卻是後來旋次生出四件有形有狀之物也。須知天理只是仁義禮智之總名，仁義禮智便是天理之件數。」

「仁只是一箇理，理舉著便無欠缺。……」

「心字一言以蔽之曰生而已天地之大德曰生，人受天地之氣而生，故此心必仁，仁則生矣。」

——以上同見朱子語要。

「……知其理一所以爲仁，知其分殊所以爲義，此二句乃是於發處該攝本體而言，因此端緒而下工夫以推尋之處也。……大抵仁字正是天地流動之機，以其包容和粹涵育融漾，不可名貌，故特謂之仁。……然則理一而分殊者乃是本然之仁義……」——延平答問中朱子問語。

朱子這許多的言論，大都用以解釋「心之德愛之理」。解釋「心之德愛之理」分兩步，第一步是就心之德愛之理本身上解釋。如曰：

心之德是統言，愛之理是仁義禮智上分說。……但理會得愛之理，使理會得心之德。

愛雖是情，愛之理是仁也。仁者愛之理，愛者仁之事。仁者愛之體，愛者仁之用。愛是箇動物事，仁是箇靜物事。

理便是性，緣裏面有這愛之理，所以發出來無不愛。程子曰：心如穀種，其生之性乃仁也。生之性便是愛之理。

須知所謂心之德者，卽程先生所謂穀種之說；愛之理者則正爲仁是未發之仁，仁是已發之愛爾。

曰：第二步是解釋心之德愛之理究竟是怎樣一個東西，質言之，卽是解釋仁究竟是怎樣一個本體。如

此心何心也？在天地則坱然生物之心，在人則温然愛人利物之心。

藹乎若春陽之温，盎乎若醴酒之醇。

畢竟是箇温和之物。

春本温和，故能生物，所以說仁爲春。

如一日之間，早間天氣清明，便是仁。

大抵仁字正是天地流動之機，以其包容和粹，涵育融漾，不可名貌，故特謂之仁。

天理之渾然，……天理只仁是義禮智之總名，仁義禮智便是天理之件數。

仁只是一箇理，理舉着便無欠缺。

然則理一而分殊者，乃是本然之仁義。

韓退之形容老莊的仁用煦煦二字，已是前人所未有。朱子拿出許多字面，如「坱然」「溫然」「藹乎」「盎乎」「溫」「醇」「溫和」「淸明」「流動」「和粹」「融漾」等，專以說明仁是怎樣一個本體，無怪乎他的弟子陳淳推尊他說：

「自孔門後，無識仁者，漢人只以恩愛說仁，韓子因遂以博愛爲仁。至程子而非之，而曰『仁性也，愛情也，以愛爲仁，是以情爲性矣。』至哉言乎！然自程子言一出，門人又一向離愛言仁，而求之高遠。不知愛雖不可以名仁，而仁亦不能離乎愛也。上蔡遂專以知覺言仁；夫仁固能知覺，而謂知覺爲仁則不可，若能轉一步觀之，只知覺處純是天理便是仁也。龜山又以萬物與我爲一爲仁，夫仁者固與萬物爲一，然謂與萬物爲一爲仁則不可，若能轉一步觀之，只於與萬物爲一之前純是天理流行，便是仁也。呂氏克己銘又欲克去有己須與萬物爲一體方爲仁；其視仁皆若曠蕩在外，都無統攝，其實如何得與萬物合一？洞然八荒，如何得皆在我闥之內？殊失孔門向來傳授心法本旨。至文公始以心之德愛之理六字形容之，而仁之說始親切矣。」

其實朱子的成名也不是偶然，他自己固然功夫很深，同時也是因爲後來居上的緣故，把前人的「愛」，「公」，「知覺」，「與萬物爲一」等學說斟酌取捨，成功了他這樣的一個修正派。「雖有鎡基，不如乘時，」這是一切事業的原則。

與朱子同時講學者，與朱子大旨相同者唯張南軒氏。南軒言仁，雖不如朱子之具體，但亦取孔孟以來下及周程的舊說，既以愛言仁，又推進一步以說愛，與朱子相去仍不甚相遠。

「天命之全體，流行無間，貫乎古今，通乎萬物者也，衆人自昧之，而是理也何嘗有間斷？聖人盡之，而亦非有所增益也。未應不是先，已應不是後，立則俱立，達則俱達，蓋公天下之理，非有我之得私，此仁之道所以爲大，而命之理所以爲微。」——南軒答問。

「問，以愛名仁者，指其施用之迹也，以覺言仁者，明其發見之端也。曰，愛固不可以言仁，然體夫所以愛者，則固求仁之要也，此孔子答樊遲之問以愛人之意。」——同上。

仁爲天命之全體，爲理之無間斷，爲所以愛之端緒，這不是與朱子同其旨意嗎？又南軒品論當時言仁各家學說有云：

「問，不可息者非仁之謂歟？曰，仁固不息，只以不息說仁未盡，程子曰：『仁道難名，惟公近之，不可便以公爲仁，』須於此深體之。」——南軒答問。

「問，性太極，太極不動，不動則不見其所以爲仁，心則與物接矣，與物接則自心應之矣，此古人所以直指心要曰仁人心也。曰，未與物接時，仁如之何？」——同上。

「問，心有所覺謂之仁，此謝先生救拔千餘年陷溺固滯之病，豈可輕議哉云云。夫知者知此者也，覺者覺此者也，果能明理居敬，無時不覺，視聽言動，莫非此理之流行，而大公之理在我矣，尙何躁憤險薄之有？曰，元晦前日之言，固有過當，然知覺終不可以訓仁，如所謂知者知此者也，覺者覺此者也，此言是也，然所謂此者乃仁也，知覺是知覺此，又豈可遂以知覺爲此哉？」——同上。

「垂諭仁之說，若只做周流無滯礙氣象看了，卻只是想象。又云，其所以然者乃仁也，不知其所以然者果何歟？願只於日用間因其發見苗裔而深察默求之，勿舍勿棄，當的然見其樞機之所由發也。」——同上。

「問人者天地之心，經以禮論，而五峯以論仁者，自其體言之爲禮，自其用言之爲仁。曰，仁其體也，以其有節而不可過，故謂之禮，禮運『人者天地之心』之言，其論禮本仁而言之也。」——同上。

雖屬品論各家學說，而他自己的主張亦於以表見。其於朱子雖有「過當」的評語，然於其所主張則固所贊同而莫或差異，所以在仁學這方面講，朱張應該是同派。

朱張之後，宗守朱張之學的有閩學蜀學湖南學流派，極其浩大。其中以朱子的弟子陳埴最有名，其所著木鐘集中除四端說一篇爲轉述朱子之言，以告其門弟子可以不算外，其言仁的言論如下：

「仁者心之全德，惻隱之心，是仁之正頭面。」

「心生物也，而所以能生者以有仁也。故心如穀種，雖具此生理，然有形百穀只一粒物耳，不能以自生，所以能生者，性實爲之。仁之於心亦然。人心是物，穀種亦是物，只是物之有生理者耳。然便指心爲仁則不可，但人心中具此理，便以穀種爲仁亦不可，但穀種亦含此生理。穀不過是穀實結成，而穀之所以纔播種而便萌蘗者，蓋以其有生之性。心不過是血氣做成，而心之所以有運動惻怛處，亦以其有生之性。人心之與穀種，惟其有生之性，故謂之仁，而仁則非梏於二者之形也。孟子只恐人懸空去討仁，故即人心而言。程子又恐人以人心爲仁，故即穀種而言。以是知仁不止於二者，則凡有生之性皆是也。」

又潛室語亦即陳氏之言，其中亦有言仁者：

「上蔡專以覺言仁，所以晦翁絕口不言，只說愛之理心之德，此一轉語亦含知覺在中，可更思求。」

陳氏所言，大意仍不外乎朱張所主張，可謂爲修正派的流傳。

乙、異中之同點

前節所言五小派，即以愛訓仁派，以以人體公訓仁派，以覺訓仁派，以萬物與我合一訓仁派，修正派，是正統派中同中之異點。他們各小派的當中，也曾相互起過爭辯，爭辯的時候，也曾聲色俱厲似地爭長論短，如朱子之斥上蔡爲禪。然各家既如此的不同，何以仍可合稱之爲正統派？這其間必於不同中依然有他們共同之依據點在，即他們雖各有其所不同，亦必有其所共同，以故散之可以各各成家，合之又可以成爲一大派。此種共同點，即謂之異中之同點。

正統派中各小派的共同點有幾？分析而歸納之，約爲以下之二點：

子、認「仁」就是「生」

謂「仁」就是「生」，這算宋儒特創之新說，周敦頤說：

「天以陽生萬物，……生，仁也。」——通書順化。

程明道說：

「天地之大德曰生，天地絪縕，萬物化醇。生之謂性，萬物之生意最可觀，此元者善之長也，斯所謂仁也。人與天地一物也，而人特小之，何哉？」——語錄。

程伊川說：

「心譬如穀種，生之性便是仁也。」——語錄。

謝上蔡說：

「仁者何也？活者爲仁，死者爲不仁。今人身體麻痺，不知痛癢，謂之不仁。桃杏之核，可種而生者謂之仁，言有生之意。推此仁可見矣。」——語錄。

朱晦菴說：

「大抵仁字正是天地流動之機。」——延平答問。

「蓋仁之爲道，乃天地生物之心，卽物而在。」——仁說。

「以生字說仁，生自是上一節事，當求天地生我底意，而今須要體認得。」

「問仁是天地之生氣，義禮智又於其中分別，然其初只是生氣，故爲全體。曰然。」

「心字一言以蔽之曰生而已。天地之大德曰生，人受天地之氣而生，故心必仁，仁則生矣。」

——以上語要。

蔡淵說：

「仁主生發，生發者陽之所爲也。」——易象意言。

陳埴說：

「心生物也，而所以能生者以有仁也。故心如穀種，雖具此生理，然有形百穀只一粒物耳，不能以自生，所以能生者性實爲之。仁於心亦然。人心是物，穀種亦是物，只是物之有生理者耳。然便指心爲仁則不可，但人心中具此生理，便以穀種爲仁亦不可，但穀種亦含此生理。穀不過是穀實結成，而穀之所以繾播種而便萌蘖者，蓋以其有生之性。人心之與穀種，惟其有生之性，故謂之仁，而仁則非梏於二者之形也。……以是知仁不止於二者，則凡有生之性皆是也。」——木鐘集，答「孟子仁人心也，程子曰，心如穀種，仁其生之性同乎否乎？」之問。

車若水說：

「問，如何是佛祖西來意？曰，庭前柏樹子。此語最好，是吾儒一箇仁也。」——玉峯脚氣集。

陳淳說：

「仁只是天理生生之全體。」——北溪語錄。

劉剛中說：

「仁是性之生發流動者。」——師友答問。

眞德秀說：

「凡天下至微之物，皆有箇心，發生皆從此出。緣是稟受之初，皆得天地發生之心以爲心，故其心無不能發生者。一物有一心，自心中發出生意，又成無限物。且如蓮實之中，有所謂么荷者，便儼然如一根之荷。他物亦莫不如是。故上蔡先生論仁，以桃仁杏仁比之，謂其中有生意，纔種便生故也。惟人受中以生，全具天地之理，故其爲心又最靈於物。故其所蘊生意，纔發出便近而親親，推而仁民，又推而愛物，無所不可，以至於覆冒四海，惠利百世，亦至此而推之耳。此仁心之大，所以與天地同量也。然爲欲所汨，則私意橫生，遂流而爲殘忍，爲刻薄，則生意消亡，頑如鐵石，便與禽獸相去不遠，豈不可畏也哉？今爲學之要，須常存此心，平居省察，覺得胸中盎然有慈祥惻恒之意，無忮忍刻害之私，此卽所謂本心，卽所謂仁也。便當存之養之，使之不失，則萬善皆從此生。」——西山答問問仁字。

金履祥說：

「夫所謂天地之心者何也？仁也，生生之道也。」——復其見天地之心講義。

宋以前似不見儒家有如此說仁者；但細審之，大意仍是前人遺意之發揮，依然不失儒家之矩矱，雖是新說，尙存舊意。

謂仁就是生，在正統派宋儒中幾於各家都如此說法，所以認「仁」就是「生」爲正統派，宋儒之異中相同之一點。

丑、仁是心中所固有

這是儒家舊有的理論。孔子說：「其心三月不違仁。」孟子說：「仁，人心也。」正統派的宋儒本此而亦謂仁爲人心所固有，不是外來，增之既不可能，滅之更屬無望。他們的言論大抵如下：

程伊川　語錄

「問，『仁與心何異？』曰，『心是所主言，仁是就事言。』曰，『若是則仁是心之用否？』曰，『固是，若說仁者心之用則不可。心譬如身，四端如四肢，四肢固是身所用，只可謂身之四肢，如四端固具於心，然亦未可便謂之心之用。』或曰，『譬如五穀之種，必得陽氣而生。』曰，『非是，陽氣發處卻是情也。心譬如穀種，生之性便是仁也。』」

范祖禹　中庸論

「夫性者何？仁義是也。聖人以爲仁義者生於吾之性，而不生於外，是故用之以誠。」

謝上蔡　語錄

「心者何也？仁是已。」

「仁者天之理，非杜撰也。……孟子曰：『仁人心也。』『盡其心者知其性也，知其性則知天矣。』」

鮑若雨　敬亭語

「人之初生，仁固已存乎其中。及其既生也，幼而無不知愛其親，長而無不知敬其兄，而仁之用於是乎見乎外。」

李侗　延平答問

「孟子言『仁人心也，』不是將心訓仁字。」

張九成　橫浦心傳

「仁卽是覺覺卽是心，因心生覺，因覺有仁，脫體是仁，無覺無心，有心生覺，已是區別，於區別熱，則融化矣。」

朱晦庵　仁說

「故語心之德雖有總攝貫通無所不備，然一言以蔽之則曰仁而已矣。」

陳埴　木鐘集答「克己復禮爲仁如何。」

「仁者心之全德。」

蔡沈　洪範皇極內篇

「人之一心，實爲身主，其體則有仁義禮智之性，其用則有惻隱羞惡辭讓是非之情。」

劉剛中　師友問答

「仁是性之生發流通者。」

李季札　錄所聞晦庵先生語

「看文字當看大意，又看句語中何字是切要，孟子謂仁義禮智根於心，只根字甚有意，如此用心，義理自出。」

「仁義禮智性也。」

「四端本諸人心，皆因所寓而後發見。」

楊簡　慈湖已易

「仁義禮智我所自有也。」

錢時　新安州學講義顏淵問仁章

「仁人心也，此心卽仁。」

其他宗守這理論，而未另加新說的，略而不錄。然就上所舉各家言論觀之，其認仁爲人心所固有無有不同。這是正統派的宋儒異中相同之二點。

從不同的方面說，可以分爲四小派，從同的方面說，有兩點是各家所同然，不同是他們的進步，同是他們的根原。

二、別派

所謂別派，是說正統派以外另有一些人的言論，主張與正統派不一樣。這些人佔宋儒的百分比並不算大，不過他們的言論卻很有勢力，他們曾經與正統派分庭抗禮，互相爭雄過。

他們與正統派的不同，並不是表面他們對於仁字的認識，卻根本的與正統派相反。姑先看這別派的鉅子眉山蘇氏兄弟的言論：

甲、蘇軾 蘇氏易傳

「『仁者見道而謂之仁，知者見道而謂之知。』夫仁知聖人之所謂善也，善者道之繼，而指以爲道則不可。今不識其人而識其子，因之以見其人則可，以謂其人則不可，故曰：『繼之者善也。』學道而自其繼者始則道不全。」

「『仁者見之謂之仁，知者見之謂之知，百姓日用而不知，故君子之道鮮矣。』屬目於無形者，或見其意之所存，故仁者以道爲仁，意存乎仁也，知者以道爲知，意存乎知也，賢者存意而妄見，愚者日用而不知，是故君子之道成之以性者鮮矣。」

乙、蘇轍　蘇黃門老子解

「孔子以仁義禮樂治天下，老子絕而棄之，或者以爲不同。易曰：『形而上者謂之道，形而下者謂之器。』」

「……故示人以道而薄於器，以爲學者惟器之知則道隱矣，故絕仁義棄禮樂以明道。」

按二蘇之說，其要點有二：

一、仁是一種妄見，

二、仁是道之次，或說道之繼，

與正統派恰恰相反。正統派謂仁就是道，是人心所固有，對於蘇氏兄弟這種主張當然極不贊成，所以朱子反辯之說：

「蘇氏不知仁知之根於性，顧以仁爲妄見，乃釋老之說，聖人之言豈嘗有是哉？謂之不見其全則或可矣。又曰君子之道成之以性者鮮矣，文義亦非。」

「道者仁義禮樂之總名，而仁義禮樂皆道之體用也。聖人之修仁義，制禮樂，凡以明道故也。今曰絕仁義棄禮樂以明道，則是舍二五而求十也。豈不悖哉？」

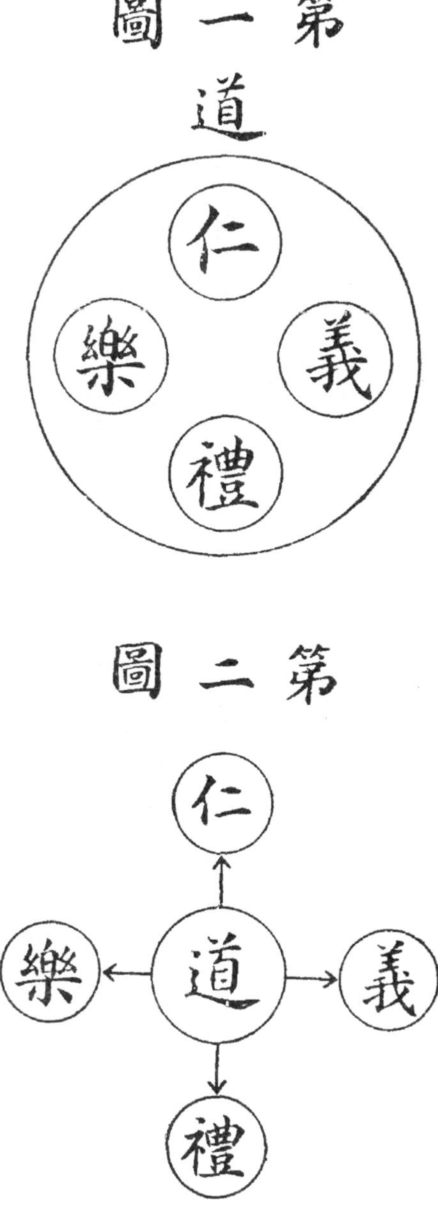

一派說是眞的，一派說是假的，一派說就是道之本體，一派說是道之子孫，以圖明之則如上：

第一圖是表示正統派的見解第二圖是表示別派的見解，兩派不同的處所判然了！又朱子承認大蘇道不全之說若細觀上二圖，當知蘇氏的原意與朱子所承認的截然不同。朱子的所承認的不全，乃謂「仁」爲道的一部之意，而蘇氏的所謂不全，原意乃指「仁」是道的一面之妄見，若只觀字面，那就大錯特錯了！

蘇氏之學，行於北方，北方其時爲外力所佔有，載籍闕略，無法考見他流傳的概況，眞是可惜！別派的人雖不反對孔孟，但他們解釋孔孟語未免有些壓根兒不同，這大約是他們的學問不醇粹是儒學的緣故。

三、結語

商湯以前不言仁，孔子罕言仁，孟子言仁而不詳，韓子替仁字開始下定義。宋儒承襲了這份家產，想與外來的學說爭長短，於是對仁學也大談特談，大的派別有正統派與別派的不同，小的區分，又有仁的訓釋各異，眞是洋洋大觀，不謂爲仁學一大進步不可。

儒家的學問第一注重在心，第二是性，第三是仁。心是什麽？性爲主。性是什麽？仁爲主。宋儒深深地了解這個，所以他們與人言道，首先就說心，與人言心，就要人盡性，與人言性，就要人先識仁。離開人事說仁，是孟子在儒門一大改革。就仁言仁，又是宋儒一大改革。這種改變，原因還在孔子的言仁太簡，尊仁過甚。後學爲求知欲所打動，實有實逼處此之勢。

綜合前言，有宋一代仁學之內容，作成如下一簡表，以爲此文之結束：

- 宋代仁學
  - 正統派
    - 同中之異點
      - 以愛訓仁派
      - 以以人體公訓仁派
      - 以覺訓仁派
      - 以萬物與我合一訓仁派
    - 異中之同點
      - 認仁就是生
      - 仁是心中所固有
  - 修正派

別派
- 仁是一種妄見
- 仁是道之次或說道之繼

第四章　性學之內容及其派別

張橫渠有云：「子貢謂『夫子之言性與天道不可得而聞』，既云『夫子之言』，則是居常語之矣」（語錄）。此語可謂爲「讀書得間」！然由「不可得而聞」一語推之，則孔子固亦不甚輕易言性。今考論語中僅有「性相近，習相遠」六字爲性論。易經中言性之文較多，如「一陰一陽之謂道，繼之者善也，成之者性也」。如「成性存存，道義之門」（以上見繫辭）。如「窮理盡性以至於命」（見說卦）。然亦在五十學易以後，且所言亦殊單簡。曾子號稱以魯傳道，大學一篇亦無言性之文。至子思乃於中庸出「天命之謂性」一語，是爲儒家詮性之第一人。孟子繼子思之後，乃亟口言之。陳木鐘云：「孔門未嘗備言，至孟子而始備言之者，蓋孔子時性善之理素明，雖不詳著其條，而說自著；至孟子時異端蠭起，往往以性爲不善，孟子懼是理之不明，而思有以明之」（四端說）。其說孔孟二子所以言性不言性之原因，未必可靠，其說儒家言性的歷史變遷則無誤；施德操稱頌孟子四大功，「道性善」居第一，同謂爲「發孔子之所未發，述六經之所不載」，是知儒家言性，至孟子而始加詳，且確認之爲善。自此以後，荀卿揚雄韓愈等相繼爲性論，主張雖有不同，其言性重性則無二致。宋儒承之講究益盛，分別益精，在儒門中可謂爲性學極昌明時代。今試分別對性之態度與見解二者而一探究其內容與派別。

一、對性之態度

在前說過，孔子在論語中只以「性相近習相遠」六字論性。然此六字之中，眞正用以說明性的亦只「相近」二字，不作多言，料係以性不容易講的緣故。但因孔子未曾多言，後人莫所折衷，乃各各發爲臆測的論調，到孟子時，其說已有下列之不同：

「公都子曰：告子曰『性無善無不善也；』或曰『性可以爲善，可以爲不善，是故文武興則民好善，幽厲興則民好暴；』或曰『有性善，有性不善，是故以堯爲君而有象，以瞽瞍爲父而有舜，以紂爲兄之子，且以爲君，而有微子啟王子比干：』——今曰性善，然則彼皆非歟？」——孟子告子篇。

連同孟子的性善論，在當時可說已有四種不同的主張。稍後，荀卿子又創爲性惡論，是四而又爲五了。性論旣如此淆雜，一般學者幾於爲之耳聾目瞶，於是宋代學者對於性之態度，就有下列三派之歧異：一不必言派，二難言之派，三必言之派。

甲、不必言派

不必言派是主張不必言性，但其中又可分爲三小支：

子、不屑言者　最著名的要數陳亮，其上孝宗的奏章有數語：

「始悟今世之儒士，自以爲得正心誠意之學者，皆風痺不知痛癢之人也。舉一世安於君父之讎，而方低頭拱手以談性命，不知何者謂之性命乎？」——宋史本傳

陳氏學旨以事功爲先，而其心志尤在恢復中原，振興中國，對於空談性命者深爲鄙斥。此爲宋儒中不屑言性派中一鉅子。

丑、不知而不言者　最著名的要數歐陽修，其言曰：

「以人性爲善，道不可廢；以人性爲惡，道不可廢；以人性爲善惡混，道不可廢；以人性爲上者善，下者惡，中者善惡混，道不可廢；——然則學者雖無言性可也。」——劉敞公是先生弟子記。

「昔荀卿子之說，以爲人性本惡，著書一篇以持其論，予始愛之；及見世人之歸佛者，然後知荀卿之說謬焉甚矣人之性善也！彼爲佛者，棄其父子，絕其夫婦，於人之性甚戾，又有蠶食蟲蠹之弊，然而民相率而歸焉者，以佛有爲善之說故也。」——本論下。

始而如何，既而又如何，甚矣如何，在在表示其對性不甚了了。以道爲本，謂性爲可不言，其不知性與道之關係如何更顯然。大抵歐公乃一文人，性命之學非其所長，徒隨時尙以偶一言反之，然其主張則在不必言也。

此以江右陸氏一門爲代表，陸氏兄弟尤其象山，對於性命之學功夫甚深，可與寅、知之而不言者，

朱子晦庵肩並，但亦不多言性。

「伯敏云：『如何是盡心？性才心情又如何分別？』先生云：『如吾友此言，又是枝葉。雖然，此非吾友之過，蓋舉世之弊。今之學者，讀書只是解字，更不求血脈，且如性情心才，都只是一般物事，言偶不同耳！』伯敏云：『莫是同出而異名否？』先生曰：『不須得說，說着便不是，將來只是騰口說，爲人不爲己。若理得自家實處，他日自明。若必說時，則在天者爲性，在人者爲心，此蓋隨吾

友而言其實不須如此，只是要盡去爲心之累者。……故以性以情以心以才說與人，如何泥得？若老兄與別人說定，是說如何樣是心，如何樣是性情與才，如此分明說得，劃地不干我事，須是血脈骨髓理會實處始得。』——象山語錄。

只求理會實處，不必空言心性情才。言之不但不是，亦劃地不干我事，不如不滕口說，埋頭以求血脈好了。這是陸門不言性的緣故。

陳亮歐陽修與陸象山三人同主張不言性，而其所以主張者則不同，三家學問之區別，於是可以看出，此爲不言性中之三小支。

乙、難言派

何謂難言派，此與前節所言不言派不同。不言派是主張不言性；難言派則以性爲不可得言之物事，殆所謂言語道斷，又所謂語言文字不足以形容之，此其所以難言之也。此派以眉山蘇軾爲代表，其言有云：

「古之君子患性之難見也，故以可見者言性，以可見言性，皆性之似也。君子日修其善以消其不善，不善者日消，有不可得而消者焉；小人日修其不善以消其善，善者日消，有不可得而消者焉：夫不可得而消者，堯舜不能加焉，桀紂不能逃焉，是則性之所在也。」又曰性之所在庶幾知之，而性卒不可得而言也。」——蘇氏易解。

古人以可見者言性，皆性之似，非眞能言得性。不可得而消者爲性之所在，性之所在，庶幾知之，而性卒不可得而言。所謂難言，蓋對於性學亦有功夫，見性亦甚深到，然以性爲一抽象物事，欲具體以表白之，終不能得其眞，因而難言之。所以蘇氏又有言：

「故孔子罕言命，則爲知者少也。子貢曰，『夫子之文章可得而聞也，夫子之言性與天道，不可得而聞也。』夫性命之說，自子貢不得聞，而今之學者恥不言性命，此可信也哉？」——議學貢舉劄子。

在在都見蘇氏以性爲學問極品，輕易言之不得。

蘇氏之學，行於北方，守其說者當不少，惜無可考徵。

丙、必言派

陳亮所謂今世儒士低頭拱手以談性命蘇軾所謂今之學者恥不言性命，大抵皆目指此派學者而言。此派學者皆爲宋儒中重要有名的人物，如周敦頤，如二程子，如張載，如朱熹以及各人門下士，一時以講論性命爲風尙爲時髦，至並時人士，亦相競以不談性命爲恥。歐陽修固主張不必言性，其門人劉敞則不以爲然，嘗有言答歐公：

「聖人惟欲道之達於天下，是以貴本，今本在性而勿言，是欲導其流而塞其源，食其實而伐其根也。夫不以道之不明爲言，而以言之不及爲說，此不可以明道而惑於言道，不可以無言而迷於有言者也。」——公是先生弟子記。

居然弟子不守師訓，可以概見當時風氣。

以上係言宋儒對性學之態度，以大勢論，以第三派必言派爲盛，爲宋儒之大多數。蓋性學自孔子之未詳言，孟子以下歧言甚多，在儒門算爲一最重要而未解決之問題。宋儒自命爲上接孔孟不傳之緒，安得而不致力於此？此所以性學在宋學中亦蔚爲一大觀。以下繼續討論其內容。

二、對性之見解

宋儒對於性之見解，一言以蔽之曰：「宗孔子而已。」其間雖偶有羼雜他說，然結果則以求合孔子之言爲的當，甚或委曲敷衍而曰「孔子之言如是。」蓋孔子爲儒家之祖，否則即有非眞儒的嫌疑。

孔子歿後，韓非子謂儒分爲八，今以對性之見解考之，如前舉公都子所言性論三家，除告子外雖未詳言言者爲何人，然公都子並未斥之爲異端，則恐亦係儒門自家之派別；又如孟子荀子，善惡對立；是在戰國時，儒家派別眞個不少，從事儒學者已有不知何者究爲儒學眞傳之感。漢以後，又益之以揚雄韓愈等，均彰彰以儒家自命，其言性都各不同，孔子既不可復起，何處可以得其折衷？宋儒承諸家緻繞喧聒之後，其於性之見解因之亦不能一致，故其宗崇孔子雖同，而於孔子以後諸儒之學說則或取或否？概括言之，則可分爲三大派：一宗孔子兼宗孟子派，二宗孔子不宗孟子派，三調和論。詳言如次：

甲、宗孔子兼宗孟子派

善惡問題爲一切哲學家宗教家所孜孜研究齦齦辯論之問題，究竟何所原本而生，至今迄無定說。在儒門中以善惡的問題爲性的問題，即是說，善是由於性善，惡是由於性惡，因爲性惡，所以有惡，因爲性善，所以有善，善惡不是外來，是人心天性所固有。

不過於此即發生歧異的爭執，有人說人性都是善的，有人說人性都是惡的，又有人說人性是無善惡的，又有人說人性是有品級的，同一唯心論者，同時儒門學者，主張如此分歧，這問題實在是個困難的問題！

孔子說：「性相近也，習相遠也。」雖未說出善惡二字，然以文意推之，下一句好像是指出人所以有善惡之分的緣故。唯究竟性之本然是善是惡，「相近」二字很够令人隨意解釋。

受孔門嫡傳，距孔子時代最近，言性最詳者爲孟子，孟子一口肯定人性爲善，以「相近」爲善的指示，似亦說得通，這爲儒門一大派。宋儒有一些人言性，即守孟子的說法，極端主張是善。我們現在分析宋儒的性論，凡是主張性善者，盡目之爲宗孔子兼宗孟子派，其主要人物及言論如下：

徐積　爲胡安定門人，極端主張性善論，有名的言論有辯習與荀子辯二篇，其原文爲：

辯習

「性善乎？曰，善也。以善性而習有善惡者何也？物誘於外而慾攻於內也，好惡之不正，而邪情奸於間也，養之而弗充，則性之弗固也，況未嘗一日而養之乎？能自養者鮮矣，於是有君師之教，禮儀之化也，所以養其性長其善而正其習也。習不正則惡矣，惡不已則其性汩，而謂之性不善，是何異於害其苗而謂苗之不長也？……是故善養苗者，必去其害苗者，去莠惡其害苗也；善養性者必去害性者，去惡惡其害性也。然則性者善也，習有善與惡也，習久不變，然後善惡定也。卒而爲君子，卒而爲小人，皆所以自取之道也，是故習不可不愼也。善習者雖瞽鯀爲父，亦舍父而習他矣。性則善也，習有善與惡也，是故習不可不愼也。」

荀子辯

「荀子曰『人之性惡，其善者僞也。古者聖人以人之性惡，以爲偏險而不正，悖亂而不治，是以爲之起禮義制法制以矯飾人之情性而正之，以擾化人之情性而道之也，使皆出於理合於道也。』

辯曰：『荀子非也，且人之性旣惡矣，又惡知惡之可矯而善之可爲也？矯性之矯，如矯木之矯，則是杞柳爲桮棬之類也，何異於告子哉？弗思而已矣！余以爲禮義者所以充其未足之善，法制者矯其已習之惡。』

「荀子曰：『凡性者天之就也，不可學不可事。』

辯曰：『若如此論，則是上之教可廢，而下之學可棄也，又烏用禮義爲哉！余以爲天能命人之性，而不能就人之性，唯人能就其性，如此則與孔子之意合，孔子曰，成性存存，道義之門。』

「荀子曰：『今人之性，目可以見，耳可以聽。可以見之明不離目，可以聽之聽不離耳，目明而耳聽，不可學明矣。』

辯曰：『奚物而不可學也！赤子之性也不匍匐矣，既匍匐也，不能行，必須左右扶持，猶曰姑徐徐云爾；然而卒能之楚之秦之天下者，其故何哉？蓋曰學而已也！至於耳目則何獨不然，其始也目不能見矣，耳不能聽矣；然而明可以察秋毫之末，聽可以辯五聲之和，卒能如此，其故何哉？亦曰學而已矣；夫奚物而不可學耶？』

「荀子曰：『今人之性，飢而欲飽，寒而欲煖，勞而欲休，人之情性也。今人飢見長者而不敢先食者將有所讓也，勞而不敢求息者將有所代也，夫子之讓乎父，弟之讓乎兄，子之代乎父，弟之代乎兄，然此行者皆反於性而悖於情也。故順情性則不辭讓矣！辭讓則悖於情性矣！用此觀之，人之性惡明矣，其善僞也。』

辯曰：『夫飢而欲飽，寒而欲煖，勞而欲休，此人情之常也，雖聖人亦不免矣。至於子之讓乎父，弟之讓乎兄，子之代父，弟之代兄，此二行皆出於其性也。何反於性而悖於情哉？有是性卽有是行也，無是性卽無是行也，烏有性惡而能爲孝弟哉？弗思而已矣！』

「荀子曰：『凡禮義者，是生於聖人之僞，非故生於人之性也。故陶人合土而生瓦，然則瓦生於陶人之僞，非故生於人之性；工人斲木而生器，然則器生於工人之僞，非故生於人之性也。』

辯曰：『夫欲行其實者必先正其名，名正則教行矣。禮義之僞與作僞之僞，有以異乎？其無以異乎？在人者必皆謂之僞，則何事而不言僞？言性惡者，將以貴禮義也，今乃以禮義而加之僞名，則是貴之而反賤之也。奚不曰陶人因土而生瓦，工人因木而生器，聖人因人而生禮義也？

何必曰僞？

「荀子曰：『薄願美，狹願廣，貧願富，賤願貴，苟無之中者必求於外；故富而不願財，貴而不願勢，苟有之中者，不及於外；用此觀之，人之欲善者爲性惡也。』

辯曰：『荀子過甚矣，何不顧孟子之意也！孟子以仁義禮智謂之四端，夫端亦微矣，其謂仁者，豈遂足用爲仁哉？其謂義者，豈遂足用爲義哉？是在其養而大之也。此所謂薄願美，狹願廣，貧願富，賤願貴，以其不足於中而求於外也。安得曰富而不願財，貴而不願勢，苟有中而不求於外邪？故人之欲爲善，以其善之未足也，而有可充之資，可爲之質也，何必待性惡而復爲善哉？性惡而爲善，譬如摶水上山，善而爲善，如水之流而就濕也，火之始燃而燥也，豈不順也？』

「荀子曰：『性善則去聖王，息禮義，性惡則興聖王，貴禮義。』

辯曰：『一陰一陽，天地之常道也。男有室，女有歸，人倫之常道也。君必有民，民必有君，所以爲天下也。不然，何以爲天下？聖王之興，豈爲性惡而已哉？故性善得聖王則愈治，得禮義則愈興，安得曰去聖王，息禮義？性善而得禮義，如物萌而得膏雨也，勃然矣，有何不可哉？』

「荀子曰：『凡人之性，堯舜之與桀跖一也，君子之與小人其性一也。』

辯曰：『天下之性惡而已，堯舜桀跖亦惡而已，是自生民以來，未嘗有一人性善也，未嘗有一人性善，其禮義曷從而有哉，其所謂聖人者曷從而爲聖人哉！』

「荀子曰：『堯問於舜，人情如何？舜對人情不甚美，妻子具而孝衰於親，嗜欲得而信衰於友，爵祿盈而忠衰於君。』」

辯曰：『荀子載堯舜之言則吾不知也，至於妻子具而孝衰於親，則是妻子未具而嘗有孝矣；嗜欲得而信衰於友，則是嗜欲未得而嘗有信矣；爵祿盈而忠衰於君，則是爵祿未盈而嘗有忠矣；則是天下之性未嘗無孝，未嘗無信，未嘗無忠，而人之性果善矣，其所以不善者，外物害之也。學荀子者以吾言爲何如？』

劉敞　爲歐陽修門人，其性善主張，已見前引答歐公不必言性一段，茲再引其公是先生弟子記一段於下：

「永叔問曰：『人之性必善，然則孔子謂上智下愚不移可乎？』劉子曰：『可，愚智非善惡也，雖有下愚之人，不害於爲善善者親親尊尊而已矣。孔子謂子貢曰，女與回也孰愈，對曰，賜也聞一以知二，回也聞一以知十，然則其亦有聞十而知一，聞百而知一，聞千而知一者矣，愚智之不可移如此。』」

章望之　宗孟子言性善，排斥荀卿揚雄韓愈李翺之說，著救性論七篇，文多不錄。

陳淵　程楊門人，與高宗面談程王學術同異有曰：

「孟子發明性善，而安石取揚雄善惡混之言，至於無善無惡，又溺於佛，其失性遠矣。」

張九成　楊龜山之門人，亦主性善，其言曰：

「或問，『孔子言性相近也，不明言其實；孟子乃曰人性善何也？』先生曰，『孟子源流甚正，認得不錯，但人不之思耳。孔子嘗曰，天地之性人爲貴，人之行莫大於孝，孝卽善也，其言豈無所自？』」——橫浦心傳

陸九齡　復齋文集與章彥節書有云：

「荀卿揚雄韓愈皆不世出，至言性則戾，近世巨儒性理之論，猶或有安，某乃稽百氏異同之

論，出入於釋老，反覆乎孔子子思孟子之言，潛思而獨究之，煥然有明焉，窮天地亙萬世無易乎此也，然世無是學，難以喻人。」

陸九淵　語錄中有兩段可以謂之爲主張性善。

「常人汨沒於聲色富貴間，良心善性都蒙蔽了。」

「四端萬善皆天之所予，不勞人妝點，但是人自有病，與他相隔了。」

唐仲友　說齋文集中有三篇曾作性善之論：

「荀子有性惡之說，揚雄有善惡混之說，韓愈有上中下之說。性惡之說爲害尤大。世之言性惡者，皆以象藉口，吾觀象之行事，適足以見性之善，不知其惡也。象之往入舜宮，鬱陶之思，以僞爲也，忸怩之顏，以誠發也，欺形於言，媿形於色，象之本心固知僞之不可爲也，其性豈不善哉？使象而性惡，則欺舜之言，居之必安，何愧之有？易言天地之情則於咸，言天地之道則於恆，至言天地之心則必於復；蓋方羣陰剝復而至六陰之用事，則天地之心或幾於隱，及一陽動於下，有來復之象，則天地之心始可見。人之誘於物也，陰之剝也，俄然而復，陽之復也。象之忸恨，蓋其復性之際，復則不妄，至誠之道也。善言性者，當於復觀之。」——性論。

「荀卿之書若尊王而賤霸矣，乃言性則曰本惡，其善者僞也。夫善可僞，則仁義禮信何適而非僞也？四者旣僞，何適而非霸者之心？……性者與生俱生，誠者天之道，非二物也。以性爲惡，則誠當自外入，外入則僞，惡覩所謂誠乎？吾觀告子先孟子不動心，又其言辨幾與孟子埒，至於以義爲外，以性爲杞柳，故孟子力詆之。荀子化性起僞之說，告子之儔也。」——荀卿論。

「卿謂聖人惡亂，故制禮，然則禮強人者也？惡亂故制樂，然則正聲乃矯揉而淫聲乃順其情者也？見禮樂之末而未揣其本，卽性惡之說，吾故謂告子之流。」——續荀子禮樂二論。

楊簡　慈湖已易中有一段云：

「吾未見夫天與地與人之有三也，三者形也，一者性也，亦曰道也，又曰易也，名言之不同，而其實一體也。……言吾之心本曰性，言性之妙不可致詰，不可以人爲加焉曰命……神卽易，道卽善。……」

細按諸家主張性善言論，陸氏之門較爲精審。陸氏以前諸人，如徐積章望之發言最多，而徐氏極多迂闊可笑之處，如所辯荀子之言，多不對題，即有針對處，如「有是性即有是行也，無是性即無是行也，烏有性惡而能爲孝弟哉？」假如有人作「烏有性善而能爲姦宄哉」之反問，不知彼將作如何解？至於言「荀子過甚矣，何不顧孟子之意也，」黃百家氏已斥其迂。若此言論，殊不足以張孟子之軍，而性善之理反繳繞不得明白。陸氏之門則不如是粗暴浮淺，語語精審；特其對性態度不主多言，所以發言不甚多；然即此少許，已能勝彼多許。

乙、宗孔子不兼宗孟子派

這一派人主張惡的來源是由於性惡，如荀子所言的卻不多，然又不如孟子一口認定性善，所以謂之不宗孟子。雖不宗孟子，但其尊崇孔子則無異；不過因爲孔子性近習遠之言過簡，仁者見仁，智者見智，各人解說不一樣，於是生出下面不同的小派別：

子、偏於性三品論派

此派主張似與唐韓愈性三品論相同，謂中人之性相近，其上智下愚則不移，非議孟子性無不善之說。主要人物爲司馬光，其言有云：

「告子云：『性之無分於善不善，猶水之無分於東西，』此告子之言失也。水之無分於東西，謂平地也。使其地東高而西下，西高而東下，豈決導所能致乎？性之無分於善不善，謂中人也。瞽瞍生舜，舜生商均，豈陶染所能變乎？孟子曰：『人無有不善，』此孟子之言失也。丹朱商均自幼及長，所日見者堯舜也，不能移其惡，豈人之性無不善乎？」

「孟子云：『白羽之白，猶白雪之白，白雪之白，猶白玉之白。』告子當應之云：『色則同矣，性則殊矣，羽性輕，雪性弱，玉性堅。』而告子亦皆然之，此所以來犬牛人之難也。孟子亦可謂以辯勝人矣！」——以上見溫公疑孟。

「易曰：『窮理盡性以至於命。』世之高論者競爲幽僻之語以欺人，使人企懸而不可及，憒瞀而不能知，則盡而舍之，其實奚遠哉？是不是理也，才不才性也，遇不遇命也。」——溫公遺書理性命。

「剛柔雍昧昭，性之分也。……繇懠得羅耽，情之訹也……。」

「雍和也，天地萬物之性，不剛則柔，不晦則明，通而行之，其在和乎！」——以上見溫公潛虛。

翻來說去，不過言性無一定，有善，有不善，有無分於善不善，不剛則柔，不晦則明，通而行之，和而已矣。孟子性無有不善爲失言其勝告子，乃以辯勝人，不是學理眞個超越。唐韓愈雖無駁斥孟子之言，然韓愈的性三品論則爲司馬氏所完全採取。

司馬氏於性三品論外，嘗更進一步討論性的地位與來源。性善論者乃楊簡，他言「吾未見夫天與地與人之有三也，三者形也，一者性也，亦曰道也，又曰易也。」這是認定宇宙只是一個性，可以謂之爲性的地位論。但司馬氏言性的地位則如下：

「萬物皆祖於虛，生於氣，氣以成體，體以受性，性以辨名，名以立行，行以俟命。故虛者物之府也，氣者生之戶也，體者質之具也，性者神之賦也，名者事之分也，行者人之務也，命者時之遇也。」

「人之生本於虛，虛然後形，形然後性，性然後動，動然後情，情然後事，事然後德，德然後家，家然後國，國然後政，政然後功，功然後業，業終則反於虛矣。」——同見溫公潛虛。

第一節是統言萬物成立之程序，第二節乃單言人生之程序。第一節自虛至命共有七程序，而性居第四，適得其中。自性以上，是萬物個體的完成，自性以下，是物之爲物的完成，性實握其樞紐。第二節所言人生之程序，乃如下之一大循環圖：人生程序分爲十二，終而復始，作一循環形。自性以上是人個體的完成，自性以下，是一個人生整體的完成。與第一節所言萬物成立之程序相比較，形之一字可該氣形二者，意義還是一樣。此處性處第三位，是古人萬物始於一成於三之意。性以後雖與人之成分無關，然一個乃至一羣人，其生命不止是形體成立卽算完了，整個的生命，有形以後尤其重要。然究爲如何，則都係由性中來，所以性實是人生之樞紐。

以上是司馬氏所言性的地位，孔子曰：「易有太極，是生兩儀。」又曰：「一陰一陽之謂道，繼之者善也，成之者性也」（見易經繫辭）。合而觀之，可說孔子亦主張性在萬物成立程序中居第四

人生程序圖

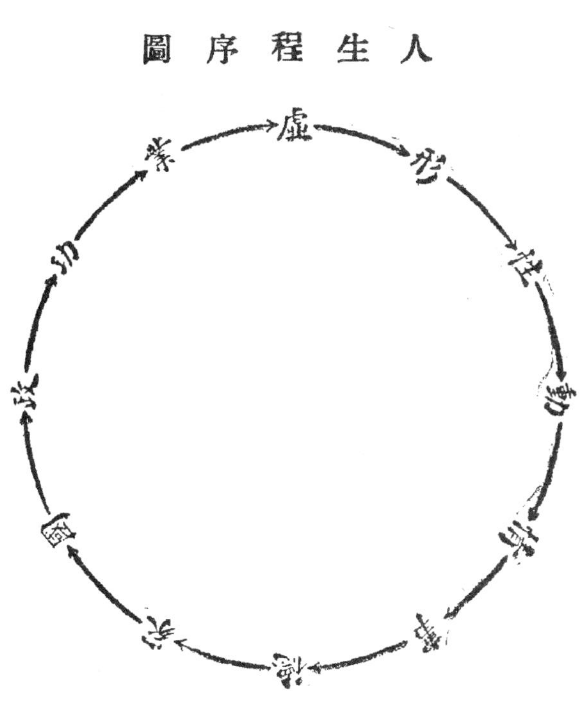

位。司馬氏潛虛以易爲宗，以孔子爲祖，故所言與孔子合。

依司馬氏所言，是性之有，在人物有形以後。然性果何自而來，亦係一重要之問題。性善論者如唐仲友則云：「性者與生俱生。」楊簡云：「言吾之心本曰性。」雖涉及性來源論，然究未明白指出。司馬氏於此問題則直言曰：

「性者神之賦也。」——見前。

意思是說性是神賦予給人物的。司馬氏此言不是臆創，中庸說：

「天命之謂性，」

就是司馬氏主張的根據。

總括司馬氏的性論則如下：

一、性的來源　神之賦也。

二、性的地位　居萬物成立程序之第四位——即有形以後。

三、性的品級　中人性相近，上下不移。

雖不以孟子之言爲然，然奉孔子爲宗，則與性善論者無二致。此派在當時反對之者頗多，最著名的爲余隱之，逐條批駁司馬氏所言，然朱晦庵並不以余氏之批駁爲盡當。

丑、偏於性善惡混派

揚雄法言修身篇有云：「人之心也善惡混，修其善則爲善人，修其惡則爲惡人，氣也者所以適善惡之馬也與！」這是揚子人性善惡混的原旨。宋儒中如王安石葉適一般人對於性論大體承認揚子的學說，亦主張性是善惡混。唯是性是善惡混，則所謂善所謂惡都不足以道述之。且所謂善所謂惡者都是拿已成的事迹來評論原始的人性，似乎不妥，所以他們乃進一步而主張不可以善惡言性。王安石之言曰：

「或曰『孟荀揚韓四子者，皆古之有道仁人，而性者有生之大本也。以古之有道仁人而言有生之大本，其爲言也宜無惑，何其說之相戾也？吾願聞子之所安？』曰：『吾所安者孔子之言而已。夫太極者五行之所由生，而五行非太極也；性者五常之太極也，而五常不可以謂之性，此吾所以異於韓子。且韓子以仁義禮智信五者謂之性，而曰天下性惡焉而已矣，五者之謂性而惡焉者，豈五者之謂哉？孟子言人之性善，荀子言人之性惡；夫太極生五行然後利害生焉，而太極不可以利害言也；性生乎情，有情然後善惡形焉，而性不可以善惡言也。此吾所以異於二子。孟子以惻隱之心人皆有之，因以謂人之性無不仁，就所謂性者如其說，必也怨毒忿戾之心人皆無之，然後可以言人之性無不善，而人果皆無之乎？孟子以惻隱之心爲性者，以其在內也。夫惻隱之心，與怨毒忿戾之心，其有感於外而後出乎中者有不同乎？荀子曰：其爲善者僞也，就其所謂性者如其說，必也惻隱之心人皆無之，然後可以言善者僞也，而人果皆無之乎？荀子曰：陶人化土而爲埴，埴豈土之性也哉？夫人不以木爲埴者，惟土有埴之性焉，烏在其爲僞也？且諸子之所言，皆吾所謂情也，習也，非性也。揚子之言爲似矣，猶未出乎以習而言性也。古者有不謂喜怒愛惡欲情者乎？喜怒愛惡欲而善，然後從而命之曰仁也，義也；喜怒愛惡欲而不善，然後從而命之曰不仁也，不義也。故曰，有情然後善惡形焉，然則善惡者情之成名而已矣。孔子曰：性相近也，習相遠也，吾之言如此。』『然則上智與下愚不移有說乎？』曰：『此之謂知愚，吾所云者性與善惡也，惡者之於善也，爲之則是，愚者之於知也，或不可強而有也。伏羲作易，而後世聖人之言也，非天下至精至神其孰能與於此？孔子作春秋，則游夏不能措一詞，蓋伏羲之知非至精至神不能與，惟孔子之知雖游夏不可強而能也，況所謂下愚者哉？其不移明矣。』或曰：『四子之云爾，其皆有意於教乎？』曰：『是說也吾不知也，聖人之教正名而已。』」——臨川文集原性。

「性情一也。世有論者曰：『性善情惡，』是徒識性情之名，而不知性情之實也。喜怒哀樂好惡欲，未發於外而存於心，性也；喜怒哀樂好惡欲發於外而見於行，情也；性者情之本，情者性之用，故吾曰性情一也。彼曰性善，無它，是嘗讀孟子之書，而未嘗求孟子之意耳！彼曰性惡，無它，是有見於天下之以此七者而入於惡，而不知七者之出於性耳！故此七者人生而有之，接於物而後動焉。動而當於理，則聖也賢也；不當於理，則小人也。彼徒有見於情之發於外者，爲外物之所累而遂入於惡也，因曰情惡也。害性者情也，是曾不察於情之發於外而爲外物之所感而遂入於善者乎？蓋君子養性之善，故情亦善；小人養性之惡，故情亦惡。故君子之所以爲君子，莫非情也，小人之所以爲小人，莫非情也，彼論之失者以其求性於君子求情於小人耳！自其所謂情者莫非喜怒哀樂好惡欲也。舜之聖也，象喜亦喜，使舜當喜而不喜，則豈足以爲舜乎？文王之聖也，王赫斯怒，當怒而不怒，則豈足以爲文王乎？舉此二者而明之，則其餘可知矣。如其廢情，則性雖善何以自明哉？誠如今論者之說，無情者善，則是若木石者尙矣！是以知性情之相須，猶弓矢之相待而用，若夫善惡則猶中與不中也。』曰：『然則性有惡乎？』曰：『孟子曰：養其大體爲大人，養其小體爲小人。楊子曰人之性善惡混，是知性可以爲惡也。』」——同上性情論。

王氏所言的主旨大約有四端：（一）「善惡者情之成名而已矣。」（二）「有情然後善惡形焉，性不可以善惡言也。」（三）「性可以爲惡也。」（四）「孔子曰性相近也，習相遠也，吾之言如此；」「楊子之言爲似矣。」在當時反對王氏主張者，以楊龜山爲有名，語錄中曾有一段批評王氏主張：

「大抵人能住得，然後可以有爲。才智之士，非有學力卻住不得。字說（按係王安石著）所謂『大同於物者離人焉』，曰楊子言『和同天人之際，使之無間，』不知是同是不同？若以爲同，未嘗離人。又所謂『性覺眞空者離人焉，』若離人而之天，正所謂頑空。通總老經中說十識，第八庵摩羅識，唐言白淨無垢第九阿賴邪識，唐言善惡種子，白淨無垢，卽孟子之言性善是也。言性善可謂探其本言善惡混乃是於善惡已萌處看，荊公蓋不知此。」孟子所言，是通總老經十識中之第八識。王安石所言，是同經十識中之第九識。孟子之說，是探其本。王氏之說，乃就其已萌處看，然並不因王氏自言安於孔子性近之說而評及孔子。又楊氏以佛經所言說明儒家學說，爲宋學中一創舉。

繼王安石之後，爲性善惡混主張者爲葉適，其言曰：

「次湯『惟皇上帝，降衷於下民，若有恆性，克綏厥猷惟后，』其言性蓋如此。」——總述講學大旨。

「書稱『惟皇上帝，降衷於下民，』卽『天命之謂性』也。然可以言降衷，而不可以言天命，蓋物與人生於天地之間，同謂之命。若降衷則人固獨之矣，降命而人獨受則物遺，若與物同受命，則物何以不能率而人能率之哉？書又稱『若有恆性，』卽『率性之謂道』也。然可以言若有恆性，而不可以言率性，蓋已受其衷矣，故能得其當然者。若人而有恆，則可以爲性，若止受於命，不可知其當然也。而以意之所謂當然者率之，則道離於性而非率也。書又稱『克綏厥猷惟后，』卽『修道之謂教』也。然可以言綏，而不可以言修，蓋民若其恆性，而君能綏之無加損焉爾！修則有所損益，而道非其眞，則教者強民以從己矣。」

「周衰，天下之風俗漸壞，齊晉以盟會相統帥，及田氏六卿吞滅，非復成周之舊，遂大壞而不收，戎夷之橫猾不是過也。當時往往以爲人性自應如此。告子謂性猶杞柳，義猶桮棬，猶是言其可以矯揉而善，尙不爲惡性者；而孟子並非之，直言人性無不善，不幸失其所養，使至於此，牧民者之罪，民非有罪也，以此接堯舜禹湯之統。雖論者或以爲有善有不善，或以爲無善無不善，或眞以爲惡；而人性之至善，未嘗不隱然見於搏噬紛奪之中，此孟子之功所以能使帝王之道幾絕復續，不以毫釐秒忽之未備爲限斷也。予嘗疑湯若有恆性，伊尹習與性成，孔子性近習遠，乃言性之正，非僅善字所能宏通。後世學者旣不親履孟子之時，莫得其所以言之要，小則無見善之效，大則無作善之功，所謂性者姑以備論習之一焉而已。」——同見水心習學記言

葉氏所言，大抵與王安石略同，取孔子性近習遠之說，孔子以前如湯如伊尹所言亦尊信之。唯於孟子性善主張，只承認其救時之功，而不以其學說爲然，因爲性不是善字所能宏通的緣故。至於後世

的性善論者，則更不是言性，只不過備論習之一端而已。永嘉學者都不喜談性命，葉氏到此爲一轉手。

寅、性無善惡派

此派亦主張不以善惡言性，但所說主旨似與告子「生之謂性」「食色性也」之意略同。主要人物爲蘇軾胡宏朱晦庵並辯斥之。茲將兩家所言，及朱子辯斥之語並錄如下，以見其全：

天、蘇軾 蘇氏易解

「朱子曰『乾之彖辭，發明性命之理，與詩（蒸民維天之命）、書（湯誥太誓）、中庸、孟子相表裏，而大傳之言，亦若符契。蘇氏不知其說，而欲以其所臆度者言之，又畏人之指其失也，故每爲不可言不可見之說，以先後之，務爲閃倏滉漾不可捕捉之形，使讀者茫然，雖欲攻之，而無所措其辯。殊不知性命之理甚明，而其爲說至簡，今將言之，而先曰不可言，既指之，而又曰不可見，足以眩夫未嘗學問之庸人矣，由學者觀之，豈不適所以爲未嘗見未嘗知之驗哉？然道衰學絕，世頗惑之，故爲之辯，以待後之君子，而其他言死生鬼神之不合者亦幷附焉。」

「『大哉乾元，萬物資始，乃統天。』此論元也。元之爲德不可見也，所可見者，萬物資始而已。天之德不可勝言也，惟是爲能統之。

朱子曰：『四德之元，猶四時之春，五常之仁，乃天地造化發育之端，萬物之所從出，故曰萬物資始，言取其始於是也。存而察之，心目之間，體段昭然，未嘗不可見也。然惟知道者乃能識之，是以蘇氏未之見耳，不知病此，顧以己之不見爲當然，而謂眞無可見之理，不亦惑之甚與！』

「『雲行雨施，品物流行，』此所以爲亨也。

「『大明終始，六位時成，時乘六龍以御天，』此所以爲利也。

朱子曰：『此言聖人體元亨之用，非言利也。』

「『乾道變化，各正性命，保合太和，』此所以爲貞也。

朱子曰：『此兼言利貞，而下句結之也。』

「『乃利貞。』並言之也。

朱子曰：『此結上乾道變化各正性命保合太和之文，與大明終始，六位時成，時乘六龍以御天不相蒙，蘇氏之說亦誤矣。』

「正，直也，方其變化，各之於情，無所不至，反而循之，各直其性，以至於命，此所以爲貞也。

朱子曰：『品物流行，莫非乾道之變化，而於其中物各正其性命，以保合其太和焉，此乾之所以爲利且貞也。此乃天地化育之源，不知更欲反之於何地，而又何性之可直，何命之可至乎？若如其說，則保合太和一句無所用矣！』

「古之君子，患性之難見也，故以可見者言性，以可見者言性，皆性之似也。

朱子曰：『古之君子，盡其心則知其性矣，未嘗患其難見也，其言性也，亦未嘗不指而言之，非但言其似而已也。且夫性者又豈有一物似之，而可取此以況彼邪？然則蘇氏所見，殆徒見其似者，而未知夫性之未嘗有所似也。』

「君子日修其善以消其不善，不善者日消，有不可得而消者焉；小人日修其不善，以消其善，善者日消，有不可得而消者焉。夫不可得而消者，堯舜不能加焉，桀紂不能逃焉，是則性之所在也。又曰：性之所在，庶幾知之而性卒不可得而言也。

朱子曰：『蘇氏此言，最近於理，前章所謂性之所似，殆謂是邪？夫謂不善日消，而有不可得而消者，則疑若謂夫本然之至善矣，謂善日消，而有不可得而消者，則疑若謂夫良心之萌櫱矣，以是爲性之所在，則似矣；而蘇氏初不知性之所自來，善之所從立，則其意似不謂是也，特假於浮屠非幻不滅得無所還者而爲是說，以幸其萬一之或中耳！是將不察乎繼善成性之所由，梏亡反覆之所害，而謂人與犬羊之性無以異也，而可乎？夫其所以重歎性之不可言，蓋未嘗見所謂性者，是以不得而言之也。』

「聖人以爲猶有性者存乎吾心，則是猶有是心也，有是心僞之始也。於是又推其至者而假之曰命，命令也，君之命曰令，天之令曰命，性之至者非命也，無以名之，而寄之命耳！

朱子曰：『蘇氏以性存於吾心則爲僞之始，是不知性之眞也。以性之至者非命而假名之，是不知命之實也。如此則是人生而無故有此大僞之本，聖人又爲之計度隱諱，僞立名字以彌縫之，此何理哉？此蓋未嘗深考夫大傳詩書中庸孟子之說，以明此章之義，而溺於釋氏未有天地已有此性之言；欲語性於天地生物之前，而患夫命者之無所寄，於是爲此說以處之，便兩不相病焉耳！使其誠知性命之說矣，而欲語之於天地生物之前，蓋亦有道，必不爲是支離淫遁之辭也。』

「死生壽夭，无非命者，未嘗去我也，而我未嘗覺知焉；聖人之於性也，至焉則亦不自覺知而已矣！此以爲命也。又曰，命之與性，非有天人之辨也，於其不自覺知，則謂之命。

朱子曰：『如蘇氏之說，則命无所容，命无所容，則聖人所謂至命者，益無地以處之，故爲是說以自迷罔，又以罔夫世之不知者而已，豈有命在我而不自覺知而可謂之聖人哉？蘇氏又引文言利貞性情之文，傅會其說，皆非經之本旨，今不復辯。』

「『首出庶物，萬國咸寧』，至於此，則无爲而物自安矣。

朱子曰：『此言聖人體利貞之德也，蘇氏說無病，然其於章句有未盡其說者。』

「『一陰一陽之謂道，繼之者善也，成之者性也，』陰陽果何物哉？雖有婁曠之聰明，未有能得其髣髴者也。陰陽交然後生物，物生然後有象，象立而陰陽隱，凡可見者皆物也，非陰陽也，然謂陰陽爲無有可乎？雖至愚知其不然也。物何自生哉？是故指生物而謂之陰陽，與不見陰陽之髣髴而謂之無有，皆惑也。

朱子曰：『陰陽盈天地之間，其消息闔闢，終始萬物，觸目之間，有形无形，无非是也。而蘇氏以爲象立而陰陽隱，凡可見者皆物也，非陰陽也，失其理矣。達陰陽之本者，固不指生物而謂之陰陽，亦不別求陰陽於物象見聞之外也。』

「聖人知道之難言也，故借陰陽以言之，曰：『一陰一陽之謂道。』一陰一陽者，陰陽未交而物未生之謂也。喻道之似莫密於此者矣！陰陽一交而生物，其始爲水火者无有之際也，始離於无而入於有矣。老子識之，故其言曰，『上善治水，』又曰，『水幾於道，』聖人之德雖可以名，而不囿於一物，若水之無常形，此善之上者，幾於道矣，而非道也。若夫水之未生，陰陽之未交，廓然無一物而不可謂之无有，此眞道之似也。

朱子曰：『一陰一陽，往來不息，舉道之全體而言，莫著於此者矣！而以爲借陰陽以喻道之似，則是道與陰陽各爲一物，借此而況彼也。陰陽之端，動靜之機而已，動極而靜，靜極而動，故陰中有陽，陽中有陰，未有獨立而孤居者，此一陰一陽所以爲道也。今日一陰一陽者，陰陽未交而物未生，廓然无一物，不可謂之无有者，道之似也，然則道果何物乎？此皆不知道之所以爲道，而欲以虛無寂滅之學揣摩而言之，故其說如此。』

「陰陽交而生物，道與物接而生善，物生而陰陽隱，善立而道不見矣。故曰『繼之者善也，成之者性也，仁者見道而謂之仁，知者見道而謂之知。』夫仁知聖人之所謂善也，善者道之繼，而指以爲道則不可，今不識其人而識其子，因之以見其人則可，以謂其人則不可，故曰『繼之者善也。』學道而自其繼者始，則道不全。

朱子曰：『繼之者善，言道之所自出無非善也，所謂元也。物得是而成之，則各正其性命矣，而所謂道者固自若也。故率性而行，則無往而非道，此所以天人無二道，幽明無二理，而一以貫之也。而曰陰陽交而生物，道與物接而生善，物生而陰陽隱，善立而道不見。善者道之繼而已，學道而自其繼者始，則道不全，何其言之謬耶？且道外無物，物外無道，今曰道與物接，則是道與物爲二，截然各居一方，至是而始相接，則不亦謬乎？」

「昔於孟子以爲性善，以爲至矣，讀易而後知其未至也。孟子之於性，蓋見其繼者而已矣！夫善性之效也，孟子未及見性而見性之效，因以所見者爲性，猶火之能熟物也，吾未見火而指天下之熟物以爲火，夫熟物則火之效也。

朱子曰：『孟子道性善，蓋探其本而言之，與易之旨未始有毫髮之異，非但言性之效而已也。蘇氏急於立說，非特不察於易，又不及詳於孟子，故其言之悖如此。』

「敢問性與道之辨？曰，難言也，可言其似，道之似則聲也，性之似則聞也，有聲而後聞耶？有聞而後聲耶？是二者果一乎果二乎？孔子曰：『人能宏道，非道宏人。』又曰：『神而明之存乎其人，』性者所以爲人者也，非是無以成道矣。

朱子曰：『子思子曰，率性之謂道，邵子曰，性者道之形體也，與大傳此章之旨相爲終始，言性與道，未有若此言之著者也。蘇氏之言，曲譬巧喻，欲言其似而不可得，豈若聖賢之言直示而無隱邪？昔孔子順謂公孫龍之辯，幾能令藏三耳矣。然謂兩耳者甚易而實是也，謂三耳者甚難而實非也，將從其易而是者乎？將從其難而非者乎？此言似之矣。』

「『仁者見之謂之仁，知者見之謂之知，百姓日用而不知，故君子之道鮮矣。』屬目於無形者，或見其意之所存，故仁者以道爲仁，意存乎仁也，知者以道爲知，意存乎知也。賢者存意而妄見，愚者日用而不知，是以君子之道成之以性者鮮矣！

朱子曰：『蘇氏不知仁知之根於性，顧以仁知爲妄見，乃釋老之說，聖人之言豈嘗有是哉？謂之不見其全則或可矣。』又曰：『君子之道成之以性者鮮矣，文義亦非。』」

（下略）

統觀蘇子與朱子之異，可列成如下一簡表：

蘇子

乾、性可知而不可得而言。

坎、性之至者不自覺知爲命。

艮、陰陽生萬物，物生而陰陽隱，即

陰陽→萬物（先後之序）

震、陰陽喻道，陰陽交生物，道與物接生善，善者道之繼，即

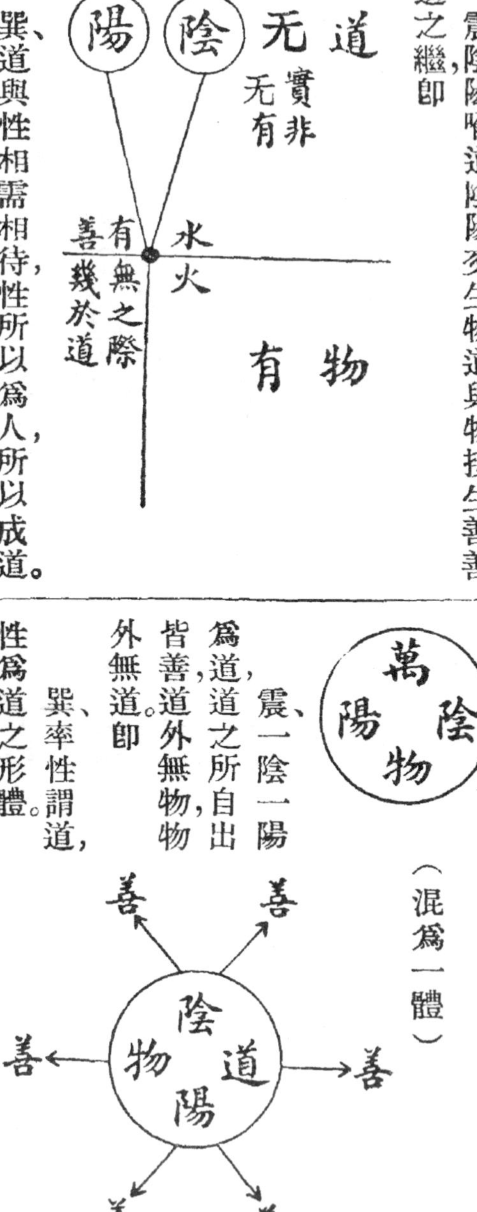

巽、道與性相需相待，性所以爲人，所以成道。

朱子

乾、性既可知又可得而言。

坎、性之至者爲命，無不自覺知。

艮、陰陽與萬物相終始。即

（混爲一體）

震、一陰一陽爲道，道之所自出皆善，道外無物，物外無道。即

巽、率性謂道，性爲道之形體。

朱子性論，詳見於後，蘇子所謂性乃指道而言，善乃道之繼，何足以言性？故謂孟子僅見性之繼，其不以孟子爲然甚顯。

地、胡宏知言疑義（按胡子著知言，朱張呂取其有疑義者，往復辯正之，因名曰知言疑義。）

「天命之謂性，性天下之大本也。堯舜禹湯文王仲尼六君子先後相詔，必曰心而不曰性何也？曰，心也者知天地宰萬物以成性者也，六君子盡心者也，故能立天下之大本，人至於今賴焉。不然，異端並作，物從其類而瓜分，孰能一之？

朱子曰：『以成性者也，此句可疑，欲作而統性情也何如？』

張南軒曰：『統字亦恐未安，欲作而主性情何如？』

朱子曰：『所改主字極有功，然凡言刪改者，亦且是私竊講貫議論以爲當如此耳，未可遽塗其本編也，何如？』

又『案孟子盡心之道，正謂私意脫落，衆理貫通，盡得此心無盡之體，而自是擴充，則可以即事即物，而無不盡其全體之用焉耳。但人雖能盡得此體，然存養不熟，而於事物之間，一有所蔽，則或有不得盡其用者，故孟子旣言盡心知性，又言存心養性，蓋欲此體常存，而卽事卽物，各用其極，無有不盡云爾。以大學之序言之，則盡心知性者，致知格物之事，存心養性者，誠意正心之事，而壽夭不貳修身以俟之者，修身以下之事也。此其次序甚明，皆學者之事也。然程子盡心知性不假存養，其唯聖人乎者，蓋唯聖人則合下盡得此體，而用處自然無所不盡，中間更不須存養擴充節次工夫。然程子之意，亦指夫始條理而爲言，非便以盡心二字就功用上說也。今觀此書之言盡心，大抵皆盡功用上說，又便以爲聖人之事，竊疑未安（朱子自注舊說未明今別改定如此）。』

呂東萊曰：『成性固可疑，然今所改定，乃兼性情而言，則與本文設問不相應。來諭以盡心爲集大成者之始條理，則非不可以爲聖人事。但胡子下者也兩字，卻似斷定爾！若言六君子由盡其心而能立天下之大本如此。』

朱子曰：『論心必兼性情，然後語意完備，若疑與所設問不相應，而者也二字亦有未安，則某欲別下語云性固天下之大本，而情亦天下之達道也，二者不能相無，而心也者知天地宰萬物而主性情者也，六君子者，惟盡其心，故能立天下之大本，行天下之達道，人至於今賴焉云云，不知更有病否？若所謂由盡其心者，則辭恐太狹，不見程子所謂不假存養之意。』

「天理人欲，同體而異用，同行而異情，進修君子宜深別焉。」

朱子曰：「某按此章，亦性無善惡之意，與好惡性也一章相類，似恐未安。蓋天理莫知其所始，其在人則生而有之矣；人欲者，梏於形，雜於氣，狃於習，亂於情，而後有者也。然既有而人莫之辨也，於是乎有同事而異行者焉，有同行而異情者焉，君子不可以不察也。然非有以立乎其本，則二者之幾，微曖萬變，夫孰能別之？今以天理人欲混爲一區，恐未允當。』

東萊曰：『天理人欲同體而異用者，卻似未失，蓋降衷秉彝，固純乎天理，及爲物所誘，人欲滋熾，天理泯滅，而實未嘗相離也，同體異用，同行異情，在人識之爾！』

朱子曰：『再詳此論，胡子之言，蓋欲人於天理中揀別得人欲，又於人欲中便見得天理，其意甚切，然不免有病者，蓋既謂之同體，則上面便着人欲二字不得，此是義理本原極精微處，不可少差。試更子細玩索，當見本體實然只一天理，更無人欲，故聖人只說克己復禮，教人實下工夫去卻人欲，便是天理，未嘗教人求識天理於人欲汩沒中也。若不能實下工夫去卻人欲，則雖就此識得未嘗離之天理，亦安所用乎？」

「好惡性也小人好惡以己君子好惡以道，察乎此，則天理人欲可知。

朱子曰：『案此章卽性無善惡之意，若果如是，則性但有好惡而無善惡之別矣。君子好惡以道，是性外有道也。察乎此則天理人欲可知，是天理人欲同時並有，無先後賓主之別也。然則天生蒸民，有物有則，民之秉彝，好是懿德者，果何謂乎？龜山楊子曰天命之謂性，人欲非性也，卻是此語直截，而湖子非之，誤矣！』

南軒曰：『好惡性也，此一語無害，但著下數句則爲病矣。今欲作好惡性也，天理之公也，君子者循其性者也，小人則以人欲亂之而失其則矣。』

朱子曰：『好惡固性之所有，然直謂之性則不可，蓋好惡物也，好善而惡惡，物之則也，有物必有則，是所謂形色天性也，今欲語性，乃舉物而遺則，恐未得爲無害也。』

「心無不在，本天道變化，爲世俗酬酢，參天地，備萬物，人之爲道，至大也，至善也，放而不知求，耳聞目見，爲己蔽，父子夫婦，爲己累，衣裘飲食，爲己欲，旣失其本矣，猶皆曰我有知，論事之是非，方人之長短，終不知其陷溺者，悲夫！故孟子曰，『學問之道無他，求其放心而已矣。』

朱子曰：『人之爲道，至善也，至大也，此說甚善，若性果無善惡，則何以能若是耶？』

南軒曰『論性而曰善不足以名之，誠爲未當，如元晦之論也。夫其精微純粹，正當以至善名之，龜山謂人欲非性也，亦是見得分明，故立言直截爾！遺書中所謂善固性也，惡亦不可不謂之性也，則如之何？譬之水澄淸者，其本然也，而或混焉，則以泥滓之雜也，方其混也，亦不可不謂之水也。夫專善而無惡者性也，而其動則爲情，情之發有正有不正焉，其正者性之常也，而其不正者物欲亂之也，於是而有惡焉，是豈性之本哉？其曰惡亦不可不謂之性者，蓋言其流如此，而性之本然者亦未嘗不在也。故善學者，化其滓以澄其物而已！』

朱子曰：『某詳此論性甚善，但明道所謂惡亦不可不謂之性者，是說氣學之性，觀上下文可見。』

『某又看此章云本天道變化，爲世俗酬酢，疑世俗字有病，猶釋子之謂父母家爲俗家也，改作日用字如何？』

『某又細看，雖改此字亦爲未安，蓋此兩句大意自有病。聖人下學而上達，盡日用酬酢之理，而天理變化行乎其中爾！若有心要本天道以應人事，則胸次先橫了一物，臨事之際，著意將來，把持作用，而天人之際，終不合矣。大抵自謝子以來，雖說以灑掃應對爲學，然實有不屑卑近之意，故纔說灑掃應對，便須急作精義入神意思，想像主張，惟恐其滯於小也。如爲朱子發說論語，乃云：聖門學者敢以天自處，皆是此箇意思，恐不免有病也。』

「或問性？曰：『性也者天地所以立也。』曰：『然則孟軻氏荀卿氏揚雄氏之以善惡言性也非與？』曰：『性也者天地鬼神之奥也，善不足以言之，況惡乎哉？』或又曰：『何謂也？』曰：『某聞之先君子曰，孟子所以獨出諸儒之表者以其知性也。某請曰，何謂也？先君子曰，孟子之道性善云者，歎美之辭，不與惡對也。』

「或問：『心有死生乎。』曰：『無生死。』曰：『然則人死其心安在？』曰：『子既知其死矣，而問安在耶？」或曰：「何謂也？」曰：「夫唯不死，是以知之，又何問焉？」或曰：「未達。」胡子笑曰：「甚哉子之蔽也！子無以形觀心，而以心觀心，則其知之矣。」

朱子曰：「性無善惡，心無死生兩章，似皆有病。性無善惡，前此論之已詳，心無死生，則幾於釋氏輪迴之說矣！天地生物，人得其秀而最靈，所謂心者乃虛靈知覺之性，猶耳目之有見聞爾！在天地則通古今而無成壞，在人物則隨形氣而有始終，知其理一而分殊，則又何必爲是心無生死之說，以駭學者之聽乎？」

南軒曰：「心無死生章，亦當删去。」

「凡天命所有而衆人有之者，聖人皆有之：人以情爲有累也，聖人不去情；人以才爲有害也，聖人不病才；人以欲爲不善也，聖人不絶欲；人以術爲傷德也，聖人不棄術；人以憂爲非達也，聖人不忘憂；人以怨爲非宏也，聖人不釋怨；然則何必别於衆人乎？聖人發而中節，而衆人不中節也。中節者爲是，不中節者爲非，挾是而行則爲正，挾非而行則爲邪，正者爲善，邪者爲惡，而世儒乃以善惡言性，邈乎遼哉！

朱子曰：『聖人發而中節故爲善，衆人發而不中節故爲惡，世儒乃以善惡言性，邈乎遼哉，此亦性無善惡之意。然不知所中之節聖人所自爲耶？將性有之耶？謂聖人所自爲，則必無是理；謂性所固有，則性之本善也明矣！』

南軒曰『所謂世儒，殆指荀揚，荀揚蓋未知孟子所謂善也。此一段，大抵意偏而辭雜，當悉刪去。』

朱子曰：『某詳此段，不可盡刪，但自聖人發而皆中節以下刪去，而以一言斷之云，亦曰天理人欲之不同爾！』

南軒曰：『所謂輕詆世儒之過而不自知其非，恐氣未和而語傷易，析理當極精微，毫釐不可放過，至於尊讓前輩之意，亦不可不存也。』

朱子曰：『某觀此論，切中淺陋之病，謹以刪去訖。』

「彪居正問：『心無窮者也，孟子何以言盡其心？』曰：『惟仁者能盡其心。』居正問：『爲仁？』曰：『欲爲仁必先識仁之體。』曰：『其體爲何？』曰：『仁之道宏大而親切，知者可以一言盡，不知者雖設千萬言亦不知也。能者可以一事舉，不能者雖指千萬事亦不能也。』曰：『萬物與我爲一可以爲仁之體乎？』曰：『子以六尺之軀，若何而能與萬物爲一？』曰：『身不能與萬物爲一，心則能矣。』曰：『人心有百病一死，天下之物，有一變萬生，子若何而能與之爲一？』居正竦然而去。他日，某問曰：『人之所以不仁者，以放其良心也，以放心求心可乎？』曰：『齊王見牛而不忍殺，此良心之苗裔，因利欲之間而見者也。一有見焉，操而存之，存而養之，養而充之，以至於大，大而不已，與天同矣。此心在人，其發見之端不同，要在識之而已。』

朱子曰：『某案欲爲仁必先識心本體，此語大可疑。觀孔子答門人問爲仁者多矣，不過以求仁之方告之，使之從事於此而自得焉爾！初不必使先識仁體也。又以放心求心之問甚切，而所答者反若支離，夫心操存舍亡，閒不容息，知其放而求之，則心在是矣。今於已放之心，不可操而復存者置不復問，乃俟異時見其發於他處，以後操而存之，則夫未見之間，此心遂成間斷，無復有用功處，及其見而操之，則所操者亦發用之一端耳，於其本源全體，未嘗有一日涵養之功，便欲擴而充之，與天同大，愚竊恐無是理也。』

南軒曰：『必待識仁之體，而後可以爲仁，不知如何而可以識也？學者致爲仁之功，則仁之體可得而見，識其體矣，則其爲益有所施而無窮矣，然則答爲仁之問，宜莫若敬而已矣！』

東萊曰：『仁體誠不可遽語，至於答放心求心之問，卻自是一說。蓋所謂心操存舍亡，間不容息，知自放而求之，則心在是者，平時持養之功也；所謂良心之苗裔，因利欲而見，一有見焉，操而存之者，隨時體察之功也；二者要不可偏廢。苟以此章欠說涵養一段，未見之間，此心遂成間斷，無復用功處，是矣；若曰於已放之心，置不復問，乃俟其發見於他處而後操而存之，語卻似太過。蓋見牛而不忍殺，乃此心之發見，非發見於地處也。又謂所操者亦發用之一端，胡子固曰，此良心之苗裔，固欲人因苗裔而識根本，非徒認此發用之一端而已。』

朱子曰：『二者誠不可偏廢，然聖門之教，詳於持養而略於體察，與此章之意正相反，學者審之，則其得失可見矣。孟子指齊王愛牛之心，乃是因其所萌而導之，非以必如此，然後可以求仁也。夫必欲因苗裔而識根本，孰若培其根本而聽枝葉之自若耶？』

「天地，聖人之父母；聖人，天地之子也。有父母則有子矣，有子則有父母矣。此萬物之所以著見，道之所以名也。非聖人能名也，有是道則有是名也。聖人指明其體曰性，指明其用曰心，性不能不動，動則心矣。聖人傳心，教天下以仁也。」

朱子曰：『心性體用之云，恐自上蔡謝子失之。此云性不能不動，動則心矣，語尤未安。凡此心字，皆欲作情字如何？』

南軒曰：『心性分體用，誠爲有病，此若改作性不能不動，動則情矣一語，亦未安，不若伊川云：自性之有形者謂之心，自性之有動者謂之情，語意精密也。此一段似亦不必存。』

朱子曰：『此段誠不必存，然性不能不動，此語卻安，但下句卻有未當爾！今欲存此以下，而頗改其語云：性不能不動，動則情矣，心主性情，故聖人教人以仁，所以傳是心而妙性情之德。又案伊川有數語，說心字皆分明，此一段卻難曉，不知有形二字合如何說？』」

右爲知言疑義，此外胡子知言中尚有言性之語，節錄如下：

「氣之流行，性爲之主；性之流行，心爲之主。」

「有而不能無者，性之謂歟！宰物不死者，心之謂歟！感而無自者，誠之謂歟！往而不窮者，鬼之謂歟！來而不測者，神之謂歟！」

「萬物皆性所有也，聖人盡性，故無棄物。」

「性定則心宰，心宰則物隨。」

又胡子平居言性之語，有見於張南軒胡子知言序文中者：

「誠成天下之性，性立天下之情，情效天下之動，心妙性情之德，誠者命之道乎！中者性之道乎！仁者心之道乎！惟仁者爲能盡性至命。」

又胡子答曾吉甫之語有云：

「心性二字，乃道義淵源，當明辯不失毫釐，然後有所持循。未發只可言性，已發乃可言心，故伊川云：『中者所以狀性之體段，而不可言狀心之體段。』心之體段難言無思也，無爲也，寂然不動，感而遂通天下之故是也。未發之時，聖人與衆同一性；已發則無思無爲，寂然不動，感而遂通天下之故，聖人所獨。若楊尹二先生以未發爲寂然不動，是聖人感物亦動，與衆何異？至尹先生又以未發爲眞心，然則聖人立天下之大業，成絕俗之至行，舉非眞心耶？故某嘗謂喜怒哀樂未發，沖漠無眹，同此大本，雖聖與庸無以異。而無思無爲，寂然不動，乃是指易而言，易則發矣，故無思無爲，寂然不動，聖人之所獨。喜怒哀樂未發句下，還下得感而遂通一句否？若下不得，則知立意自不同，伊川指性指心，蓋有深意。」

魏了翁曰『胡五峯此等語眞是廣大而精微，某亦謂人生而靜天之性也，此語好；纔云感於物而動，性之欲也，此語差。蓋漢儒之論多然。——鶴山師友雅言。

按此魏氏亦胡氏之一派也。

又胡氏與其兄原仲書有云：

「河南先生之言曰：『道外無物，物外無道，晨昏之奉，室家之好，嗣續之託，此釋氏所謂幻妄粗迹不足爲者。曾不知此心本於天性，不可磨滅，好道精義，具在於是，聖人寂然不動感而遂通，百姓則日用而不知爾！釋氏不知窮理盡性，乃以天地人生爲幻化，此心本於天性，不可磨滅者，則以爲妄想粗迹，絕而不爲，別談精妙者，謂之道，未知其所指之心，何以爲心？所見之性，何以爲性？

兄得毋未之思乎？萬物皆備於我，反身而誠，仁爲體要，義爲權衡，萬物各得其所，而功與天地參，此道所以爲至也。釋氏狹隘褊小，無所措其身，必以出家出世爲事，絕滅天倫，屏棄人理，然後以爲道，非邪說暴行之大者乎？」

「……五典天所命也，五常天所性也……」

朱子於知言除於所疑之下逐條疏釋外，又嘗作一總評：

「知言中議論多病，近疏所疑與敬夫伯恭議論，如心以成性，相爲體用，性無善惡，心無生死，天理人欲同體異用，先識仁體，然後敬有所施，先志於大，然後從事於小，此類極多。又其辭意多急迫，少寬裕，良由務以智力探取，全無涵養之功，所以至此。然其思索精到處，何可及也？」

胡氏與朱子之不同，觀朱子此數語可知，而胡氏整個之主張，亦於此得其大概。原來胡氏主張，其解釋性也則曰：

「性也者，天地所以立也。」

「性也者，天地鬼神之奥也。」

「天理人欲同體而異用，同行而異情。」

「好惡性也。」

「喜怒哀樂未發，沖漠無朕，同此大本，雖聖與庸無以異。」

其言性與心之區別也則曰：

「心也者，知天地宰萬物以成性者也。」

「聖人指明其體曰性，指明其用曰心。」

「未發只可言性，已發乃可言心。」

「氣之流行性爲之主；性之流行心爲之主。」

「有而不能無者性之謂與宰物不死者心之謂與！」

其言性與善惡之關係也則曰：

「未發只可言性」——第一義爲性。

「已發乃可言心」——第二義爲心。

「聖人發而中節而衆人不中節也。」——第三義爲節。

「中節者爲是，不中節者爲非。」——第四義爲是非。

「挾是而行者則爲正，挾非而行者則爲邪。」——第五義爲邪正。

「正者爲善，邪者爲惡。」——第六義爲善惡。

善惡乃行爲以後事與性相距若是之遠則以善惡言性者其不當可知。故斷言之曰：

「而世儒乃以善惡言性，邈乎遼哉！」

「善不足以言之，況惡乎哉？」

蘇子謂善爲性之繼，性之效，胡氏謂善與性相距遠，善不足以言性，都是性無善惡的意思。善惡混論者是說性乃善惡混爲一體，不能肯定爲善與惡的任一面。此派論者則說性壓根兒就無善惡，善惡乃性以後的事，與性不相涉。所以不主張以善惡言性，雖同，而所以主張者則立場各別。

卯、結語

前三節所言性三品論，性善惡混論，性無善無不善論三派，大致無遺。然此三派雖不曾奉孟子的性善論，然對於孔子則一致崇信，故同謂之宗孔子不兼宗孟子派。又楊萬里有云：

「性無善無不善，此釋氏之論；性可以爲善可以爲不善，此揚雄氏之論；有性善有性不善，此韓愈氏之論。孟子之時已有三家者流之說。」

誠然孟子之時已有此三派，考孟子告子篇公都子有言：

「告子曰：『性無善無不善；』

按此朱子於集注中已言蘇胡之學說近之。

「或曰：『性可以爲善可以爲不善，是故文武興則民好善，幽厲興則民好暴；』

按此卽揚雄善惡混說所本，宋代王葉二家蓋如此。

「或曰：『有性善有性不善，是故以堯爲君而有象，以瞽瞍爲父而有舜，以紂爲兄之子且以爲君，而有微子啓王子比干；』」

按此卽韓愈性三品論所本，宋儒繼之者爲司馬光。

宋儒並取孟子當時各家學說而分別所好，各成支派，在某一方面說，只不過是墨守先入成說而已。

宋儒論性的精彩固然不在前甲派，也不在此乙派。只是語焉加詳，探討較深而已。

丙、調和論

調和之名稱，前此所無，而此派學者亦未嘗以調和自居，因爲我分析宋學的性論內容之結果，乃爲定出此名，以便與前甲乙各派相區別。

儒家的性論，可謂爲五光十色，但各有缺點，對於善惡這一問題，總未獲得妥善的解決。因爲善惡之有，爲人生一顯著事實，天下無無源之水，謂性爲善，則惡何自而來？謂性爲惡，則善緣何而有？謂性無善惡，則善惡生於何所？謂性善惡混，則何故而分善分惡？唯心論者至此亦爲之極費周章。有一班宋儒，經數多之研撣，得一無所不賅，衆說皆安之理論，以之解決善惡問題，頗爲得心應手，表面雖無調和之名，實際則頗有調和精神，此我所以名之爲調和派的用意。

調和論者所創獲的理論是什麼？就是所謂「理氣二元論。」這是有關儒學「本體論」的變遷，不能不加以詳細的說明。

所謂理氣二元論，是與理氣一元論相對的。有一派學者，謂本體爲理與氣所合成，譬如人，理的一部謂之性，氣之一部謂之質，在人生中，有些作用是理的，有些作用是氣的，原於理的都是善，原於氣的有善有不善，善惡之分，以其源頭本有理與氣的區別，這是理氣二元論的要旨。又有一派學者謂理與氣本是一個，所謂理者乃氣之理，氣之如此如彼即是理，理與氣不是二物，離開氣無所謂理，本體原來就是至善，無所謂惡，若謂氣爲惡之源，則氣在宇宙間何緣而得惡？所謂惡乃是後起的。（至惡論者，善惡混論者，有善有不善論者，及三品論者，各據其觀點以論本體，然立場則同。）這是理氣一元論。儒家的本體論只此二途。

理氣一元論，是儒家自孔子以來所持的本體論，至宋儒乃創立理氣二元之說。這是宋學與以前的儒學不同之所。

宋以前的儒者持理氣一元論的實情究爲若何？姑先觀易繫辭之言：

「天尊地卑，乾坤定矣；卑高以陳，貴賤位矣；動靜有常，剛柔斷矣；方以類聚，物以羣分，吉凶生矣；在天成象，在地成形，變化見矣。是故剛柔相摩，八卦相盪，鼓之以雷霆，潤之以風雨，日月運行，一寒一暑，乾道成男，坤道成女，乾知大始，坤作成物，乾以易知，坤以簡能，易則易知，簡則易從，易知則有親，易從則有功，有親則可久，有功則可大，可久則賢人之德，可大則賢人之業，易簡而天下之理得矣，天下之理得而成位乎其中矣。」

「是故易有太極，是生兩儀，兩儀生四象，四象生八卦，八卦定吉凶，吉凶生大業。」

「一陰一陽之謂道。」

這所用的辯證方法有二，一是由萬殊之現象，說到一本之理，一是由一本之理（太極卽理，）說到萬殊之現象，前者謂之歸納，後者謂之演繹，而陰陽爲道一語最好，最簡單扼要。原來宇宙只是各種現象，這各種現象之所以爲現象就是理，理就是現象之理，窺破現象之理，就是學問的要着。宇宙間的理只是一個，由現象各別言之，固爲萬殊，由萬殊探其所以萬殊，則爲一本，得其一本，則萬殊皆得，這是理氣一元論的主張。

其次，子思中庸，反復推說天道人道，是儒家前所無有的一部書，然細按其全文，其始其終，都歸於理，程子說：

「不偏之謂中，不易之謂庸，中者天下之正道，庸者天下之定理，此篇乃孔門傳授心法，子思恐其久而差也，故筆之於書以授孟子。其書始言一理，中散爲萬事，末復合爲一理，放之則彌六合，卷之則退藏於密，其味無窮，皆實學也。善學者玩索而有得焉，則終身用之有不能盡者矣！」

——中庸章句篇首。

子思中庸卽由一本說萬殊，後由萬殊說一本，也是主張現象就是理，理就是現象，全篇言理較多於言氣，然言理就是言氣，還是理氣一元論。

孟子爲子思的弟子，子思的主張既如上，則孟子之主張可以想見。再就孟子一書考之，其言論亦未悖乎中庸之旨，其第六卷有一章：

「富歲子弟多賴，凶歲子弟多暴，非天之降才爾殊也，其所以陷溺其心者然也。今夫麰麥，播種而耰之，其地同，樹之時又同，浡然而生，至於日至之時皆熟矣，雖有不同，則地有肥磽雨露之養，人事之不齊也。故凡同類者舉相似也，何獨至於人而疑之？聖人與我同類者。……故曰，口之於味也有同耆焉，耳之於聲也有同聽焉，目之於色也有同美焉，至於心獨無所同然乎？心之所同然者何也？謂理也義也。聖人先得我心之同然耳！故理義之悅我心，猶芻豢之悅我口。」

孟子以前的諸學者只言理，至孟子乃雙言義理，程子說：「在物爲理，處物爲義。體用之謂也。」是則雙言義理，不過兼明體用，其宗旨與單言一理字並無不同。孟子往往喜作如是語，如前人只言仁，孟子則言仁義；前人只言志，孟子則言志氣；讀其書者此亦爲不可不知之問題。理義爲人心所同然，有不然者乃爲外物所累。又按楊龜山孟子集注序說有言：

「孟子一書，只要正人心，教人存心養性，收其放心。至論仁義禮智，則以惻隱羞惡辭讓是非之心爲之端；論邪說之害，則曰生於其心，害於其政；論事君則曰格君心之非，一君正而國定：千變萬化，只說從心上來，人能正心，則事無足爲者矣。大學之修身齊家治國平天下，其本亦只是正心誠意而已，心得其正，然後知性之善，故孟子遇人便道性善。歐陽永叔卻言聖人之教人，性非所先，可謂誤矣。」

千變萬化，只說從心上來，心所同然者理也義也，是則孟之之爲一元論者無疑矣！孟子雖亦嘗言養氣，然孟子所謂養氣之氣，當與志字合看，不是以氣與理並說。不善之來，只是後天的，先天的本體，則聖人與凡人一樣，都是善的。雖以心與口耳並列，然並未言心爲理氣所合成，又心之同然爲理義，心原來也是善的了，並無以氣爲不善之源之意。

儒學一至宋代，此流不能劃一了，有依舊主張理氣一元論者，有從新主張理氣二元論者，而後者之聲勢尤大，茲分言宋學二派之情形如下：

宋代的儒者繼續爲理氣一元論者，我以爲只江西陸學一派，陸象山有言：

「東海有聖人出焉，此心同也，此理同也；西海有聖人出焉，此心同也，此理同也；南海北海有聖人出焉，此心同也，此理同也；千百世之上，有聖人出焉，此心同也，此理同也；千百世之下有聖人出焉，此心同也，此理同也。」

「此理在宇宙間，何嘗有所凝？是你自沈埋，自蒙蔽，陰陰地在個陷穽中，更不知所謂高遠底。要決裂破陷穽，窺測破羅網。」

「論語中多有無頭柄底說話，如『知及之仁不能守之』之類，不知所及守者何事？如『學而時習之，』不知時習者何事？非學有本領，未易讀也。苟學有本領，則知之所及者及此也，仁之所守者守此也，時習者習此也。說者說此，樂者樂此，如高屋之上建瓴水矣。學苟知本，六經皆我註脚。道偏滿天下，無些小空闕，四端萬善，皆天之所予，不勞人妝點。但是人自有病，與他相隔了。人爲學甚難，天覆地載，春生夏長，秋斂冬肅，俱此理，人居其間無靈識，此理如何解得？」

「此理塞宇宙，所謂道外無事，事外無道。舍此而別有商量，別有趨向，別有規模，別有形迹，別有行業，別有事功，則與道不相干，則是異端，則是利欲，謂之陷溺，謂之舊窠，說只是邪說，見只是邪見。」

「宇宙不曾限隔人，人自限隔宇宙。」

「萬物森然於方寸之間，滿心而發，充塞宇宙，無非此理。」——以上同見語錄。

宇宙間只承認有個理，理爲一切根原，理可範圍一切，此外別有主張，都是異端，此理塞宇宙一段，說得何等堅強！因爲他只承認一個理，由此而生出的主張便有以下種種：

子、精神　宋儒言學而提出精神二字，不止此一家，但以收斂精神爲主，則恐惟有此派而已！其言曰：

「心不可泊一事，只自立心。人心本來無事，胡亂被事物牽去。如是有精神，即時便出便好；

若一向去，便壞了。」

「人精神在外，至死也勞攘，須收拾作主宰。收得精神在內，當惻隱卽惻隱，當羞惡卽羞惡，誰欺得你？誰瞞得你？見得端的後，常涵養，是甚次第？」

「有一段血氣，便有一段精神，有此精神，卻不能用，反以害之，非是精神能害之，但以此精神居廣居，立正位，行大道。」

「但吾友近來精神都死，卻無向來亹亹之意，不是懈怠，便是被異說壞了。……」

「精神不運則愚，血脈不運則病。」——以上象山語錄。

「心之精神是謂聖，百姓日用而不知，鄒氏二子其殆知之乎！」——楊簡語，見慈湖學案鄒夢遇本傳。

「心之精神是謂聖，人皆有是心，心未嘗不聖，何必更求歸宿？求歸宿，乃起意，反害道。」——同見趙與𥴳本傳。

「古者大有爲之君，以所根源治道者，一言以蔽之『此心之精神而已。』」——袁燮告寧宗語，見廣平定川學案黄宗羲按語。

「成物之道，咸在吾己，我念無虧，精神必契。」——見廣平類稿舒璘答葉養源語。

「家庭鄰里蕩子弟耳目者不少，所藉以侵灌者，特指授間示之言行規矩，俾觀感於精神之妙。」——舒璘答葉德源語，見廣平類稿。

「學者無以精神凋喪於陋巷偏僻之習。」——沈煥語，見定川言行編。按沈爲陸復齋弟子。

「吾儒之學在植根本，無妄敝其精神。」——沈煥語，見袁絜齋編言行。

右皆陸門言「精神」之語。前此如謝上蔡雖亦嘗言「我之精神，卽祖考之精神。」又於論語序解中提出「精神」二字；同時朱子亦云「收斂得精神在此方看道理盡」然並未以收斂精神卽爲學問，甚至謂心之精神爲聖也。

丑、本心　象山門人周淸叟祭象山文有云：「繼孟子之絕學，舍先生其誰能？」象山語錄亦云：「孔門惟顏曾傳道，他未有聞，蓋顏曾從裏面出來，他人外面入去。今所傳者乃子夏子張之徒外入之學，曾子所傳，至孟子不復傳矣。」言下之意，亦自以爲上繼孟子之傳。孟子一書如前楊氏所評「千變萬化只說從心上來」，則孟子之學以心爲重要可知。陸氏既以上繼孟子之絕學爲職志，則其學自亦必以心爲重要，前引象山之言「此心同也，此理同也」，楊簡之言「心之精神謂之聖」，袁燮之言「此心之精神而已」，已見一斑。然陸學一派不但言心，而且言本心，不但言求放心，而且言明本心，而且言古聖經傳所主張之心均爲本心，心字上又加一本字，其言則如下：

「四明楊敬仲時主富陽簿，攝事臨安府中，始承教於先生，及反富陽，先生過之，問如何是本心？先生曰：『惻隱仁之端也，羞惡義之端也，辭讓禮之端也，是非智之端也，此卽是本心也。』對曰：『簡兒時已曉得，畢竟如何是本心？』凡數問，先生終不易其說，敬仲亦未省。偶有鬻扇者訟至於庭，敬仲斷其曲直訖，又問如初，先生曰：『聞適來斷扇訟，是者知其爲是，非者知其爲非，此卽敬仲本心。』敬仲大覺，忽省此心之無始末，忽省此心之無所不通。先生嘗語人曰：『敬仲可謂一日千里！』

「朱呂二公話及九卦之序，先生因亹亹言之，大略謂復是本心復處，如何列在第三卦，而先之以謙履？蓋履之爲卦，上天下澤，人生斯世，須先辨得俯仰乎天地，而有此一身，以達其所履，其所履有得有失，又繫於謙與不謙之分，謙則精神渾收聚於內，不謙則精神渾流散於外，惟能辨得吾一身所以在天地間舉措動作之由，而收藏其精神，使之在內而不在外，則此心可得而復矣！次之以常固，又次之以損益，又次之以困，蓋本心既復，謹始克終，曾不少廢，以得其常，而至於堅固，私欲日以消磨，天理日以澄瑩，而爲益，雖涉危蹈險，所遭多至困，而此心卓然不動，然後於道有得，左右逢其原，如鑿井取泉，處處皆足，蓋至於此，則順理而行，無纖毫透漏，如巽風之散，無往不入，雖密房奧室，有一縫一罅，卽能入之矣！二公大服。」——同見象山語錄。

「陸子嘗問學者曰：『有自信處否？』對曰：『只是信幾個子曰。』陸子徐語之曰：『漢儒幾箇杜撰子曰，足下信得過否？』學者不能對。問曰：『先生所信者若何？』曰：『九淵只是信此心。』」——見槐堂諸儒學案危稹本傳。以上陸九淵。

「吾之本心，澄然不動，密無罅隙處，人自己尙不識，更向何處施爲？」——以上楊庭顯，見慈湖先訓。

「……是心本一也，无二也，无嘗斷而復續也，无嚮也不如是而今如是也，无嚮也如是而今不如是也。晝夜一也，古今一也，少壯不強而衰老不弱也。可強可弱者血氣也，无強无弱者心也，有斷有續者思慮也，无斷无續者心也。能明此心，則思慮有斷續，而吾心無斷續，血氣有強弱，而吾心無強弱，有思无思而吾心无二。不能明此心，則以思慮爲心，雖欲无斷續不可得矣，以血氣爲己，雖欲无強弱不可得矣，雖欲造次於是顚沛於是无須臾不於是，勉強從事，不須臾而罷矣，況於造次乎！況於顚沛乎！……」

「循吾本心以往，則能飛能潛能疑能惕能用天下之九，亦能用天下之六，能盡通天下之故，仕止久速，一合其宜，周旋曲折，各當其可。……」——同見慈湖己易

「人心自明，人心自靈，意起我立，必固礙塞，始喪其明，始失其靈。……此心之靈明踰日月，其照臨有甚於日月之照臨，日月能照容光之地，不能照蔀屋之下，此心之神，无所不通，此

心之明，无所不照，昭昭如鑑，不假致察，美惡自明，洪纖自辨，故孔子曰，不逆詐，不億不信，抑亦先覺，夫不逆不億而自覺者，光明之所照也，无以逆億爲也，嗚呼孔子亦可謂善於發明道心之妙矣，亦大明白矣，而能領吾孔子之旨者有幾？……」——絕四記。

「元吉三更非鼓聲，慈湖一夜聽鵝鳴，是同是異難聲說，何慮何思自混成，爐炭幾番來暖熱，天牕一點吐圓明，起來又覩無窮景，水檻澄光萬里清。」——見慈湖學案葉祐之本傳。

「心之精神是謂聖，孟子仁人心也，人心卽道，故舜曰道心，日用平常之心卽道，故聖人曰中庸，庸常也，於平常而起意始差始放逸。」——見慈湖學案張渭本傳以上楊簡。

按楊簡又因本心之說，而生不起意主張，絕四記言之甚詳，告張渭「於平常而起意始差始放逸」之語，亦其證也。

「人生天地間，所以超然獨貴於物者，以是心爾！心者人之大本也，此心存則雖賤而可貴；不存，則雖貴而可賤。」

「大哉心乎！與天地一本，精思以得之，兢業以守之，則與天地相似。」

「直者天得人所以生也。本心之良，未嘗不直，回曲繚繞，不勝其多端者，非本然也。」

「大雅曰：『上帝臨汝，無貳爾心，』維此大本，不必他求，卓然不貳，萬善咸具，古人所以兢兢業業不敢少懈者懼其貳也。」

「心本不偏，制行而原於心，斯不偏矣。」

「道不遠人，本心卽道。……」

「人心至神，翳之以欲則不神矣。」

「此心此理，貫通融會，美在其中，不勞外索。」——以上見絜齋粹言。以上袁燮。

「簿書鞅掌，幸不致以勞勩喪其本心，蒙雜而著，聖言豈欺我哉？」——見廣川定川學案舒璘本傳。

「本原既明，是處流出，以是裕身則寡過，以是讀書則蓄德，以是齊家則和，以是處事則當。」——舒璘答袁恭安。

「郡庠規模只如家塾，日導其良心，俾與聖賢不異，就日用間知簡易明白處，與之講究，勉爲孜孜，不敢責效。」——舒璘答袁恭安。

「平時以聖賢經書前輩議論粧裹作人，自己良心先不明白，一旦處外境，不動難矣哉！」——舒璘答劉淳之。

「書曰『德惟純一，動罔不吉』，純一是心，乃克主善，善爲吾主，動靜皆應，雖酬酢萬事，罔有他適，則向之所謂雜者，自無所容立矣，不然雖外境若相宜，而失已殊甚，欲其日新難矣！」——舒璘答趙公夫。以上廣平類稿。

「人之良心，本自明白，特患無所感發，一朝省悟，邪念釋殊，志慮所關，莫非至善。」——舒璘與樓大防。

「良心之粹，昭如日月，無怠惰鹵莽之念，則聖賢可策而到。」——舒璘與汪清卿。

「……蓋天之與我者，其良心之粹，無好樂，無貪羨，擴然大公，惟理之順，聖賢先獲我心之同然，故窮達用舍，安於理義之常。」——舒璘謝傅漕薦舉劄子。以上舒璘。

右皆陸門主張本心之言論。若細按之，諸家主張雖大體相同，然權衡輕重，則不無些微之別，全祖望氏有言曰：

「文元（按指楊簡）之學，先儒論之多矣，或疑其發明本心陸氏但以爲入門，而文元遂以爲究竟，故文元爲陸氏功臣，而失其傳者亦有之。」——碧沚楊文元公書院記。

「四先生之長庚曉日最光顯於暮年者文元與正獻（指袁燮）也。而文元之教不如正獻之密，蓋槐堂（陸九淵）論學之宗旨以發明本心爲入門，而非其全力。正獻之言有曰：『學貴自得心明則本立，』是其入門也。又曰『精思以得之，兢業以守之，』是其全力也。槐堂弟子多守前說，以爲究竟，是其稍有所見，卽以爲道在是，而一往蹈空，流於狂禪，以文元之齊明盛服，非禮不動，豈謂於操持之功有闕？而其教多以明心爲言，蓋有見於當時學者陷溺功利，沈錮詞章，積重難返之勢，必以提醒爲要，故其說偏重而不自知其疏，豈意諸弟子輩不善用之，反謂其師嘗大悟幾十，小悟幾十，泛濫洋溢，眞如異端，而並文元之學而誣之，可爲浩歎者也！使其如正獻之教，寧有是乎！」——城南書院記。

全氏所爲楊氏開脫之言不足取，彼蓋重鄉誼而又不甚了了於此學也。「聖人之教正名而已」，王安石猶知之，而謂楊文元不知之乎？因時而發一二言可耳，豈有學之根本建築於一時刺激之上而無一定其理之基礎？然而楊簡與陸九淵及陸門其他門人對於「本心」之見解程度種種差異，種種流弊則賅括而不可拔極可取證。於此有須注意者，卽前言精神與本心並非二物，所謂精神乃心之精神，楊簡言「心之精神是謂聖，」袁燮言「此心之精神而已。」朱熹之門詆之爲告子「生之謂性，」詆之爲佛氏「作用是性，」又詆之爲「混理氣爲一，」胥由於此，前二者陸門不接受，後一者則固陸學之根本，詆之適以揚之。

又按本心二字雖出於孟子，然不若陸門講究之詳。

寅、太極　陸氏主張太極，朱子贊成周敦頤「無極而太極」之說，兩家爲此爭辯最烈，爲古今一大公案，後之學者左袒爲朱右袒爲陸，都不知陸氏所以主張太極，朱子所以贊成無極而太極之說之故，吠影吠聲，出奴入主，甚爲無謂。我以爲陸氏所以主張太極者，理氣一元論也。朱子所以贊成無極而太極者，理氣二元論也，其詳見後。

卯、明悟　這是方法論。陸學的方法論可以二語盡之，卽袁正獻「精思以得之，兢業以守之」之言是也。再概括言之，「明悟」二字而已。

「窮究磨煉，一朝自省。」

「莫厭辛苦，此學脈也。」

「大綱提掇來，細細理會去，如魚龍游於江海之中，沛然無礙。」

「先生舉公都子問鈞是人也一章云：『人有五官，官有其職。』某因思是便收此心，然惟有照物而已。他日侍坐先生，無所問，先生謂曰：『學者能常閉目亦佳。』某因此无事，則安坐瞑目，用力操存，夜以繼日，如此者半月，一日下樓，忽覺此心已復澄瑩中立，竊異之，遂見先生，先生目逆而視之，曰：『此理已顯也。』某問先生何以知之？曰：『占之眸子而已。』因謂某『道果在邇乎？』某曰：『然，昔者嘗以南軒張先生所類洙泗言仁書考之，終不知仁，今始解矣。』先生曰：『是卽知也，勇也。』某因言而通，對曰：『不惟知勇，萬善皆是物也。』先生曰：『然，更當爲說存養一節。』」

「臨川一學者初見問曰：『每日如何觀書？』學者曰：『守規矩。』歡然問曰：『如何守規矩？』學者曰：『伊川易傳，胡氏春秋，上蔡論語，范氏唐鑑。』忽呵之曰：『陋說，』良久，復問曰：『何者爲規？』又頃，問曰：『何者爲矩？』學者但唯唯。次日復來，方對學者誦『乾知大始，坤作成物，乾以易知，坤以簡能』一章，畢，乃言曰：『乾文言云大哉乾元，坤文言云至哉坤元，聖人贊易，卻只是簡易字。』道了，偏目學者，曰：『又卻不是道難知也。』又曰：『道在邇而求諸遠，事在易而求諸難。』顧學者曰：『這方喚作規矩，公昨日道甚規矩？』」「復齋家兄一日見問云：『吾弟今在何處做工夫？』某答云：『在人情事勢物理上做些工夫，』復齋應而已。若知物價之低昂，與夫辨物之美惡眞僞，則吾不可不謂之能，然吾之所謂做工夫，非此之謂也。」——以上見象山語錄。

按朱子答張南軒有云：「子壽兄弟氣象甚好，其病卻在盡廢講學，而專務踐履，於踐履中要人提撕省察，悟得本心，此爲病之大旨。要其操持謹質，表裏不二，實有以過人者，惜乎自信太過，規模窄狹，不得取人之善，將流於異學而不自知耳！」亦言陸氏爲學方法。

「楊簡除箸作郎，遷將作少監，面奏『陛下自信此心卽大道乎？』寧宗曰：『然。』問：『日用如何？』寧宗曰『止學定耳。』先生謂『定無用學，但不起意，自然靜定，是非賢否自明。』他日又言：『陛下意念不起，已覺如太虛乎？』寧宗曰『是如此。』問：『賢否是非歷歷明照否？』寧宗曰：『朕已照破。』先生頓首爲天下賀。」——見慈湖學案本傳。

按楊氏之意，乃謂「不起意」爲因，「靜定」爲果，是「不起意」三字卽楊氏之方法。

黃宗羲學案案語有云：「象山說『顏子克己之學，非如常人克去一切忿慾利害之私』，蓋欲於意念所起處將來克去，故慈湖以不起意爲宗，是師門的傳也。」又陳北溪淳答陳師復書有云：「浙間年來象山之學甚旺，由其門人有楊袁貴顯據要津唱之，不讀書，不窮理，專做打坐工夫，求形體之運動知覺者以爲妙訣，又假託聖人之言，牽就釋意以文蓋之，慈湖纔見伊川語便怒形於色，朋徒私相尊號爲祖師，以爲眞有得於千載不傳之正統。」二家所言亦陸楊之方法論。

「持敬之說，某素所不取，我心不安，強自體認，強自束縛，如篾箍桶，如藤束薪，一旦斷決，散漫不可收拾，理所宜然。夫子教人，何嘗如是？入孝出弟，言忠信，行篤敬，出門如見賓，使民如承祭，此等在孩提便可致力，從事無斁，則此心不放，此理自明。」——舒璘答葉養源語，見廣平類稿。

「朱桴金溪人，年長於象山而師事之，嘗言象山所以誨人者深切著明，大概是令人求放心，不復以語言文字爲意。其有意作文者，令收拾精神，涵養德性，根本既正，不患不能作文矣。」——見槐堂諸儒學案朱桴本傳。

「朱泰卿金溪人，師事象山，嘗從鵝湖之會，謂朱子欲人先博覽而後返之守約，象山欲先發明其本心而後使之博覽，以此不合。然發明之說未可誣也。」——同上朱泰卿本傳。

「楊簡嘗遺傳道夫書云：『濂溪，明道，康節所覺未全，伊川未覺，道夫昆仲皆覺。』」——同上，傳道夫本傳附錄。

綜上可見陸門爲學有幾種辦法：

天、靜坐求放心。

地、大綱提掇來，細細理會去。

玄、守簡易規矩。

黃、悟覺。

宇、不起意。

宙、存養。

不贊成前人幾種方法：

天、敬。

地、重讀書而忽略行爲。

玄、先博而後約。

合兩面觀之，豈非「精思以得之，兢業以守之？」又豈非「明悟」二字可以該括？其所以如此者，因彼等只以心之精神爲聖，只知太極以上不可再加，質言之，卽只知宇宙間氣理爲一，萬物皆同此理，得理卽得物，理何由得？舍明悟不可。儒學所以與佛學不同者，宋儒均謂在一理字，佛學以物爲幻，自以理爲空，儒學認有此物故亦實認有此理，宇宙間一切爲心之現象，爲儒佛二家所同主張，佛學空之，儒學實之，宇宙之物爲心之物，心卽是理，所以明悟得本心則萬物舉皆得之，所以說：「反身而誠，萬物皆備於我，」所以說：「格物者格此者也，」所以人與天地並，所以人爲萬物靈，所以宇宙間應以人爲主，學問應以人爲唯一對象。濂溪明道康節伊川於此均不了然，故謂之覺不全，謂之未覺。

以上爲宋儒謹守理氣一元論者之概述，不過其言多只言理，而不提及氣，與孟子以前又微生不同。以下申言宋儒之理氣二元論。

宋儒理氣二元論之端，似開於周敦頤之太極圖說。

「無極之眞，二五之精，妙合而凝。」

明儒羅整庵先生亦曾疑之，其困知記有言：

「凡物必兩而後可以言合，太極與陰陽果二物乎？其爲物也果二，則方其未合之先各安在邪？

朱子終身認理氣爲二物，其原蓋出於此。」

又困知記另有一段論及宋儒理氣二元之說：

「自夫子贊易始以窮理爲言理果何物也哉？蓋通天地亘古今無非一氣而已。氣本一也，而一動，一靜，一往，一來，一闔，一闢，一升，一降循環無已積微而著由著復微爲四時之溫涼寒暑，爲萬物之生長收藏，爲斯民之日用彝倫，爲人事之成敗得失，千條萬緒，紛紜轇轕而卒不克亂，有莫知其所以然而然，是卽所謂理也，初非別有一物依於氣而立附於氣以行也。或者因「易有太極」一言乃疑陰陽之變易，類有一物主宰乎其間者，是不然。夫易乃兩儀四象八卦之總名，太極則象理之總名也。云易有太極明萬殊之原於一本也。因而推其生生之序，明一本之散爲萬殊也。斯固自然之機，不宰之宰，夫豈可以形迹求哉？斯義也，惟程伯子言之最精，叔子與朱子似乎小有未合，今其說具在，必求所以歸於至一斯可矣。程伯子嘗歷舉繫辭「形而上者謂之道，形而下者謂之器，」立天之道曰陰與陽，立地之道曰柔與剛，立人之道曰仁與義，一陰一陽之謂道』數語，乃從而申之曰：『陰陽亦形而下者也，而曰道者，惟此語截得最分明，元來只此是道，要在人默而識之也，』學者誠以此言精思潛玩，久久自當有見。所謂叔子小有未合者，劉元承記其語有云：『所以陰陽者道。』又云：『所以闔闢者道。』竊詳『所以』二字，固指言形而上者，然未免微有二物之嫌，以伯子『元來只此是道』觀之，自見渾然之妙，似不須更著『所以』字也。所謂朱子小有未合者，蓋其言有云：『理與氣決是二物，』又云：『理強氣弱，』又云：『若無此氣，則此理如何頓放，』似此頗多。惟答何國材一書有云：『一陰一陽往來不息，卽是道之全體。』此語最爲截直，深有合於程伯子之言，然不多見，不知以何者爲定論也。」

羅氏又嘗有言：

「張子正蒙『由太虛有天之名』數語，亦是將理氣看作二物，其求之不爲不深，但語涉牽合，殆非性命自然之理也。」——宋元學案明道學案採爲附錄。

按正蒙太和篇原文如下：

「由太虛有天之名，由氣化有道之名，合虛與氣有性之名，合性與知覺有心之名。」

考羅氏所言，僅於程伯子無間言，此外如程叔子，如張橫渠，如朱子，上及周濂溪等宋學主要人物，均列舉其理氣二元之言論而品評之，後世雖有爲之申辯者，然究不足以饜服學者之心。余嘗謂理氣二元論在北宋尙未十分肯定，只偶見於各家言論，然並不前後一貫，南宋朱子始是認之，朱子學說之中心卽在於此，羅氏前舉其答何國材書中數語乃僅見耳。茲再蒐錄諸家論性之言以爲佐證，並連類以及其他諸賢：

邵雍：

「氣則養性，性則乘氣，故氣存則性存，性動則氣動也。」——觀物外篇。

此以性與氣對言，宛然二物。

周敦頤：

「無極之眞，二五之精，妙合而凝。」——太極圖說。

此言理氣爲二。

「性者剛柔善惡中而已矣！不達曰剛善，爲義爲直，爲斷爲嚴毅，爲幹固，爲猛，爲隘，爲彊梁，柔善爲慈爲順爲巽，惡爲懦弱，爲無斷，爲邪佞；惟中也者和也，中節也，天下之達道也，聖人之事也。故聖人立教，俾人自易其惡，自至其中而止矣。」——通書師第七。

「厥彰厥微，匪靈弗瑩，剛善剛惡，柔亦如之，中焉止矣。二氣五行，化生萬物，五殊二實，二本則一，是萬爲一，一實萬分，萬一各正，小大有定。」——同理性命第二十二。

此以剛柔善惡中言性，已開變化氣質說之端。

程顥：

伯子所言類多主張理氣一元，前羅整菴已言之，其言性如定性書一文，尚不見若何理氣罅隙：

「所謂定者，動亦定，靜亦定，無將迎，無內外。苟以外物爲外，牽己而從之，是以己性爲有內外也。且以己性爲隨物於外，則當其在外時，何者爲在內？是有意於絕外誘，而不知性之無內外也。既以內外爲二本，則又烏可遽語定哉？夫天地之常，以其心普萬物而無心，聖人之常，以其情順萬物而無情，故君子之學，莫若廓然而大公，物來而順應。易曰：『貞吉悔亡，憧憧往來，朋從爾思。』苟規規於外誘之除，將見滅於東而生於西也，非惟日不足，顧其端無窮，不可得而除也。人之情各有所蔽，故不能適道，大率患在於自私而用智，自求照無物之地，是反鑑而索照也。易曰：『艮其背不獲其身，行其庭不見其人。』孟氏亦曰：『所惡於智者爲其鑿也，與其非外而是內，不若內外之兩忘也。』兩忘則澄然無事矣！無事則定，定則明，明則尙何應物之爲累哉？聖人之喜以物之當喜，聖人之怒以物之當怒，是以聖人之喜怒不繫於心，而繫於物也，是則聖人豈不應物哉？烏得以從外者爲非，而更求在內者爲是也？今以自私用智之喜怒，而視聖人喜怒之正爲何如哉？夫人之情易發而難制者惟怒爲甚，第能於怒時遽忘其怒，而觀理之是非，亦可見外誘之不足惡，而於道亦思過半矣。」

又語錄中仍有理氣一元之言論。

「忠信所以進德，終日乾乾，君子當終日對越在天也。蓋上天之載，無聲無臭，其體則謂之易，其理則謂之道，其用則謂之神，其命於人則謂之性，率性則謂之道，修道則謂之教，孟子在其中又發揮出浩然之氣，可謂盡矣！故說神如在其上，如在其左右，大小疑事而只曰誠之不可掩，徹上徹下不過如此，形而上爲道，形而下爲器，須著如此說，器亦道，道亦器，但得道在，不繫今與後，己與人。」

此外則不無絲毫變動了！如：

「天下善惡皆天理，謂之惡者非本惡，但或過或不及，便如此者楊墨之類。」

「事有善惡，皆天理也。天理中物須有美惡，蓋物之不齊物之情也，但當察之，不可自入於惡，流於一物。」——均見語錄。

此爲承繼周濂溪之學說。

「『人語言緊急，莫是氣不定否？』曰：『此亦當習，習到自然緩時，便是氣質變也，學至氣質變，方是有功。』」——語錄。

變化氣質之說，大程子始倡之。

「生之謂性，性卽氣，氣卽性，生之謂也。人生氣稟，理有善惡，然不是性中元有此兩物相對而生也。有自幼而善，有自幼而惡，是氣稟自然也。善固性也，然惡亦不可不謂之性也，蓋生之謂性，人生而靜以上不容說，才說性便已不是性也。凡人說性只是說繼之者善也，孟子言人性善是也。夫所謂繼之者善也，猶水流而就下也，皆水也，有流而至海終無所汚，此何煩人力之爲也，有流而未遠固已漸濁，有出而甚遠方有所濁，有濁之多者，有濁之少者，清濁雖不同，然不可以濁者不爲水也，如此則人不可以不加澄治之功，故用力敏勇則疾清，用力緩怠則遲清，其清也則卻只是元初水也，亦不是將清來換卻濁，亦不是取出濁來置在一隅也，水之清則性善之謂也，故不是善與惡在性中爲兩物相對，各自出來。此理天命也，順而循之則道也，循此而修之，各得其分則教也，自天命以至於教我無加損焉，此舜有天下而不與焉者也。」

程頤：

「生之謂性，」告子之言也。伯子解爲性卽氣氣卽性，又曰人生而靜以上不容說，才說性便已不是性，凡人說性只是說繼之者善也。孟子言人性善是也，旣與蘇軾之說無大區別，又已彷彿分此性爲天地與氣質二者，觀此則伯子亦不盡爲理氣一元論之主張者。

叔子所言有時分理氣爲二，有時又合爲一，如：

「氣有善有不善，性則無不善也。人之所以不善者，氣昏而塞之耳。孟子所以養氣者，養之至則清明純全，而昏塞之患去矣。」

「問：『人敬以直內，氣便充塞天地否？』曰：『氣須是養，集義所生，積習旣久，方能生浩然氣象。人但看所養何如，養得一分便有一分，養得二分便有二分。只將敬安能便到充塞天地處？且氣自是氣，體所充，自是一件；敬自是敬，怎生便合得？如其曰其爲氣也配義與道，若說氣與義自別，怎生便能使與義合？』」

「論性不論氣，不備；論氣不論性，不明。」

「『性相近也，習相遠也。性一也，何以言相近？』曰：『此只言氣質之性也，如俗言性急性緩之類。性安有緩急？此言性者，生之謂性也。』又問：『上知下愚不移，是性否？』曰：『此是才，須理會得性與才所以分處。乃若其情，則可以爲善，若夫爲不善，非才之罪。此言人溺其心者，非關才事。才猶言材料，曲可以爲輪，直可以爲棟梁，若是毀鑿壞了，豈關才事？下面不是說人皆有是四者之心？』或曰：『人才有美惡，豈可言非才之罪？』曰：『才有美惡者，是舉天下言之也。若說一人之才，如因富歲而賴，凶歲而暴，豈才質使之然也。』」

「問：『人性本明，因何有蔽？』曰：『此須索理會也，孟子言人性善是也，雖荀揚亦不知性也，孟子所以獨出諸儒者，以能明性也。性無不善，而有不善者才也，性卽是理，理則自堯舜至於塗人一也。才禀於氣，氣有清濁，禀其清者爲賢，禀其濁者爲愚。』又問：『愚可變否？』曰：『可，孔子謂上知與下愚不移，然亦有可移之理，惟自暴自棄者則不移也。』曰：『下愚所以自暴棄者才乎？』曰：『固是也，然却道不可移不得，性只一般，豈不可移？却被他自暴自棄，不肯去學，故移不得，使肯學亦有可移之事。』」

「性卽理也，所以理性是也。天下之理，原其所自未有不善，喜怒哀樂之未發何嘗不善？發而中節，則無往而不善，發不中節，然後爲不善。故凡言善惡，皆先善而後惡，言是非皆先是而後非，言吉凶皆先吉而後凶。」——以上語錄。

「氣有善有不善，性則無不善也，」「論性不論氣不備，論氣不論性不明，」「氣質之性，」「性無不善，而有不善者才也，性卽是理，理則自堯舜至於塗人一也，才禀於氣，氣有清濁，禀其淸者爲賢，稟其濁者爲愚：」凡此皆言「氣」與「理」截然爲二。又如：

「問『孟子言心性天只是一理否？』曰：『然，自理言之謂之天，自稟受言之謂之性，自存諸人言之謂之心。』

「稱性之善謂之道，道與性一也，以性之善如此，故謂之性善，性之本謂之命，性之自然者謂之天，性之有形者謂之心，性之有動者謂之情，凡此數者皆一也。聖人因事以制名，故不同若此，而後之學者隨文析義，求奇異之說，而去聖人之意遠矣。」

「……心卽道也，在天爲命，在人爲性，論其所主爲心，其實只是一個道。……天之賦與謂之命，稟之在我謂之性，見於事業謂之理。」——語錄。

此則又合「理」「氣」爲一了！然「心卽道也」一語，仍與陸象山所言「心卽理也」有別。詳下第五章。

張載：

子厚不與叔子相似，更不與前人相似，其所著書言理氣處忒多，然不以理與氣並言，而以虛與氣爲對，或者以神與氣爲對，如正蒙中太和一篇卽爲言理氣者，其詞曰：

「太和所謂道中涵浮沈升降動靜相感之性，是生絪緼相盪勝負屈伸之始，其來也幾微易簡，其究也廣大堅固，起知於易者乾乎，效法於簡者坤乎，散殊而可象爲氣，淸通而不可象爲神，不如野馬絪緼，不足謂之太和，語道者知此謂之知道，學易者見此謂之見易，不如是，雖周公才美，其智不足稱也已。

「太虛無形，氣之本體，其聚其散，變化之客形爾！至靜無感，性之淵源，有識有知，物交之客感爾！客感客形，與無感無形，惟盡性者一之。

「天地之氣雖聚散攻取百塗，然其爲理也順而不妄。氣之爲物，散入無形，適得吾體，聚爲有象，不失吾常，太虛不能無氣，氣不能不聚而爲萬物，萬物不能不散而爲太虛，循是出入，是皆不得已而然也。然則聖人盡道，其間兼體而不累者存神其至矣！彼語寂滅者，往而不反，徇生執有者，物而不化，二者雖有間矣，以言乎失道則均焉。聚亦吾體，散亦吾體，知死之不亡者，可與言性矣！

「知虛空卽氣，則有無隱顯，神化性命，通一無二。顧聚散出入形不形，能推本所從來，則深於易者也。若謂虛能生氣，則虛無窮，氣有限，體用殊絕，入老氏有生於無自然之論，不識所謂有無混一之常。若謂萬象爲太虛中所見之物，則物與虛不相資，形自形，性自性，形性天人不相待而有，陷於浮屠以河山大地爲見病之說。此道不明，正由懵者略知體虛空爲性，不知本天道爲用，反以人見之小，因緣天地，明有不盡，則誣世界乾坤爲幻化，幽明不能舉其要，遂躐等妄意而然，不悟一陰一陽，範圍天地，通乎晝夜，三極大中之矩，遂使儒佛老莊混然一途，語天道性命者，不罔於恍惚夢幻，則定以有生於無，爲窮高極微之論，入德之途，不知擇術而求，多見其蔽於詖而陷於淫矣！

「氣坱然太虛，升降飛揚，未嘗止息，易所謂絪縕，莊生所謂生物以息相吹野馬者與！此虛實動靜之機，陰陽剛柔之始，浮而上者陽之淸，降而下者陰之濁，其感遇聚散，爲風雨，爲霜雪，萬品之流形，山川之融結，糟粕煨燼，無非教也。

「氣聚則離明得施而有形，氣不聚則離明不得施而無形，方其聚也，安得不謂之客，方其散也，安得遽謂之無，故聖人仰觀俯察，但云知幽明之故，不云知有無之故，盈天地之間者法象而已，文理之察，非離不相睹也，方其形也，有明知幽之因，方其不形也，有以知明之故。

「氣之聚散於太虛，猶冰凝釋於水，知太虛卽氣，則無無，故聖人語性與天道之極，盡於參伍之神變易而已，諸子淺妄，有有無之分，非窮理之學也。

「太虛爲淸，淸則無礙，無礙無神，反淸爲濁，濁則礙，礙則形。

「凡氣淸則通，昏則壅，淸極則神，故聚而有間，則風行而聲聞具達，淸之驗與！不行而至，通之極與！

「由太虛有天之名，由氣化有道之名，合虛與氣有性之名，合性與知覺有心之名。

「鬼神者，二氣之良能也，聖者，至誠得天之謂，神者，太虛妙應之目，凡天地法象，皆神化之糟粕爾！

「天道不窮寒暑也，衆動不窮屈伸也，鬼神之實，不越二端而已矣！

「兩不立則一不可見，一不可見，則兩之用息，兩體者虛實也，動靜也，聚散也，淸濁也，其究一而已！

「感而後有通，不有兩則無一，故聖人以剛柔立本，乾坤毀則無以見易。

「游氣紛擾，合而成質者生人物之萬殊，其陰陽兩端循環不已者，立天地之大義。

「日月相推而明生，寒暑相推而歲成，神易無方體，一陰一陽，陰陽不測，皆所謂通乎晝夜之道也。

「晝夜者天之一息乎！寒暑者天之晝夜乎！天道春秋分而氣易，猶人一寤寐而魂交，魂交成夢，百感紛紜，對寤而言，一身之晝夜也。氣交爲春，萬物糅錯，對秋而言，天之晝夜也。氣本之虛則湛本無形，感而生，則聚而有象，有象斯有對，對必反其爲，有反斯有仇，仇必和而解，故愛惡之情，同出於太虛，而卒歸於物欲，倏而生，忽而成，不容有毫髮之間，其神矣夫！

「造化所成，無一物相肖者，以是知萬物雖多，其實一物，無無陰陽者，以是知天地變化二端而已！

「萬物形色，神之糟粕，性與天道云者易而已矣！心所以萬殊者，感外物爲不一也。天大無外，其爲感者絪緼二端而已！

「物之所以相感者利用出入，莫知其人，一萬物之妙者與。

「氣與志天與人，有交勝之理聖人在上而下民咨，氣壹之動志也；鳳凰儀，志壹之動氣也。」

按此篇居正蒙之首，爲全書綱領，張子學說之精神全寓於此，故全錄之，張子不承認理氣爲二之說，故曰：

「散殊而可象爲氣，清通而不可象爲神，不如野馬絪緼不足謂之太和。」

「知虛空卽氣，則有無隱顯神化性命通一無二。」

「氣之聚散於太虛，猶冰凝釋於水，知太虛卽氣，則無無。」

所謂「太和」一者卽理氣歸一之總名，因其如此，所以只承認有幽明，而不承認有有無，只承認有清濁，而不承認有二物，故曰：

「若謂虛能生氣，則虛無窮，氣有限，體用殊絕，入老氏有生於無自然之論，不識所謂有無混一之常。」

「……故聖人仰觀俯察，但云知幽明之故，不云知有無之故。……方其形也，有以知幽之因，方其不形也，有以知明之故。」

此承認有幽明而不承認有有無也。

「散殊而可象爲氣，淸通而不可象爲神。」

「太虛爲淸，淸則無礙，無礙故神，反淸爲濁，濁則礙，礙則形。」

「凡氣淸則通，昏則壅，淸極則神，故聚而有間，則風行而聲聞具達，淸之驗歟！不行而至，通之極歟！」

「由太虛有天之名，由氣化有道之名，合虛與氣有性之名，合性與知覺有心之名。」

「氣本之虛則湛本無形，感而生，則聚而有象。……故愛惡之情，同出於太虛而卒歸於物欲。」

太虛與氣非二物，只淸濁之不同，太虛爲淸，爲神，爲不可象者，氣爲濁，爲可象者「合虛與氣者」乃合淸與濁之謂，淸謂之天，濁乃有所謂氣化，非分理氣爲二也。張子本此以言性，故其同書中誠明篇有云：

「性者萬物之一源，非有我之得私也，惟大人爲能盡其道。……天能爲性，人謀爲能，大人盡性，不以天能爲能，而以人謀爲能。」

「天所性者通極於道，氣之昏明，不足以蔽之。天所命者，通極於性，遇之吉凶，不足以戕之，不免乎蔽之戕之者，未之學也！性通乎氣之外，命行乎氣之內，氣無內外，假有形而言爾！」

「天性在人，正猶水性之在冰，凝釋雖異，爲物一也；受光有大小昏明，其照納不二也。」

「心能盡性，人能宏道也；性不知檢其心，非道宏人也。」

「以生爲性，既不通晝夜之道，且人與物等，故告子之妄不可不詆。」

「性於人無不善，繫其善反不善反而已！過天地之化，不善反者也。形而後有氣質之性，善反之，則天地之性存焉。故氣質之性，君子有弗性者焉。」

「令剛柔緩急有才與不才，氣之偏也。天本參和不偏，養其氣，反之本而不偏，則盡性而天矣。性未成則善惡混，故亹亹而繼善者，斯爲善矣。惡盡去則善因以亡，故舍曰善而日成之者性。」

「德不勝氣，性命於氣；德勝其氣，性命於德。窮理盡性，則性天德命天理，氣之不可變者獨死生修夭而已。」

「上智下愚，習與性相遠既甚而不可變者也。」

「莫非天也，陽明勝則德性用，陰濁勝則物欲行，領惡而全好者，其必由學乎！」

乾稱篇有云：

「凡可狀皆有也，凡有皆象也，凡象皆氣也，氣之性本虛而神，則神與性乃氣所固有，此鬼神所以體物而不可遺也。舍氣有象否？非象有意否？」

「性通極於無，氣其一物爾，命稟同於性，遇乃適然焉！人一己百，人十己千，然有不至，猶難語性可以言氣；行同根異，猶難語命可以言遇。」

又性理拾遺有云：

「天下凡謂之性者，如言金性剛，火性熱，牛之性馬之性也，莫非固有。」

「凡物莫不有是性，由通蔽開塞所以有人物之別，由蔽有厚薄，故有知愚之別，塞者牢不可開，厚者可以開而開之也難，薄者開之也易，開則達於天道，與聖人一。」

「心統性情者也。」

「發於性則見於情。」

「合性與知覺有心之名，」「心統性情者也，」「發於性則見於情，」則心之未發爲性，已發爲情，情與知覺一也。「性者萬物之一源，」「天能爲性，」「莫非天也，」「神與性乃氣所固有，」則性爲固有之天。「由太虛有天之名，」「太虛爲淸，」則天乃虛之謂，淸之謂。「凡可狀皆有也，凡有皆象也，凡象皆氣也，」「性通極於無，氣其一物爾，」「濁則礙，礙則形，」則氣之云者指有象之一面而言，濁之謂也。故曰：「合虛與氣有性之名。」淸爲虛爲天，故又曰：「天地之性。」濁爲氣爲有，故又曰：「氣質之性。」「莫非天也，陽明勝則德性用，陰濁勝則物欲行，領惡而全好者其由學乎，」此「善反」之說，此「氣質之性君子有弗性」也。二者原一物也，故曰：「天性在人正猶水性之在冰，凝釋雖異，其爲物一也，」與太和篇「氣之聚散於太虛，猶冰凝釋於水」同其旨。蓋張子之所謂氣，乃指其聚而有象者之濁氣而言，張子之所謂虛，乃指其散而無象者之清氣而言，合而言之爲「太和，」實同一氣也，同一理也，同屬至善，故曰：「性於人無不善。」然因氣偏而性未成，故善惡混。通蔽開塞四字，實以說明人與物之區分，通與開之爲善，蔽分爲二，曰厚曰薄，厚者可以開，而開之也難，薄者開之也易，至於塞則不可開者也。此與周濂溪以「剛柔善惡中」言性之方式不同，而主張變化氣質則一。程叔子以理氣二元言性，張子以虛氣兩面言性，其以虛與氣相對，蓋以別於理氣相對也。

約而言之，張子在理氣方面主張爲一，提出太和二字爲本體，太和氣之總稱，卽氣以言理，理乃氣之理也，氣有淸濁，故於性分天地氣質兩者以爲言。若自理氣一元主張而言，則張子應與陸學同派，若自性分爲二而言，則張程固爲朱子所同祖。唯學者當深知其與叔子晦庵名同而實有別而已。

朱熹：

朱子學說有幾點是與陸象山相同的，陸象山嘗言「精神，」朱子亦時時言「精神，」如：

「既有形後，方有精神知覺。」

「然以精神去合他，又合得在。」

「直須抖擻精神，莫要昏鈍。」

「纔主一，便覺意思好，卓然精神。」

「雖是聰明，亦須是靜，方運得精神。」——以上語要。

精神二字，在宋儒中程明道始言之，謝上蔡有「我之精神卽祖考之精神」之語，陸門學者乃屢言不一言，至謂心之精神卽爲聖，朱子生同其時，不無受其影響處，故亦時時言精神，此爲相同之第一點。

又朱子嘗言：

「借經以通乎理爾！理得則無俟乎經。」

與陸子六經皆我註脚之旨大致無異，此爲相同之第二點。

陸子有言「心卽理也。」與明代王陽明同爲繼承孟子心學之衣鉢，以心爲學問之主幹；世人因稱之爲心學家，而不稱之爲理學家。朱子與陸子素立於相反地位，世固所謂一完全之理學家，然觀其言雖無心卽理之主張，而其以心爲學問主幹則同。如：

「答張敬夫曰：『近復體察，見得此理須以心爲主而論之，則性情之德，中和之妙，皆有條而不紊。蓋人之一身，知覺運動，莫非心之所爲，則心者所以主於身而無動靜語默之間者也。』」——中和說三。

「或問：『佛者有觀心說，然乎？』曰：『夫心者人之所以主乎身者也，一而不二者也，爲主而不爲客者也，命物而不命於物者也，故以心觀物，則物之理得，今復有物以反觀乎心，則是此心之外，復有一心而能管乎此心也。……大抵聖人之學，本心以窮理，而順理以應物。』」——觀心說。

「要之千頭萬緒皆是從心上來。」——語要。

「心主宰之謂也。」——語要。

「講明義理以淑人心，」——語要。

因其以心爲主故其學說之推演，均以心爲出發點：

「故語心之德，雖其總攝貫通無所不備，然一言以蔽之，則曰仁而已矣！」——仁說。

「性者心之理，情者心之動。」

「才是心之力。」

「志者心之所之。」

「心之知覺，卽所以具此理而行此情者也，具此理而覺其爲是爲非者是心也。」

「敬卽是此心自做主宰處。」——以上語要。

方法與標的也都從心上來了！然其所言之心究爲何物？

「方其靜也，事物未至，思慮未萌，而一性渾然，道義全具，其所謂中，乃心之所以爲體而寂然不動者也。及其動也，事物交至，思慮萌焉，則七情迭用，各有攸主，其所謂和，乃心之所以爲用，感而遂通者也。」——答張敬夫中和說三。

「如肺肝五臟之心，卻是實有一物，若今學者所論操存舍亡之心，則自是神明不測。……心比性則微有迹，比氣則自然又靈。」

「心字一言以蔽之曰生而已！天地之大德曰生，人受天地之氣而生，故此心必仁，仁則生矣。」——以上語要。

「天地以生物爲心者也，而人物之生，又各得夫天地之心以爲心者也。故語心之德，雖其總攝貫通無所不備，然一言以蔽之，則曰仁而已矣！」——仁說。

此心非塊然一物，乃一靈活本體而爲人受自天地之品名（參看下第五章）。心既如此重要，故其言學之主旨則曰：

「只是講明義理，以淑人心。」

換言之，卽朱子爲一淑心主義者，與陸子之明本心，雖有方法上之略有差別，然其以心爲重則無二，此其相同之第三點。

不過，朱子學說之以心爲重，雖同於陸子，然非釋氏本心之說，又於心之構成與陸氏之主張，亦生顯然之差別，其與釋氏不同者在一理字，與陸氏有異者乃爲理氣二元論。其言有曰：

「如釋氏擎拳豎拂，運水搬柴之說，豈不見此心？豈不識此心？而卒不可與入堯舜之道者，正謂不見天理而專認此心以爲主宰，故不免流於自私爾！前輩有言聖人本天，釋氏本心，蓋謂此也。」——晦翁文集答張敬夫。

「邵子又謂心者性之郛郭，乃爲近之，但其語意未免太粗。須知心是身之主宰，而性是心之道理，乃無病爾！所謂識察此心，乃致知之切近者，此說是也；然亦須知所謂識心，非徒欲識此心之精靈知覺也，乃欲識此心之義理精微爾！」——同答姜叔權。

釋氏只識心之精靈知覺，而朱子則以識心之義理精微爲要，此與釋氏不同之點。

「心比性則微有迹，比氣則自然又靈。」——見前。

「心則知覺之在人而具此理者也。」——晦翁文集答徐子融。

則心爲理氣二者所合成，與陸子心卽理也之理氣一元論有別。蓋朱子徹頭徹尾爲一理氣二元論者，故其無往不以理氣二元立論，宋代學者純粹主張理氣二元論唯朱子，而理氣二元論亦至朱子始成立，旗幟鮮明，意志堅定，其言論有如下者：

「愚按性者人之所得於天之理也，生者人之所得於天之氣也，性形而上者也，氣形而下者也，人物之生，莫不有是性，亦莫不有是氣，於以氣言之，則知覺運動，人與物若不異也，以理言之，則仁義禮智之稟，豈物之所得而全哉？此人之性所以無不善，而爲萬物之靈也。告子不知性之爲理，而以所謂氣者當之，……蓋徒知知覺運動之蠢然者人與物同，而不知仁義禮智之粹然者人與物異也。」——孟子「告子曰，生之謂性」集註。

「蓋天之生物，其理固無差別，但人物所稟形氣不同，故其心有明暗之殊，而性有全不全之異爾！」——晦翁文集答徐子融。

此朱子人生哲學也。人與物同爲理氣二者所合成，人之所以異於物者在得理之全耳。

「纔說性字，便是以人所受而言，此理便與氣合了。但直指其性，則於氣中又須見得別是一物始得，不可混並說也。」——晦翁文集答李晦叔。

「性只是理，不可以聚散言其聚而生散而死者氣而已矣！所謂精神魂魄有知有覺者，皆氣之所爲也，故聚則有，散則無，若理則初不爲聚散而有無也。但有是理則有是氣，苟氣聚乎此，則理亦命乎此爾！……然氣之已散者既化而無有矣。其根於理而日生者，則固浩然而無窮也。」——同上答廖子晦。

問：『理在氣中發見處如何？』曰：『如陰陽五行錯綜不失條緒便是理，若氣不結聚時，理亦無所附著。』」

「或問：『理在先氣在後？』曰：『理與氣本無先後之可言，但推上去時，卻如理在先氣在後相似。』」

「論萬物之一原，則理同而氣異；觀萬物之異體，則氣猶相近而理絕不同。」

「性猶太極也，心猶陰陽也，太極只在陰陽之中，非能離陰陽也，然至論太極自是太極，陰陽自是陰陽。」——以上見語要。

凡此皆朱子論理氣之言，「莫不有」「合」「自是」等字句，其主張理氣爲二顯然可見。「理先氣後」「根於理而日生者」則乃理生氣之謂，朱子以前無此說法。

理氣二元論倡始於周敦頤，大程子大部主張理氣一元，小部主張理氣二元，小程子恰相反，大部主張理氣二元，小部主張理氣一元，張橫渠原爲主張理氣一元論者，唯以淸濁言氣，聚散言氣，於是而於言性時有天地氣質之語，總之北宋時代理氣二元論尙未十分確定。迨至南宋，朱陸之對立不可調和，實際卽理氣一元二元之爭，而雙方旗幟俱同時十分鮮明，理氣一元論尙矣，理氣二元論乃亦於此時確定，確定之人卽爲朱子，朱子學說基礎爲理氣二元，故其言心爲理氣二者所合成，言性亦承繼張子之名，變更其實而分爲氣質義理二者，言心之文，其詳見下第五章，其言性之文，茲引列於下：

「動靜眞僞善惡皆對而言之，是世之所謂動靜眞僞善惡，非性之所謂動靜眞僞善惡也。惟求靜於未始有動之先，而性之靜可見矣；求眞於未始有僞之先，而性之眞可見矣；求善於未始有惡之先，而性之善可見矣。」

「天下之理無異道也，天下之人無異性也，唯其不可見，孟子始以善形之，惟能自性而觀，則其故可求，苟自善而觀，則理一而見二。」——以上語要。

「性是太極渾然之體，本不可以名字言，但其中含具萬理，而綱領之大者有四，故命之曰仁義禮智。孔門未嘗備言，至孟子而始備言之者；蓋孔子時性善之理素明，雖不詳著其條而說自具；至孟子時，異端蠭起，往往以性爲不善，孟子思有以明之，於是別而言之。蓋四端之未發也，雖寂然不動，而其中自有條理，自有間架，不是儱侗都無一物，所以外邊纔感，中間便應，如赤子入井之事感，則仁之理便應，而惻隱之心於是乎形。如過朝過廟之事感，則禮之理便應，而恭敬之心於是乎形。蓋由其中衆理渾具，各各分明，故外邊所過，隨感而應，所以四端之發，各有面貌之不同，是以孟子析而爲四，以示學者，使知渾然之中而燦然有條若此，則性之善可知矣！然四端之未發也，所謂渾然全體，無聲臭之可言，無形象之可見，何以知其燦然有條如此？蓋是謂之可驗，乃依然就他發處驗得，凡物必有本根，性之理雖無形，而端的之發最可驗，故由其惻隱所以必知其有仁，由其羞惡所以必知其有義，由其恭敬，所以必知其有禮，由其是非，所以必知其有智，使其本無是理於內，則何以有是端於外？由其有是端於外，所以必知其有是理於內，而不可誣也。故孟子言『乃若其情則可以爲善矣，乃所謂善也。』是則孟子之言性，蓋亦遡其情而逆知之爾！」——文集答陳器之書。

「伊川先生言：『性卽理也，』此一句自古無人敢如此道，心則知覺之在人而具此理者也。橫渠先生又言：『由太虛有天之名，由氣化有道之名，合虛與氣有性之名，合性與知覺有心之名，』其名義亦甚密，皆不易之至論也。蓋天之生物，其理固無差別，但人物所稟形氣不同，故其心有明暗之殊，而性有全不全之異爾！若所謂仁，則是性中四德之首，非在性外別爲一物而與性並行也。然惟人心至靈，故能全此四德，而發爲四端，物則氣偏駁而心昏蔽，固有所不能全矣！然其父子之相親，君臣之相統，間亦有僅存而不昧者，然欲其克己復禮以爲仁，善善惡惡以爲義，則有所不能矣！然不可謂無是性也。若生物之無知覺者，則又其形氣偏中之偏者，故理之在是物者，亦隨其形氣而自爲一物之理，雖若不復可論仁義禮智之彷彿然亦不可謂無是性也。又謂枯槁之物，只有氣質之性，而無本然之性，此語尤可笑，若果如此，則是物只有一性，而人卻有兩性矣。此語非常醜差，蓋由不知氣質之性只是此性墮在氣質之中，故隨氣質而自爲一性，正周子所謂各一其性者，向使元無本然之性，則此氣質之性又從何處得來邪？況亦非獨周程張子之言爲然，如孔子言成之者性，又言各正性命，何嘗分別某物是有性底，某物是無性底？孟子言山之性水之性，山水何嘗有知覺邪？若於此看得通透，卽知天下無無性之物，除是無物，方是無性，若有此物，卽如來諭木燒爲灰，人陰爲土，亦有此灰土之氣，旣有灰土之氣，卽有灰土之性，安得爲枯槁無性也？」——答徐子融。

「天之生物，有有血氣知覺者，人獸是也，有無血氣知覺而但有生氣者，草木是也，有生氣已絕而但有形色臭味者，枯槁是也，是雖其分之殊，而其理則未嘗不同。但以其分之殊，則其理之在是者不能不異，故人爲最靈，而備五常之性，禽獸則昏而不能備，草木枯槁則又並其知覺者而亡焉。但其所以爲是物之理，則未嘗不具爾。若如所謂絕無生氣便無生理，則是天下乃有無性之物，而理之在天下乃有空闕不滿之處也。可乎？」——答徐方叔。

「人生而靜，靜者固是性，然只是生字便帶卻氣質了。但生字已上又不容說，蓋此道理未有形見處，故今纔說性便須帶着氣質，無能懸空說得性者。繼之者，蓋本是說造化發育之功。明道此處卻是就人心發用處說，如孟子所謂乃若其情，則可以爲善之類是也。伊川所言極本窮源之性，乃是對氣質之性而言，言其氣質雖善惡不同，然極本窮源而論之，則性未嘗不善也。性之始終，一於善而已，不當云性之初只有善也。若如所云，則謂性之終爲有惡可乎？性之發用，非情而何？情之初則可謂有善而無惡爾！」——答王子合。

「孟子所謂性善者，以其本體言之，仁義禮智之未發者是也，所謂可以爲善者，以其用處言之，四端之情發而中節者是也。蓋性之與情，雖有已發未發之不同，然其所謂善者則血脈貫通，初未嘗有不同也。此孟子道性善之本意，伊洛諸君子之所傳而未之有改者也。」——答胡伯逢。

「問：『五行之生，各一其性？』朱子答曰：『氣質是陰陽五行所爲，性卽是太極之全體，但論氣質之性，則此全體墮在此質之中爾，非別有一性。』」

「問『明道言人生而靜以上不容說？』朱子答曰『人生而靜是未發時，以上卽是人物未生之時，不可謂性，方謂之性，便是人生以後，此理墮在形氣之中，不全是性之本體矣，然其本體又未嘗外此，要人卽此而見得其不雜於此者爾。易大傳言繼善，是指未生之前，孟子言性善，是指已生之後，雖曰已生，然其本體初不相雜也。』」——答嚴世文問。

「纔說性字便是以人所受而言，此理便與氣合了，但直指其性，用於氣中又須見得別是一物始得，不可混並說也。」——答李晦叔。

「至於孔孟言性之異，則其說又長，未易以片言質，然略而論之，則夫子雜乎氣質而言之，孟子乃專言其性之理也。雜乎氣質而言之，故不曰同而曰近，蓋以爲不能無善惡之殊，但未至如其所習之遠爾！以理而言，則上帝之降衷，人心之秉彝，初豈有二理哉？但此理在人，有難以指言者，故孟子之告公都子，但以其才與情者明之，譬如欲觀水之必淸，而其源不可到，則亦觀流之未遠者，而源之必淸可知矣。」——答宋深之。

統觀朱子言性之文，可歸納爲以下諸要點：

天、人物同爲理氣二者所合成。

地、性卽理也，然旣謂之性，則已爲理墮氣中之名，蓋人生而靜以上不容說。

玄、未墮入氣中之性，爲本然之性，是善，此善爲絕對的善，非善惡對待的善。

黃、已墮入氣中之性，爲氣質之性，因與氣質混和程度不等，而善惡以分。

包括前人已成之說，而成就其理氣二元論之性論，凡前人所爭辯不能解決之善惡問題，舉可得其根由而獲得解決。反之，若以朱子理氣二元論來解釋前人許多的性論，都可說得其一面，並非無根之談。

因朱子主張「方謂之性便是人生以後，此理墮在形氣之中，不全是性之本體矣，要人卽此而見得其不雜於此者爾。」所以極力推尊周濂溪太極圖說「無極而太極」之語，並從而解之曰：

「周子所以謂之無極，正以其無方所，無形狀，以爲在無物之前，而未嘗不立於有物之後，以爲在陰陽之外，而未嘗不行乎陰陽之中。」——答陸象山書。

「不言無極，則太極同於一物而不足爲萬化根本；不言太極則無極淪於空寂，而不能爲萬化根本。」——與陸梭山書。

陸象山復書有云：「來書本是主張無極二字，而以明理爲說，其要則曰，於此有以灼然實見太極之眞體。」自今日觀之，朱子之意原實如此。

朱陸二家關於太極圖說之爭論，實卽理氣一元二元之不同。

「直以陰陽爲形器而不得爲道，此尤不敢聞命。易之爲道，一陰一陽而已，先後始終，動靜晦明，上下進退，往來闔闢，盈虛消長，尊卑貴賤，表裏隱顯，向背順逆，存亡得喪，出入行藏，何適而非一陰一陽哉？奇偶相尋，變化無窮，故曰『其爲道也屢遷。』說卦曰：『是以立天之道曰陰與陽，』顧以陰陽爲非道而直謂之形器，而孰爲昧於道器之分哉？」——陸象山與朱晦庵書。

「若以陰陽爲形而上者，則形而下者復是何物？熹則曰，凡有形有象者皆器也，其所以爲是器之理者則道也，如是則來書所謂始終晦明奇偶之屬，皆陰陽所爲之器，獨其所以爲是器之理，如目之明，耳之聽，父之慈，子之孝，乃爲道耳！」——朱子答書。

二家不同之論點何等鮮明！

又因朱子主張理氣二元，人之所以有不善乃氣爲之梗，則平日功夫當然須承繼程子變化氣質之說，而伊川「涵養須用敬，進學在致知」之正鵠，自亦守而弗失。

「周先生只說『一者無欲也。』然這話頭高，卒急難湊泊，尋常人如何便得無欲？故伊川只說箇敬字，教人只就這敬字上捱去，庶幾執捉得定，有箇下手處，縱不得亦不至失。」

「因歎敬字工夫之妙，聖賢之所以成始成終者皆由此。」——以上見語要。

周子太極圖說云：「聖人定之以中正仁義而主靜」，自註云：「無欲故靜。」朱子謂其說太高，非尋常人所易湊泊，蓋氣質有不善也。程子之敬，氣質善者固可用，氣質惡者亦易收變化之效，極合於理氣二元論，故崇奉之。又恐其說之無強堅根據，至裁定大學古本原文以就之：

大學古本

「……其所厚者薄而其所薄者厚，未之有也，此之謂知本，此謂知之至也，所謂誠其意者毋自欺也，……故君子必誠其意，詩云：瞻彼淇澳，菉竹猗猗，……此以沒世不能忘也，康誥曰克明德，……與國人交止於信，子曰聽訟吾猶人也，必也使無訟乎，無情者不得盡其辭，大畏民志，此謂知本，所謂修身在正其心者，……」（以下相同）

朱子新定本

「……其所厚者薄而其所薄者厚，未之有也。康誥曰，克明德……與國人交止於信，詩云，瞻彼淇澳，菉竹猗猗……此以沒世不忘也，子曰聽訟吾猶人也，……大畏民志，此謂知本，此謂知本（程子謂下一句衍文）此謂知之至也，所謂誠其意者毋自欺也，……故君子必誠其意，所謂修身在正其心者，……」（以下相同）。

按朱子集註云：「舊本頗有錯簡，今因程子所定而更考經文，別爲次序如左。」此以錯簡二字說明其改定古本之理由，明儒王陽明答羅整菴少宰書有云：大學古本，乃孔門相傳舊本耳，朱子疑其有所脫誤而改正補輯之，在某則謂其本無脫誤，悉從其舊而已矣。失在於過信孔子則有之，非故去朱子之分章而削其傳也。」

蓋王陽明尊奉大學古本而不以朱子改定爲然，明儒劉蕺山有語云：

「古本聖經而後首傳誠意，前不及先致知，後不及正心，直是單提直指，以一義總攝諸義，至末又云故君子必誠其意，何等鄭重！故陽明古本序曰『大學之道，誠意而已矣，』豈非言誠意而格致包舉其中，言誠意而正心以下更無餘事乎？……」

「朱子表章大學，於格致之說最爲喫緊，而於誠意反草草，平日不知何解，至易簀乃定爲今章句曰，實其心之所發，不過是就事盟心伎倆，於法已疏矣。至愼獨二字，明是盡性喫緊工夫，與中庸無異旨，而亦以心之所發言，不更疏乎？朱子一生學問，半得力於主敬，今不從愼獨二字認取，而欲掇敬於格物之前，眞所謂握燈而索照也。」——同見體認親切法。

此中長短可勿論，然於此可見古本大學次序原以誠該攝衆義，朱子之裁定乃以成其「敬的方法」之基礎，則無可疑。

然則朱子所謂敬究爲何物乎？

「敬不是萬慮休置之謂，只是隨事專一謹畏，不放逸爾！非專是閉目靜坐耳無聞目無見，不接事物然後爲敬，整齊收斂這身心不敢放縱便是敬。嘗謂敬字似甚字？卻是個畏字。」——語要。

「敬卽是此心自做主宰處。」——同上。

因朱子主張性是理墮在氣中之名，則人與物不同，人與人又不等，欲豁然貫通，則非卽物而窮其理不可，於是自然不同意陸子之尊德性，而以道問學爲學問正途了！

「今也須如僧家行脚，接四方之賢士，察四方之事情，覽山川之形勢，觀古今興亡治亂得失之迹，這道理方見得周徧，士而恆居，不足以爲士矣，不是塊然守定這物事，在一室閉戶獨坐便了，便可以爲聖賢，自古無不曉事情底聖賢，亦無不通變底聖賢，亦無關門獨坐底聖賢，聖賢無所不通，無所不能，那個事理會不得？……萃百物然後觀化工之神，聚衆材然後知作室之用，於一事一義上欲窺見聖人之用心，非上智不能也。……大學首說格物致知，爲甚要格物致知？便是要無不格，無所不知，物格知至，方能意誠心正身修，推而至於家齊國治天下平，自然滔滔去都無障礙。」

「人性本明，如寶珠沈溷水中，明不可見，去了溷水則寶珠依舊自明。自家若知得是人欲蔽了，便是明處，只是這上便緊緊着力主定，一面格物，今日格一物，明日格一物，正如游兵攻圍拔守，人欲自銷鑠去。所以程先生說敬字只謂『我自有一箇明底物事在這裏，把個敬字抵敵』，常常存個敬在這裏，則人欲自然來不得。夫子曰：『爲仁由己，而由人乎哉？』緊要處正在這裏。」——同見語要。

所以朱子受陸學一派支離之譏笑。

朱子之師爲李侗，侗之師爲羅從彥，彥乃楊時弟子，羅李之教，輒令學者靜坐觀喜怒哀樂未發時氣象，楊時亦曾以此爲言，則朱子少年固不若是支離。又王陽明所輯朱子晚年定論一書，所言多深悔昔年支離爲非是，則朱子老年亦不若是支離，然而支離生活實佔朱子中年生活之大部，蓋其學之根基有以使然！

以上朱子「無極而太極」「敬」「道問學」之主張，皆自其理氣二元論出發，而所以完成其本然之性善，氣質之性有不善之說。

以上調和派自開端至成立，自周敦頤至朱熹，大概已約略敍述完了。朱子門下言性者，約可分爲三派：一則承繼朱子學說，一則謂惡亦不可不謂之性，又一則謂言性當人物爲二，可謂爲此派之支流小變。爲求完全計，亦分述之如下：

子、繼承朱子學說者

此派人數最多，姑舉陳埴爲代表。陳氏論性之言最精者，木鐘集中有數段，如：

「盡心知性則知天，存心養性以事天，有何分別？心體昭融，其大無外，包具許多衆理，是以謂之性，性卽理也。理有未窮，則心爲有外，故盡心必本於窮理，蓋謂窮究衆理，則能極心體之昭融而無不盡。性與天只是一理。程子曰：『自理而言謂之天，自稟受而言謂之性。』語其分則不同耳！既知得性，便知得性所從出，是謂知天，到得知天地位，已是造得此理了。然聖賢學問，卻不道我已知得，到這地位，一齊了卻，又須知行夾持始得，故必存此心而不舍，養此性而無害，存養工夫到此愈密愈嚴，所謂敬以直內，是乃吾之所以事天，此時直是常在天理上行，天不在天而在我矣。知行二字，不可缺一，且如自家欲事天，向使未知天爲何物，不知事箇什麽？到得知天，卻不下存養工夫，則亦非實有諸己。」

「程先生謂孟子說性善，只說繼之者善，昨聞先生云：『水無有不下處，卻是太極。』據此說，則孟子似指流而至於海，終無所汚者爲太極邪？

孟子說時本是直提一陰一陽之謂道來說，但善者惡之對，有善便有惡，故程子以爲不說得源流正派，說得繼之者善，蓋善猶水之清，惡猶水之濁，既以清爲水之性，則濁非水之性乎？要知清濁可以爲水之流，不可爲水之性，繼之者善亦猶是也。蓋繼之者是說太極流行之第一節則可，謂是太極則不可。」

「程子以才爲氣質之性，孟子曰：『若夫爲不善，非才之罪，』則是人善惡又當以氣質論。爲孟子把諸路一齊截斷了，故諸子不服，須是尋他不善路頭從何處來。」

「公都子問性三節，孔子性近習遠上智下愚之說相似否？除第一問性無善無不善外，第二問卽性近習遠意，第三問卽上智下愚意。」

「天命之謂性，則有生卽有性，孟子何以深詰告子生之謂性？孟子只爲他只認生處爲性，更不分別人物，是將血氣知覺爲性，凡物有血氣知覺者，皆與人之性一樣，見血氣而不見道理，此則不可也。」

「君子不謂性命。

世人以上五者爲性，則見血氣而不見道理，以下五者爲命，則見氣數而不見道理，於是人心愈危，道心愈微。孟子於常人說性處，卻以命言，則人之於嗜慾雖所同有，卻有品節限制，不可必得，而人心安矣。於常人說命處，卻以性言，則人之於義理，其氣稟雖有淸濁不齊，須是着力自做工夫，不可一委之天，而道心顯矣。大要上是人心，人皆知循其在人而君子則斷之以天；下是道心，人皆知委其在天而君子則斷之以人，此君子言知命盡性之學，所以異於常人之道也歟！」

「程子云：『論性不論氣不備，論氣不論性不明，』願詳其旨。

孟子性善從源頭上說，及論情論才，只是說善，不論氣質淸濁厚薄，是不備也。諸子紛紛之說，各自把氣質分別便作天性看了，其不明之說，爲害滋甚。孔門性相近，習相遠，卻就氣質之性上論清濁，至說上知下愚，乃論得氣質之十分厚者爲上知，氣質之十分薄者爲下愚，其間相近者乃是中人，清濁至四六之間，總起是三等氣質，此說乃是孟子之說，互相發明。要知孔子是說氣質之性，孟子是說源頭本然之性，諸子只是把氣質便作本然之性看錯了。」

「繼善成性，繼與成字如何？

凡物之生死，有理而後有氣，善當作理看（此性謂氣質之性，）道卽太極也，太極纔動，首先撤出便是理，故以繼善言，隨太極之後漸次成就者卽謂性（成則有形質矣。）孟子說性善是第一義，從他繼之者；諸子說不善是第二義，從他成之者。」

「程子說性與孟子不同。

性者人心所具之天理，以其稟賦之不齊，故先儒分別出來，謂有義理之性，有血氣之性，仁義理智者義理之性也，知覺運動者，氣質之性也，有義理之性而無氣質之性，則義理必無附着，有氣質之性而無義理之性，則無異枯槁之物，故有義理以行於血氣之中，有血氣以受義理之體，合理與氣而性全。孟子之時，諸子之言性，往往皆於氣質上有見，而遂指氣質作性，但能知其形而下者耳，故孟子答之只就他義理上說以攻他未曉處，氣質之性，諸子方得於此，孟子所以不復言之，義理之性，諸子未道於此，孟子所以反復詳說之。程子之說正恐後學死執孟子義理之說，而遺失血氣之性，故并二者而言之曰：『論性不論氣不備，論氣不論性不明。』程子之論舉其全。故孟子之論所以矯諸子之偏，人能即程子之言而達孟子之意，則其不同之意不辨而自明矣。」

「率性之謂道。

率性不要作工夫看，物性自然各有所由行之路，如牛是牛之性，馬是馬之性，飛潛動植，各一其性而不可移換，便是率處。若牛作馬，馬作牛，飛者潛之，動者植之，即是違其性，非物之所謂率性矣。」

又潛室語有云：

「心居性情之間，向裏即是性，向外即是情，心居二者之間而統之，所以聖賢工夫只在心裏著到，一舉而兼得之，橫渠謂心統性情，此語大有功。」

朱子之學說於此益明白顯豁。「有理而後有氣，」此固朱門之教也。至謂「道卽太極也，太極纔動，首先撒出便是理」云云一段，不知如何說法？道果何物？理又何物？太極又如何動？離奇之至。至其彌縫孟子程子二家說性不同之處，雖具苦心，卻有強奸古人之嫌。「心居性情之間」一段，既非橫渠心統性情原意，亦失朱門宗旨，此守師說而有失者也。然大體則仍主張朱子之主張。

次陳氏，尙有蔡沈陳淳二人，亦此派之有名者。蔡氏有言曰：

「人心動靜，性情具焉，性者理之形體，情者性之發動，善其本然，惡其過不及也，存中莫善於敬，進學莫善於知，二者不可廢一也。」

「人之一心，實爲身主，其體則有仁義禮智之性，其用則有惻隱羞惡辭讓是非之情。」——洪範皇極內篇。

陳淳有言曰：

「孟子道性善，從何而來？孔子繫辭曰：『一陰一陽之謂道，繼之者善也，成之者性也。』夫子所謂善，是就人物未生之前造化源頭處說，孟子所謂性善，則是就成之者性處說，是人生以後事，其實由造化源頭處有是繼之者善，然後成之者性時方能如是之善，則孟子所謂善，實淵源於夫子所謂善者而來，而非有二本也。」——北溪語錄。

「自告子以生言性，則已指氣爲理而不復有別。今佛者以作用是性，以蠢動之類皆有佛性，運水搬柴無非妙用，專指人心之虛靈知覺而作弄之，明此爲明心，見此爲見性，悟此爲悟道，其甘苦食淡，停思絕想，嚴防痛抑，堅持力制，或有見於心，如秋月碧潭之潔者，遂以造到，而儒者見之自顧有穢淨之殊，反爲歆慕舍己學以從之，不知聖門自有克己爲己瑩淨之處。」——北溪文集似道之辨。

「此一種門戶，全用禪家宗旨，祖述那作用是性一說，將孟子所闢告子生之謂性底意，重喚起來，指氣爲理，指人心爲道心。」——同答鄭節夫。

此蓋朱門之皎皎者。理氣有分，故性之無不善，而人之有不善者，自當以氣言，此皆繼承朱子學說而未變者也。

丑、謂惡亦不可不謂之性者

此派可考者僅於黃東發日鈔中得輔廣一人而已，其說亦不詳，日鈔原文如下：

「乾淳之盛，晦庵南軒東萊稱三先生，獨晦庵先生得年最高，講學最久，尤爲集大成。晦庵既沒，門人如閩中則潘謙之楊志仁林正卿林子武李守約李公晦；江西則甘吉父黃去私張元德；江東則李敬子胡伯量蔡元思；浙中則葉味道潘子善黃子洪；皆號高弟。獨勉齋先生強毅自立，足任負荷，如輔漢卿疑惡亦不可不謂之性，如李公晦疑喜怒哀樂由聲色臭味者爲人心，由仁義禮智者爲道心，……先生皆一一辯明不少恕。」

按輔漢卿卽輔廣字，輔氏遺書僅存童子問一種，不足徵也，待考。

寅、謂言性當人物爲二者

此派可考者亦只劉黻一人，宋元儒學案滄洲諸儒學案，劉氏本傳有云：

「劉黻字季文，一字靜春，廬陵人，學於朱子之門，眞西山雅重之。……然先生晚年頗不滿其師中庸章句之說，以是與西山多不合，其論曰：『惟天之命，於穆不已，惟人受天地之中以生，故謂之性，而貴於物焉，湯誥曰，惟皇上帝，降衷於下民，若有恆性，吾夫子曰，天地之性人爲貴，是則人之性，豈物之所得而儗哉？中庸曰，天命之謂性，率性之謂道，是專乎人而不雜乎物也，或者謂必兼人物而言之，似也而差也，古先聖賢有兼人物而言者，有專以人言者，易曰，各正性命，是乃兼人物而言之，然既曰各有不同，則人物之分亦自昭昭。假如天命之性亦兼人物而言，則犬之性猶牛之性，牛之性猶人之性，當如告子之見矣。』因著爲就正錄，西山力與之爭，先生終不以爲然，每見必力持其說，西山引觴解之曰：『生平竊笑漢儒聚訟，吾儕豈可又爲後世所笑？姑各行所學而已。』」

按自周子以來，言天地間只有一性，所謂無二理也，人物之分，非性不同，乃以得性全與不全耳。故周子以剛柔善惡中言性，張子以開通蔽塞言性，朱子以全偏與偏中偏言性，理氣二元論所以產生，亦爲適應此種學說，同時此種學說，亦適合理氣二元論，今如劉氏認性當分人物言，則在宋儒中爲別開生面。

朱門中言性雖分爲三派，然後二派可數者僅各一人，充其量仍屬少數，其正統則仍爲理氣二元論。

丁、結語

宗孔子兼宗孟子派，宗孔子不兼孟子派，調和派，宋代諸儒言性之說大抵可盡入於此三巨流。宗孔子兼宗孟子派，在北宋時勢力不大，至南宋陸氏兄弟而其勢一振，與朱子抗席，贛浙一帶學風爲盛，後雖式微，至朱明竟取朱學而代之，王陽明以下多承其沫。宗孔子不兼孟子派，在北宋亦佔政治上勢力，然其後卽不振，僅蘇學流傳北土，其情況莫明。調和派後世目爲宋學正宗，所謂濂洛關閩五子殆皆屬此，至少亦有關係，流傳最盛，不特元儒如吳澄輩之崇奉之而已。此三大派在當時曾相互詆譏，彼此互罵爲異端，朱子斥二蘇爲佛爲老，陸子斥朱子爲老，爲曾學禪來，朱子又斥陸子爲曾學禪來，人人自命爲眞儒，他人爲僞儒，究不知誰爲眞儒誰爲僞儒也？

第五章　心學之内容及其派别

一、前言

我常常説：中國儒家的學説是明德親民兩面一套的學説，由這兩面一套，演成格物致知到治國平天下的八條目，再就八條目各各加以研究，講求每條目應該有的辦法，所謂聖經賢籍，説來説去，總之不外乎這八條目的範圍。這其間雖有由於見解的不同，而主張有彼此互異的場所，但目的是沒兩樣，根本主張，終極願望，可説絶對無二致。

八條目的願望一言以蔽之曰生而已矣！因爲儒家的宇宙觀只是一個生字，「天地之大德曰生」，宇宙間的一切的一切，都是生的，要生的，爲生的，他説的元亨利貞的命，仁義禮智的性，實在説起來是由春夏秋冬擬議出來的，元與仁是配春的，春的生意多麽充滿，所以元爲善之長，而仁乃一切德性的總包。萬物同生，這是宇宙的本心，有一物不得其所，或者有一物失掉了生，或者有一物超越應該有的生的本分，那就是不仁，就是不善。不要失掉生的本分，也不要超越生的本分，過不及都不好，於是乎而主張所謂中庸之道，忠恕之道，道極高明，行之只是中庸，所以說不必遠求高遠，只就生活上各得本分各守本分就得了。

要人人各守住中庸，那是件不很容易的事，一切的教育和政治制度，都是握住着這缺憾而產生的。教育與政治制度的好壞，以能否彌補這缺憾爲標準，假如有人能創造這樣教育與政治制度，那人便是聖人大人。易經上說：「大人與天地合其德，」因爲大人能令全生物各得其生，與天地之德一樣，「贊天地之化育」一語，明明說的是這個。

只有人纔能創造令生物各得其生的教育與政治的制度，所以謂人爲萬物之靈。人有這種本領，有與天地同樣的本領，所以能與天地配而成爲三才。然人之所以能如此者，並非軀幹比別的生物生得特別不同，別的生物不可能而人獨能之者，厥故非他，一顆心而已矣！人之所以與天地合其德，不是人的軀幹與天地一樣，乃是人的心與天地一樣，於是這顆心遂爲儒家所極重視，而他們的爲學的入手門徑就是心了！所以孟子說：「學問之道無他，求其放心而已。」因之儒家的學問的程度深淺，就看他的心的研究怎樣？儒家的一切工夫的基礎，全建築在這心的工夫上。

宋儒既是儒學的流傳，他們對於心的研究是到了怎樣的程度？這在研究宋學的恐怕是應該要解答的問題吧！明白了這問題同時宋學是不是儒學的流傳的問題也解決了。

二、對心學之態度

第一步先研究宋儒對於心學的態度。

宋儒對於心學的態度，可分爲重視與不重視的二派，不重視的比較人數少，重視的比較人數多；又不重視的在宋學中是別派，重視的是正統派。二派的人物暨言論重要者如下述：

甲、不重視派

這派主要人物當推葉適陳亮爲代表，葉氏有言：

「蓋以心爲官出孔子之後，以性爲善自孟子始，然後學者盡廢古人之條目，而專以心爲宗主，致虛意多實力少，測知廣，凝聚狹而堯舜以來內外相成之道廢矣！」

「徐遵明指其心謂眞師正在於此，古者師無誤，師卽心也，心卽師也，非師無心，非心無師。以左氏考之，周衰，設學而教者師已有誤，故其義理漸差。及至後世，積衆師之誤以成一家之學，學者惟師之信而心不復求，遵明此語，殆千載所未發。雖然，師誤猶可改，心誤不可爲，此既遵明所不及，而以心爲陷穽者方滔滔矣。」

「古之聖賢無獨指心者，舜言人心道心，不止於治心，孟子始有盡心知性，心官賤耳目之說，蓋辯士索隱之流多論心，而孟荀爲甚。」

「耳目者視聽之官也，心而無與乎視聽之事，則官得守其分。夫心有欲者物過而目不見，聲至而耳不聞也，故曰上離其道，下失其事。心術者無爲而制竅者也。案孟子稱耳目之官，心之官，予論之已詳，然則執心既甚，形質塊然，視聽廢而不行，蓋辯士之言心也，其爲心之害大矣！洪範：『思日睿，睿作聖，』各守身之一職，與視聽同謂之聖者，以其經緯乎道德仁義之理，流通於事物變化之用，融暢淪浹，卷舒不窮而已！惡有守獨失類，超忽惝恍，狂通妄解，自矜鬼神也哉?!」——以上水心習學記言。

「古人多識前言往行以蓄其德，近世以心通性達爲學，而見聞幾廢，狹而不充，爲德之病。」——水心文集題周子實所錄。

「諸儒以觀心空寂名學，默視危拱，不能有論詰，猥曰道已存矣。」——同宋廐父志。

「唐虞三代上之治爲皇極，下之教爲大學，行之天下爲中庸，漢以來無能明之者，今世之學始於心，而三者始明。然唐虞三代內外無不合，故心不勞而道自存，今之爲道者，務出內以治外，故常不合。」——水心外集皇極大學中庸三論總述。

葉氏所言，大都反對學問的偏重於心，對於當時的心學，極排斥之能事。但他不是不重心，心是應該重的，但只不過如同耳目一樣，說心超過耳目，那就不對，因爲他以爲心之官與耳目之官，同不過爲人身的一部，耳目之官「聰明，」心之官「思，」在人身上各司其事罷了，並無什麽特別希奇，故曰「上離其道，下失其事，」換言之，卽葉氏亦重心，唯與耳目並重，不偏重。葉氏還有一段議論：

「力學莫如求師，無師莫如師心。……人必知其所當行，不知而師告之，師不吾告，則反求於心，心不能告，非其心也。……人必知其所自有，不知而師告之，師不吾告，則反求於心，心不能告，非其心也。……然則求其心而已，無師非所患也。」——水心文集送戴許蔡仍王汶序。

「……夫是理豈不素具而常存?然而無形無色，人必穎悟，眇然獨見，耳目之聰明，心志之思慮，有出於見聞之外者，不如是，不足以得之。」——同范東叔覺齋記。

這顯明地是重心是耳目之聰明與心志之思慮並重，若偏重心則爲錯誤了，換言之，葉氏反對專以偏重心爲講學的方法。儒家自曾子子思孟子以後，言心之處較多，表面上是自曾子子思孟子以下的儒家方才重視心學，故葉氏自曾子子思以下均不無微辭，這是葉氏不曉得儒家學說的主幹的緣故。葉氏爲永嘉學派，雖然一轉向來該派的純功利之說，然而以經制言學的風尚仍然未除，他雖自命爲孔子的流裔，但與孔子的宗旨是不同的。

水心門人約略可分四派，有爲性命之學者，有爲經制之學者，有爲事功之學者，有爲文字之學者（用全謝山語）反對以心學爲重要的卻佔大多數。此外如陳亮亦目心性之學爲空虛，爲事功而言事功，較葉水心之以經制言事功又有分別，然其不重視心學則同，或者可說是有過之無不及。

乙重視派

此派人數較多，不能一一列舉，茲將其較有名及其言論之極端者，排比如下：

徐積：「初見胡安定，頭容稍偏，安定厲聲曰『頭容直！』積猛然自省，不特頭容要直，心亦要直，自是不敢有邪心。」——安定學案附錄。

陳襄：「今有裸衣而倒行者，目之者曰：『此狂惑喪心之人。』至於學者喪其本心，不惟不自知，亦無目而指之者，豈不宜大自驚懼，持循而修省哉？」——古靈文集答徐洪。

「好學以盡心，誠心以盡物，推物以盡理，明理以盡性，和性以盡神。」——同送章衡序：

「學校之設，非以教人爲詞章取利祿而已，當致學者首明周官三物之要，使有以自得於心，心而形於事業，然後可以言仕。」——同杭州勸學文。

司馬光：「學者所以求治心也，學雖多而心不治，何以學爲？！」——温公迂書學要。

「小人治迹，君子治心。」——同治心。

邵雍：「天地之大寤在夏，人之神則存於心。」——觀物外篇。

「心爲太極，」又曰「道爲太極。」——同。

「先天之學心也，後天之學迹也，出入有無死生者道也。」——同。

「先天學心法也，圖皆從中起，萬化萬事生於心也。」——先天卦位圖。

「廓然心境大無倫，盡此規模有幾人?我性卽天天卽我，莫於微處起經綸。」——詩。

周敦頤：「治天下有本，身之謂也；治天下有則，家之謂也。本必端，端本，誠心而已矣；則必善，善則，和親而已矣。」——通書家人睽復无妄第三十二。

程顥：「只心便是天。」——語錄。

「告神宗曰：『先聖後聖，若合符節，非傳聖人之道，傳聖人之心也，非傳聖人之心也，傳己之心也。己之心，無異聖人之心，廣大無垠，萬善皆備，欲傳聖人之道，擴充此心焉耳』」——同。

程頤：「心道之所在也。」——語錄。

「學者須敬守此心」。——同。

張載：「大其心，則能體天下之物，物有未體，則心爲有外。……」——正蒙大心篇。

胡寅：「聖學以心爲本。」——崇正辯。

胡宏：「天下莫大於心，患在於不能推之爾！莫久於心，患在於不能順之爾！」——胡子知言。

「氣之流行，性爲之主；性之流行，心爲之主。」——同。

范浚：「茫茫堪輿，俯仰無垠，人生兩間，眇然有身。是身之微，太倉稊米，參爲三才，曰惟心耳！往古來今，孰無是心？心爲形役，乃獸乃禽。」——香溪文集心箴。

「學者覺也，覺由於心，心有不存，何覺之有？」——同三益齋記。

朱熹：「答張敬夫曰：『近復體察，見得此理須以心爲主而論之，則性情之德，中和之妙，皆有條而不紊，蓋人之一身，知覺運動莫非心之所爲，則心者所以主於身而無動靜語默之間者也。』」——中和說。

「爲學大要只在求放心。」——語要。

陸九齡：「孩提知愛長知欽，古聖相傳只此心。」——鵝湖示同志詩。

朱子答張南軒曰：「子壽兄弟氣象甚好，其病卻在盡廢講學，而專務踐履，於踐履中要人提撕省察，悟得本心此爲病之大旨。」

陸九淵：「萬物森然於方寸之間，滿心而發，充塞宇宙無非此理。」——語錄。

「學問不得其綱，則是二君一民！等是恭敬，若不得其綱，則恭敬是君，此心是民；若得其綱，則恭敬者乃保養此心也。」——語錄。

黃榦：「天以是心而成萬物，人以是心而成萬事。」——勉齋文集復楊志仁。

蔡沈：「二帝三王之治本於道，二帝三王之道本於心，得其心則道與治可得而言矣。何者？精一執中，堯舜禹相授之心法也，建中建極，商湯周武相傳之心法也，曰德曰仁曰敬曰誠，言雖殊而理則一，無非所以明此心之妙用也，至於言天，則嚴其心之所自出，言民則謹其心之所由施，禮樂教化，心之德也，典章文物，心之著也，家齊國治而天下平，心之推也，心之德其盛矣乎！二帝三王存此心者也，夏桀商紂亡此心者也，太甲成王困而存此心者也，存則治，亡則亂，治亂之分，顧其心之存不存何如耳！後世人主有志於二帝三王之治，不可不求其道，有志於二帝三王之道，不可不求其心，求心之要，舍是書何以哉？」——書經集傳序。

魏了翁：「臣聞心者人之太極，而人心又爲天地之太極，以主兩儀，以命萬物，不越諸此。」——鶴山奏劄。

右列諸家皆以心爲重者也。心爲一切之主，所以學問應重視心，應以心爲唯一的對象，就是孟子「學問之道無他，求其放心而已」的宗旨。

以上是言宋儒對於心學的態度，一派是不重視，一派是重視，不重視的是少數派，是別派，重視的是多數派，是正統派，這是關於宋學的心的研究的第一步分析。

三、「心是什麽」之分析的分析

不重視心學的，自然對於心的議論少些，我們現在無法去研究他們的心的學說，這裏將他們撇開，專研究宋儒中重視心學的這一派。

宋儒之重視心學者，究竟他們所說的心，是如何的一個東西？這應該列入第二步分析的工夫，這，我現在姑先舉出朱子的言論，作爲說明：

「人之所以位天地之中而爲萬物之靈者心而已矣！然心之爲體不可以聞見得，不可以思慮求，謂之有物，則不得於言，謂之無物，則日用之間，無適而非是也，君子於此亦將何所用其力哉？必有事焉而勿正心勿忘勿助長則存之之道也，如是而存，存而久，久而熟，心之爲體，必將瞭然有見乎參倚之間而無一息之不存矣。」——晦翁文集存齋記。

「問『人心形而上下如何？』曰『如肺肝五臟之心卻是實有一物；若今學者所論操舍存亡之心，則自是神明不測。故五臟之心受病，則可用藥補之；這箇心則非菖蒲茯苓所可補也。』問：『如此則心之理乃是形而上否？』曰：『心比性則微有迹，比氣則自然又靈。』問：『先生嘗言心不是這一塊，義剛竊謂滿體皆心也，此特其樞紐爾！』曰：『不然，此非心也，乃心神明升降之舍。人有病心者，乃其舍不寧也。凡五臟皆然，心豈無運用？須常在軀殼之內，譬如此建陽縣知縣，須常在衙裏，始管得這一縣也。』義剛曰：『然則程子言心要在腔子裏，謂當在舍之內，而不當在舍之外邪？』曰：『不必如此，若言心不可在脚上，又不可在手上，只得在這些子上也。性猶太極也，心猶陰陽也，太極只在陰陽之中，非能離陰陽也。至論太極自是太極，陰陽自是陰陽，惟性與心亦然，所謂一而二二而一也。』——語要。

這一段說明了宋儒所謂心，不是在生理上管着循環作用的這顆肉做成的心，這顆肉心只能算做心之舍，而宋儒所說的心，乃是一種「神明不測的抽象的東西，」這是各家所相同的；至如說心比性則微有迹，比氣則自然又靈，」那又當別論。

「廓然心境大無倫，盡此規模有幾人？我性卽天天卽我，莫於微處處經綸。」——邵雍詩。

「問：『舍則亡，心有亡何也？』曰：『否，此是心無形體，纔主著事時便在這裏，纔過了便不見。』」——伊川語錄。

「問：『人之形體有限量，心有限量否？』曰：『論心之形則安得無限量？』又問：『心之妙用有限量否？』曰：『自是人有限量，以有限之形，有限之氣，苟不通之以道，安得無限量？……苟通之以道，又豈有限量？』」——伊川語錄。

「心之爲臟可見，其能思慮者不可見，其可見者有大有小，有彼有此，有縱有橫，有高有下，不可得而一；其不可見者，不大不小，不彼不此，不縱不橫，不高不下，不可得而二。」——慈湖己易。

宋儒所言的心，既是一種神明不測的抽象的東西（參看前章調和派朱子一節）則與此有關而同爲抽象的名詞如性，情，意等究竟有什麽分別呢？分別不淸，依然不能明了心畢竟是什麽？這一層宋儒看得很淸楚，所以對於心不但說不是肉的心，而且區別牠與性情意等怎樣的不同，進一步令神明不測的抽象的心也得了一個界說，他們認爲這個也是很必要，但他們就在這上頭生出了不同。

這不同的內容很複雜，概括的說，可併爲眞實派與虛僞派二大類：

甲、虛僞派：

這派始舉蘇軾一人爲代表。蘇軾只承認「性」而「命」「情」「心」「意」均由「性」而得名。「性」爲何物？他說只可得知而不可得見，不可得言，「性」而至於不自覺知，謂之「命」，其變化所之謂之「情」，有性存乎心謂之「心」，有所注存者謂之「意」，「性」是眞的，「命」是性之至當然也是眞的，「情」乃性之變化，是眞是僞可不用言，「心」與「意」是由「性」的「有」與「存」而產生，那就不是原形了，所以說：「有是心也，僞之始也，」「賢者存意而妄見」（易解），「心」與「意」都是「僞」「妄」的，「心」雖僞而有於中，「意」則似偏重於外見所以在「心」只說「僞」，而在「意」則便斥之爲「妄」，「心」只是「僞之始，」而「意」則爲「妄見，」這又是「心」與「意」不同的處所。

大抵蘇氏認道體爲一抽象的東西，他說：

「陰陽果何物哉？雖有婁曠之聰明，未有能得其髣髴者也。陰陽交然後生物，物生然後有象，象見而陰陽隱，凡可見者皆物也，非陰陽也，然謂陰陽爲無有可乎？雖至愚知其不然也。物何自生哉？是故指生物而謂之陰陽，與不見陰陽之髣髴而謂之无有，皆惑也，聖人知道之難言也，故借陰陽以言之，曰：『一陰一陽之謂道，』一陰一陽者陰陽未交而物未生之謂也，喻道之似莫密於此者矣！陰陽一交而生物，其始爲水火者无有之際也，始離於无而入於有矣！老子識之，故其言曰：『上善治水，』又曰：『水幾於道，』聖人之德雖可以名，而不囿於一物，若水之無常形，此善之上者，幾於道矣而非道也。若夫水之未生，陰陽之未交，廓然无一物而不可謂之无有此眞道之似也。陰陽交而生物，道與物接而生善物生而陰陽隱善立而道不見矣！故曰『繼之者善也，成之者性也。』」——蘇氏易解，

道體雖「無」然不是「无有，」他承認老子識道，當然與老子的「無」有些關係了！但他對於佛學也有研究他的來源似乎很雜。他又說：

「敢問『性與道之辨？』曰『難言也，可言其似，道之似則聲也，性之似則聞也，有聲而後聞邪？有聞而後聲邪？是二者果一乎果二乎？孔子曰，人能宏道，非道宏人，又曰神而明之，存乎其人，性者所以爲人者也非是無以成道矣。』」——同上。

拿聲聞比喻道與性，是一是二雖不可知，但性是所以爲人者，非性無以成道，道與物爲兩個東西，性雖屬於物而成道則因有性，蘇氏於此有二點與儒家主張不同：

子、道與物爲二，儒家主張爲一。

丑、性所以成道，儒家謂率性之謂道。

不過蘇氏研究很深，當時的儒者都奈何他不得，終於起了蜀洛黨爭，他的學說在北方很盛行。

因爲蘇氏承認「性」而不主張有性存於心，存於心便是有心，有心便是僞，性之至爲不自知覺的命，那麽，君子知命，當然一切以不自覺知爲依歸了。所以他對於自然界是抱着欣賞的態度，他的人生觀是樂天的，我們讀蘇氏的詩文，到處都覺得充滿了超然快樂意思，原來他的中心思想是如此。

乙、眞實派：

這派關於心的見解雖有種種，然大致都承認心是眞實而非虛僞的。

孫復：「文者道之用也，道者教之本也，故必得之於心而後成之於言。」——睢陽子集與張洞書。

「去君臣之禮，絕父子之戚，滅夫婦之義，儒者不以仁義禮樂爲心則已，若以爲心，得不鳴鼓而攻之乎？」——同儒辱。

石介：「夫勤憂天下者聖人之心也。」——徂徠文集憂勤非損壽論。

范純仁：「語人曰『國之本在君，君之本在心，人君之學當正心誠意以仁爲體。』」——見宋元學案高平學案本傳附錄。

陳襄：「至於學者喪其本心，不惟不自知，亦無目而指之者。」——古靈先生文集答徐洪。「古之聖賢存其心，……彼豈不知養心治氣安佚之樂？」——同與傅推察序。「行身於大方之塗，養心於至義之源。」——同送管師常序。「好學以盡心，誠心以盡物。」——同送章衡序。「當致學者首明周官三物之要，使有以自得於心而形於事業，然後可以言仕。」——杭州勸學文。

王開祖：「形容不欺芻木，幽晦不欺鬼神，言而不欺童昏，動而不欺愚懵，凝目於鼻，游心於帶，是制心者也，非治心者也。坐則見其存於室，行則見其立於輿，是治心者也，非養心者也。」——儒志編。

「中夜息於幽室之中，吾心之清明者還矣，孝弟忠信生於此時，舜與周公坐以待旦，急吾行而不忘也。」——同上。

「心動則氣窒，心外慮則昏耗。」——同上。

司馬光：「學者所以求治心也，學雖多而心不治，何以學爲？」——温公迂書。

邵雍：「天地之大寤在夏，人之神則存於心。」——觀物外篇。

「心爲太極。」——同上。

「先天之學心法也，圖皆從中起，萬化萬事生於心也。』——先天卦位圖。

周敦頤「純其心而已矣。」——通書。

「誠其心而已矣。」——同上。

程顥：「主於身爲心。」——語錄。

「心要在腔子裏。」——同上。

「欲傳聖人之道，擴充此心焉耳。」——同上。

程頤：「自存諸人言之謂之心。」——語錄。
「心，道之所在也。」——同上。
「心卽道也。」——同上。

張載：「人有是心在隱微，必乘間而見。」——正蒙神化篇。

胡安國：「心者身之本也。」——時政論。

曾幾：「通天下是一箇心。」——曾茶山語。

張九成：「人皆有此心，何識之者少也？儻私智消亡，則此心見矣，此心見則入孔子絕四之境矣。」——橫浦日新。

胡寅：「人未有無心者也。自古大聖人垂世立教，曰養心，曰宅心，曰存心，曰洗心，不言無心也。心不可無，無則死矣！」——崇正辯。

胡宏：「心無不在。」——胡子知言。
「心性二字，乃道義淵源。」——同上。

吳翌：「人之情發，莫非心爲之主。」——澄齋問答。

范浚：「參爲三才，曰惟心耳！往古來今，孰無是心？心爲形役，乃獸乃禽。」——香溪文集心箴。

朱熹：「蓋人之一身，知覺運動，莫非心之所爲，則心者所以主於身而無動靜語默之間者也。」——中和說三

「心也者萬事之宗也。」——語要。

陸九淵：「陳北溪曰，『象山教人終日靜坐以存本心，無用許多辯說勞攘。』」——象山學案附錄。

楊庭顯：「吾之本心，澄然不動，密無罅隙處。」——慈湖先訓。

李伯敏：「紛紛枝葉漫推尋，到底根株只在心。」

袁燮：豐清敏稷祠堂記有云：「嘗誦公之詩有曰，『日往月來無成期，好把心源蚤夜思，』而後知公之所以特立者，原乎是心而已，大哉心乎，天地同本，精思以得之，兢業以守之，則亦可以與天地相似。」

以上諸家，無論其學說怎樣不同，其承認心爲一眞實的東西則一致。又此所舉者不過爲示其代表者而已，不但人數不止如此之多，卽各人言心之語亦有縷列不盡之觀。不過諸家雖同承認心爲一眞實的東西，但其所以爲說之處，則又各各不同，此其中可分爲兩派別，一爲已發論，一爲未發論，再細求之，未發論中更可分爲心卽理與心不止是理二小流，其學說之各如何，則如下：

子、已發論

主張此論者以湖南學派中胡宏爲最，胡氏有言：

「心性二字乃道義淵源，當明辨不失毫釐，然後有所持循。未發只可言性，已發乃可言心，故伊川云：『中者所以狀性之體段，而不可狀心之體段』心之體段難言，無思也，無爲也，寂然不動，感而遂通天下之故是也，未發之時，聖人與衆同一性，已發則無思無爲，寂然不動，感而遂通天下之故，聖人之所獨。若尹楊二先生以未發爲寂然不動，是聖人感物亦動，與衆人何異？至尹先生又以未發爲眞心，然則聖人立天下之大業，成絕俗之至行，舉非眞心耶？故某嘗謂喜怒哀樂未發，沖漠無眹，同此大本，雖庸與聖無以異；而無思無爲，寂然不動，乃是指易而言，易則發矣。故無思無爲，寂然不動，聖人之所獨，喜怒哀樂未發句下，還下得感而遂通一句否？若下不得，則知立意自不同。伊川指性指心，蓋有深意。」——鶴山師友雅言。

此胡氏主張心爲已發之言論也。自某一面觀之，胡氏亦如蘇軾之以性爲本然；蘇氏謂性存于心，爲有心有心爲僞，胡氏則不然，其知言中有云：

「聖人指明其體曰性，指明其用曰心，性不能不動，動則心矣。」

體用心性之云，朱子謂「恐自上蔡謝子失之」此層姑且擱下。如「動則心矣」云云，是分明言心乃性之動，與蘇氏之意旨則有別。又胡氏有云：

「天下莫大於心，患在于不能推之爾！莫久于心，患在于不能順之爾！」——知言。

「心無不在。」——同上

「『天命之謂性，性，天下之大本也，堯舜禹湯文王仲尼六君子先後相詔，必曰心而不曰性何也？』曰：『心也者，知天地宰萬物以成性者也，六君子盡心者也，故能立天下之大本，人至於今賴焉，不然，異端並作，物從其類而瓜分，孰能一之？』」——同上。

「性定則心宰，心宰則物隨。」——同上。

「氣之流行，性爲之主，性之流行，心爲之主。」——同上。

「有而不能無者，性之謂與！宰物不死者，心之謂與！感而無自者，誠之謂與！往而不窮者，鬼之謂與！來而不測者，神之謂與！」——同上。

「或問：『心有死生乎？』曰：『無生死。』曰：『然則人死其心安在？』曰：『子旣知其死矣，而問安在耶？』或問曰：『何謂也？』曰：『夫唯不死，是以知之，又何問焉！』或曰：『未達』。胡子笑曰：『甚哉子之蔽也！子無以形觀心，而以心觀心，則其知之矣。』」——同上。

胡氏始終認爲有心，並承認心爲物之宰，物有死生，而心則無死生，與蘇氏亦顯然不同，且謂心所以成性，言出心性關係如此重要。

胡氏又嘗言「心之精微，言豈能宣？涉着言語，便有滯處，歷聖相傳，所以不專在言語之間」（五峯文集與彪德美。）但於別處則又云：「誠成天下之性，性立天下之情，情效天下之動，心妙性情之德，誠者命之道乎，中者性之道乎，仁者心之道乎，惟仁者爲能盡性至命」（張南軒文集胡子知言序）「仁者心之道乎」是以仁說心了，依然是孟子「仁人心也」的嫡派，與蘇子有別。謂心爲「性之已發」「性之動」，則最令人繳繞不淸者便是「情」「意」等，不知又將如何處置？胡氏亦嘗言及之：

「凡天命所有，而衆人有之者，聖人皆有之；人以情爲有累也，聖人不去情；人以才爲有害也，聖人不病才；人以欲爲不善也，聖人不絕欲；人以術爲傷德也，聖人不棄術；人以憂爲非達也，聖人不忘憂；人以怨爲非宏也，聖人不釋怨；然則何必別於衆人乎？聖人發而中節，而衆人不中節也。中節者爲是，不中節者爲非。……」——知言。

情、才、欲、術、憂、怨，都謂爲天命所有，不及「意」，是意爲非天命所有了，意爲後起之物了。又情才等如何區別，亦未加以說明，情與心之區別更未道及，令人依然處於五里霧中。不過若就「天命所有」一語觀之，則當是情等原爲性之所有，而心則是已發後之主宰，其區別自是顯然。

考心爲已發之說實不始於胡氏，小程子伊川亦嘗有是言：

「凡言心者，皆指已發爲言。——呂大臨未發問答。」

但程子隨卽解之曰：

「凡言心者指已發而言，此固未當，心一也，有指體而言者，寂然不動是也，有指用而言者，感而遂通天下之故是也，惟觀其所見何如爾！」——同上。

是程子所謂已發，乃一時應答之語，實指心之用而言，與胡氏逕指心之體爲未發自有分別了。

呂大臨問程子有言：

「先生謂『凡言心者皆指已發爲言，』然則未發之前，謂之無心可乎？竊謂未發之前，心體昭昭具在，已發乃心之用也。」

程子當時承認是指言心之用，胡氏因爲程子有「中者所以狀性之體段，而不可言狀心之體段，」中庸「喜怒哀樂之未發謂之中，」於是而謂心爲已發，未發爲性，性爲大本，心則本於性（胡氏致其兄仲原書有「此心本於天性」之語，）雖然說是程子之意，實際與程子之意遠有分別（參看下心不止是理一節。）

假如說，心爲已發之說啟蒙於程伊川，至胡五峯而始成立，那卻沒有毛病。

胡氏之說，其弟子吳翌又加以闡發：

「遺書云：『自性之有形者謂之心，自性之有動者謂之情。』又曰：『心本善，發於思慮則有善有不善，若既發則可謂之情，不可謂之心。』夫性也心也情也，其實一也。今由前而觀之，則是心與情各自根於性矣。由後而觀之，則是情乃發於心矣。竊謂人之情發，莫非心爲之主，而心根於性，是情亦同本於性也。今日若既發則可謂之情，不可謂之心，然則既發之後，安可謂之無心哉？豈非情言其動，而心自隱然爲主於中乎？」——澄齋問答。

吳氏所引遺書之語，前者爲伊川說的，後者爲明道說的。吳氏之意則主張伊川而反對明道，謂心與情同根於性，情是性之動，心則隱然爲情之主於中，將情與心分別說出所以然來，這是較胡氏爲有進步，但以已發言心宗旨還是與師門無異。

丑、未發論

主張未發論的，程明道就是一個。前面所引吳翌的澄齋問答一段中「若既發則可謂之情，不可謂之心」一語，卽是他很顯明的態度。其次如朱子也是反對胡宏的心爲已發的學說，知言疑義卽是對於胡宏的知言有所懷疑。他說：「心性體用之云，恐自上蔡謝子失之，此云性不能不動，動則心矣，語尤未安，凡此心字，皆欲作情字如何？」他並懷疑着小程子的「自性之有形者謂之心」中「有形」二字，他說：「伊川有數語說心字，皆分明，此一段卻難曉，不知『有形』二字合如何說？」蓋朱子所謂心，不是指有形的管理循環作用的心而言，而是一種抽象的神明不測的東西，當然於小程子所謂「有形」二字不能無疑了。但畢竟根本不同之點，還是在心的未發與已發之論點，小程子雖不是完全主張心的已發論，而已發論之出自其口，多少是偏向這一邊，朱子則壓根兒就不贊成這一說，已發方有形可言，未發論者自然是懷疑着。未發論者爲數極多，這裏無用一一縷列了，我們若一考察其內容，則又顯然有「心卽理」與「心不止是理」兩小不同的流派。

天、心卽理派

這派第一個人物是程明道，他的態度很鮮明，他說：

「問『心有善惡否？』曰『在天爲命，在義爲理，在人爲性，主於身爲心，其實一也。心本善，發於思慮則有善有不善若既發則可謂之情，不可謂之心，譬如水只謂之水，至如流而爲派，或行於東，或行於西，卻謂之流也。』」——語錄。

他說心與命、理、性、原是一個，既發便謂之情，不可謂爲心了。他又說：

「蓋上天之載，無聲無臭，其體則謂之易，其理則謂之道，其用則謂之神，其命於人則謂之性，率性則謂之道，修道則謂之教。孟子在其中又發揮出浩然之氣，可謂盡矣」——同上。

「『生生之謂易，天地設位而易行乎其中，乾坤毀則無以見易，易不可見，乾坤或幾乎息矣，易畢竟是甚？』又指而言曰『聖人以此洗心，退藏於密，聖人示人之意至此深且明矣，終無人理會易也，此也，密也，是甚物？』」——同上。

「天地設位而易行乎其中矣，乾坤毀則無以見易，易不可見，乾坤或幾乎息矣。易是個甚？易又不只是這一部書，是易之道也。不要將易又是一箇事，卽事盡天理便是易也。」——

同上。

道、神、性、教、氣等等的本體都是易，易是甚，卽事盡天理便是；又心與性，理原是一箇；那麽，心的本體就是天理了！他又說：

「吾學雖有所授受，天理二字卻是自家體貼出來。」——語錄。

「學者須先識仁，仁者渾然與物同體，義禮智信皆仁也，識得此理，以誠敬存之而已，不須防檢，不須窮索。……蓋良知良能元不喪失，以昔日習心未除，卻須存習此心，久則可奪舊習，此理至約，惟患不能守，既能體之而樂，亦不患不能守也。」——識仁篇。

識仁就是識理，識理就是存心，奪卻習心，恢復本心，就是仁，就是理，也就是本心與天理原來是一個了！他又說：

「聖人千言萬語，只是欲人將已放之心約之使反復入身來，自能尋向上去，下學而上達也。」——語錄。

這樣好像求放心是下學的工夫，心不能算是極高明的理（語錄有云：理則極高明），但他又告宋神宗說：

「先聖後聖若合符節，非傳聖人之道，傳聖人之心也，非傳聖人之心也傳己之心也，己之心無異聖人之心，廣大無垠，萬善皆備，欲傳聖人之道，擴充此心焉耳。」

這樣下學就是上達，心就是極高明的理了！所以他又說：

「學者須敬守此心。」

「心要在腔子裏。」

「須是大其心使開闊。」

「只心便是天。」

「滿腔子是惻隱之心。」

「萬物皆備於我，不獨人耳，物皆然，都自這裏出去，只是物不能推，人則能推之，雖能推之，幾時添得一分？不能推之，幾時減得一分？百理具在，平鋪放着，幾時道堯盡君道，添得些君道多，舜盡子道，添得些孝道多？元來依舊。」

把心發揮無遺。心原來一樣，只在推與不推，人與物之分在此。心原來廣大，有時約之在一身之內，有時又大之於天地之外，心就是天，心就是理的道理更明白了。

其次推謝上蔡良佐，他說：

「心者何也？仁是已。仁者何也？活者爲仁，死者爲不仁。」——語錄。

「仁者天之理，非杜撰也。……聖門學者大要以克己爲本，克己復禮無私心焉則天矣。孟子曰：『仁人心也，盡其心者知其性也，知其性則知天矣。』」——同上。

「所謂天理者，自然底道理，無毫髮杜撰，……所謂天者理而已。」——同上。

天理卽是理，仁是天理，也就是理，心是仁，心就是理了。他又說：

「『天理也，人之理也，循理則與天爲一，與天爲一，我非我也，理也，理非理也，天也，唯文王有純德，故曰「在帝左右」，帝謂文王，帝是天之作用處。』或曰：『意必固我有一焉，則與天地不相似矣。』曰：『然，理上怎安得箇字？易曰與天地相似，故不違，相似猶是自語。』」——語錄。

「問：『一日靜坐見一切事平等皆在我和氣中，此是仁否？』曰：『此只是靜中之工夫，只爲心虛氣平也，須於應事時有此氣象方好。佛之論性，如儒之論心，佛之論心，如儒之論意，循天之理便是性，不可容些私意，才有意便不能與天爲一。』」——同上。

「心本一，支離而去者乃意耳。」——同上。

這都是說心爲未發，已發的乃是意，心爲至極，心的上頭再不能安得一字，意必固我的毛病就由此發生，沒有意便與天爲一，便是心不支離，心本一不支離，心就是天就是理的意思更明白了。

其次有張橫浦九成，亦主張心就是理，他說：

「仁即是覺，覺即是心，因心生覺，因覺有仁，脫體是仁，無覺無心，有心生覺，已是區別，於區別熟則融化矣。」——橫浦心傳。

「人皆有此心，何識之者少也？儻私智消亡，則此心見矣，此心見則入孔子絕四之境矣。」——橫浦日新。

此以心爲主，而謂心卽是覺覺卽是仁，心見則入孔子絕四之境，則心是未發之本體了。其學說乃與上蔡相似，不乃承襲上蔡的衣缽依然主張心卽是理。在當時有人批評他受佛徒杲老之命，多作改頭換面的議論，但在心卽理這一點，是上承大程子的學統卻當別論。

其次有胡寅，亦主張心卽是理，他說：

「聖學以心爲本，佛氏亦然，而不同也。聖人教人正其心，心所同然者謂理也義也，窮理而精義，則心之體用全矣。」——崇正辯。

是則心之體爲理，心之用爲義了。心之體既爲理，則其主張，心卽理的意旨很明白了。所以他又說：

「理之所在，先聖後聖，其心一也。」——同上。

「佛教以心爲法，不問理之當有當無也。心以爲有則有，心以爲無則無，理與心爲二，謂理爲障，謂心爲空，此所以差也。聖人心卽是理，理卽是心，以一貫之，莫能障者。……」——同上。

其弟胡宏主張心爲已發，自謂上接小程子頤的學統，其兄胡寅則主張心卽是理，乃上接大程子顥的學統，這是湖南學派應該注意的地方。

最後這派的鉅子當數江西陸氏了。陸象山九淵對於這一類的抽象名詞，嘗不肯發言，卽有時言及，亦多爲處於不得已的境遇，如答李伯敏的問語有云：

「伯敏云：『如何是盡心？性才心情如何分別？』先生云：『如吾友此言又是枝葉。雖然，此非吾友之過，蓋舉世之弊。今之學者，讀書只是解字，更不求血脈。且如情、性、心、才、都只是一般物事，言偶不同耳！』伯敏云：『莫是同出而異名否？』先生曰：『不須得說，說著便不是，將來只是滕口說，爲人不爲己，若理會得自己實處，他日自明，若必欲說時，則在天者爲性，在人者爲心，此蓋隨吾友而言，其實不須如此，只是要盡去爲心之累者。』」——象山語錄。

明儒羅整菴先生曾於困知記中批評陸象山，現照鈔一段，可以省去徵引陸象山的許多原文：

「嘗考其言有云：『心卽理也。』然則性果何物耶？又云：『在天者爲性，在人者爲心。』然則性果不在人耶？」

他的批駁可以不管，陸象山的主張心卽理的證據就在此。情、性、心、才，同出而異名，羅氏說「性果不在人」，是未看懂陸氏的話。陸氏又說過：

「此理塞宇宙，所謂道外無事，事外無道。」

「萬物森然於方寸之間，滿心而發，充塞宇宙，無非此理。」——同見語錄。

這也是心卽理的發揮。陸氏認心就是理，所以赤裸裸地主張本心之說。本心二字雖然倡自孟子，宋儒陳古靈裏有「學者喪其本心」之語，蘇東坡也嘗有「本心」之言，但是以本心作爲學說中心的，則推陸象山。陸氏教人爲己，都是本心的這一條路（參看前章調和派一節）。陸氏而後，其門人如楊慈湖簡是極端主張本心之說的，己易一篇中發明心卽是理的理由更充足，他告訴曾熠說：「才言體察，是未信此心之卽道也……君子見善則遷，有過則改，改卽足矣。故孔子曰：『改而止，』改而不止，是謂正其心，反成起意耳。」他更說：「心之精神謂之聖，」

他的學說以「不起意」爲宗，他說：「意起人心始不明。」又如袁絜齋燮也是主張心卽理的人，他說：「道不遠人本心卽道」（陸門言道就是理，與小程子的言道不同）又說：「大哉心乎，與天地一本。」此外主張心卽理的人還多着，這裏不用多舉了。

陸門以後主張此說的比較少數，直到明朝王陽明守仁於是這派又抬起頭來，而心卽理的學說彌漫了全中國。

綜而言之：「心卽理派」的重要人物，爲程顥謝良佐張九成胡寅及江西陸九淵一門，明代王守仁是這派的流裔。

地、心不止是理派

奇怪，這派的始倡者竟是小程子頤。湖南學有胡寅胡宏的兄弟不同，洛學中也有大程與小程的不同，拿地理來疆界學術，是多麽不可靠的事啊！

小程子有言：

「心與道渾然一也。」

「心卽道也，在天爲命，在人爲性，論其所主爲心，其實只是一個道。」

只說心卽是道，不說心卽是理？何故究竟道與理在他的看法有何不同？他這樣說：

「中卽道也，……在天曰命，在人曰性，循性曰道，性也命也道也，各有所當，……中也者所以狀性之體段，如天圓地方，遂謂方圓爲天地可乎？」——呂大臨未發問答中伊川語。

中不可謂之性，但可謂之道，是道與性有分別了。又「循性曰道」，此處着眼在一「循」字，「循」上必有主詞，卽性加一循之者方謂之道。又云：

「性卽是理，理則自堯舜至於塗人一也。才稟於氣，氣有清濁，稟其淸者爲賢，稟其濁者爲愚。」——語錄。

「性卽理也，所謂理性是也。」——同上。

把理字專屬於性，至於心則須更於性上加循之者，則主張心不止是理了！所以他說：

「問『孟子言心性天只是一理否？』曰：『然，自理言之謂之天，自稟受言之謂之性，自存諸人言之謂之心。』又問：『凡運用處是心否？』曰：『是意也。』問：『意是心之所發否？』

曰：『有心而後有意。』——語錄。

稱性之善謂之道，道與性一也，以性之善如此，故謂之性善。性之本謂之命，性之自然者謂之天，性之有形者謂之心，性之有動者謂之情，凡此數者皆一也。——同上。

朱子不知「有形」二字合如何解，是他未想到小程子主張的心是性上加循之者，循之者自然是「有形」了。

小程子既認心爲性上加循之者，那末，他言心當然與別人不同。

「『人說復以靜見天地之心，非也，復之卦下面一畫便是動也，安得謂之靜？自古儒者皆言靜見天地之心，惟某言動而見天地之心。』或曰：『莫是於動上求靜否？』曰：『固是，然最難，釋氏多言定，聖人便止。……蓋人萬物皆備，遇事時各因其心之所重者更互而出，纔見得這裏重便有這事出，若能物各付物，便是不出來也。』」——語錄。

「一人之心，卽天地之心。」——同上。

人之心就是天地之心，那末言天地之心就是言人之心了！小程子於動言心，因動而心見，並不是謂心爲已發，乃是於動上求靜。所以他雖說凡言心皆指已發而言，所以說與胡五峯的心爲已發論並不同（參看前心爲已發一節）。

小程子雖說心不止是理是道，但未再細言具體的是什麼，張橫渠載與朱晦菴熹便不同了：張橫渠云：

「心統性情者也。」——性理拾遺。

「合性與知覺有心之名。」——正蒙太和篇。

「利者爲神，滯者爲物，是故風雷有象，不速於心，心禦見聞，不宏於性。」——同誠明篇。

所謂「情，」所謂「知覺，」所謂「見聞，」都是心於「性」外所含有的東西。

「由太虛有天之名，由氣化有道之名，合虛與氣有性之名。」——同書太和篇。

虛爲天，氣化爲道，天與道合爲性。

「太虛無形氣之本體，其聚其散，變化之客形爾！至靜無感，性之淵源，有識有知，物交之客感爾！」——同太和篇。

此是互文卽天爲無形而又至靜，性爲至靜而又無形的東西。道則是兼有形與動而有之，人生而靜以上不容說，故言性亦於有形而動者言之。

「天體物不遺，猶仁體事無不在也。」——同天道篇。

「天之不測謂神，神而有常謂天。」

「運於無形之謂道，形而下者不足以言之。」——同上。

「散殊而可象爲氣，清通而不可象爲神。」——同太和篇。

「氣有陰陽，推行有漸爲化，合一不測爲神，其在人也，知義用利則神化之事備矣，德盛者窮神則知不足道，知化則義不足云。」

天無不在，不測而有常，故又謂之神，換言之，天卽神也，道乃其運用之謂，在人則「義」屬於天。

「天所自不能已者謂命。」——同誠明篇。

是命亦天之所不能自已者。

「義命合一存乎理。」

「義」與「命」都爲「天」，義命合一存乎理，則所謂「天」者，實亦卽理而已。天與道合而爲性，卽理與道合而爲性了。性的內涵尙不止是理而爲理與道二者，則心的內涵爲性以外尙有所謂「情」，所謂「知覺」，所謂「見聞」，其不止爲「理」之理由甚明。不但謂不止是理而且具體的指明爲道爲情或者指明爲道爲知覺或者指明爲道爲「貎見聞」這不是較小程子爲進一步了嗎？以下再講朱子：

「心比性則微有迹比氣則自然又靈。」

「性猶太極也，心猶陰陽也，太極只在陰陽之中，非能離陰陽也，然至論太極自是太極，陰陽自是陰陽，惟性與心亦然，所謂一而二二而一也。」

「心，主宰之謂也，動靜皆主宰，非是靜時無所用，及至動時方有主宰也。言主宰則混然體統，自在其中。心統攝性情，非儱侗與性情爲一物而不分別也。」

「問：『意是心之運用處是發處？』曰：『運用是發了。』問：『情亦是發處，何以別？』曰：『情是性之發，情是發出恁地，意是主張要恁地，如愛那物是情，所以去愛那物是意，情如舟車，意如人去使那舟車一般。』」

「未動而能動者理也，未動而欲動者意也。」

「心之所之謂之志，日之所之謂之時，志字从之从心，時字从之从日，如日在午時在寅時，制字之義由此。志是心之所之，一直去底，意又是志之經營往來底，是那志底脚，凡營爲謀度往來皆意也，所以横渠云：『志公而意私。』」

「性只是理，情是流去運用處，心之知覺卽所以具此理而行此情者也，具此理而覺其爲是非者是心也。此處分別乃在毫釐之間，精以察之乃可見爾。」——以上朱子語要。

「蓋人之一身，知覺運動莫非心之所爲，則心者所以主身而無動靜語默之間者也。方其靜也，事物未至，思慮未萌，而一性渾然，道義具全，其所謂中，乃心之所以爲體而寂然不動者也。及其動也，事物交至，思慮萌焉，則七情迭用，各有攸主，其所謂和，乃心之所以爲用感而遂通者也。然性之靜也而不能不動，情之動也而必有節焉，是則心之所以寂然感通，周流貫徹，而體用未始相離者也。」——中和說三。

「伊川先生言：『性卽理也。』此一句自古無人敢如此道，心則知覺之在人而具此理者也。」——晦翁文集答徐子融。

宋學至朱子，各種名詞各還他一個確定的界說，絲毫不含胡，性、心、情、意、志等在宋儒中沒有比他再說得清楚了！「心統攝性情，」這是朱子替心字下的定義。性是理，是靜，情是性之動，動靜都有主宰，心就是這主宰。性與心猶太極與陰陽，自有他們的區分，心比性則微有迹，太極雖只在陰陽中，然心與性畢竟爲二，性亦只在心中而已。換言之，心可包括性，且可包括情，性是理，卽心不止是理了。

朱子的「心統攝性情，」是繼承張子的「心統性情，」但朱子更進一步而指明說心是性情的主宰。於這又想起張南軒栻來了，查「主」字原是張南軒所發明，朱子乃虛懷接受他的改正，這於知言疑義中可以看出：

朱子曰：「『以成性者也，』此句可疑，欲作而統性情也何如？」胡宏曰：「心也者知天地宰萬物以成性者也。」

張南軒曰：「統字亦恐未安，欲作而主性情何如？」朱子曰：「所改主字極有功。」又曰「性固天下之大本，而情亦天下之達道也，二者不能相無，而心也者知天地宰萬物而主性情者也。」

同時我們又可以說張南軒也是這一派的人。而朱子的統性情，經過他的主性情的改正，便與張載的統性情字面同，意義上微有分別了。但朱子所謂「有迹」與小程子所謂「有形，」不知分別在那裏？朱子不解小程子，我又不解朱子。

張載朱熹張栻同主張心不止是理。但只言「心統性情，」「心主性情，」情雖爲性之動，而心則爲情之主，所謂於動中求定，不是以動言心。換言之，張朱之言心，雖於動中言心，並不是以已發言心，這與胡宏有別，而張朱所以依然是未發論派。張子曰：「由象識心」（正蒙，）此語須牢牢記着。

朱子門人陳埴繼朱子之後而主張是說：

「心居性情之間，向裏卽是性，向外卽是情，心居二者之間而統之，所以聖賢工夫，只在心裏着到，一舉而兼得之。橫渠謂『心統性情』，此語大有功。」

宋儒關於心的認識大略盡於上述，再總結之則爲虛僞派與眞實派，眞實派又分爲已發論者與未發論者，未發論者中更可分爲心卽理與心不止是理二小流別，這裏有許多理論爲儒家向所未聞，其所以有這多的派別，多少是受了別家學說的影響，這是關於宋學的心的研究的第二步分析。

四、心是什麼之綜合的分析

第二步分析，已將關於宋學的「心爲什麼」的學說分析清楚了嗎？未也。第二步分析，只是着重在不同的一方面，是分析的分析，在這，算是得了一個結束。還有相同的那一面，綜合的分析，理論上是不可少，事實上亦不可缺，這裏有繼續做這工夫的必要。

說起宋學關於「心爲什麼」的學說相同之點，我們可以認識儒家學說的基本論點了。再可以說：如其不是儒家學說的基點，宋儒對於心的認識那樣不同，何能翻來覆去竟如出一轍地而守住這相同之點呢？進一步說，宋儒如果沒有這相同之點，更何能證明他們是儒家的後裔，而非改頭換面掛羊頭賣狗肉的異端？

宋儒對於心的解釋，相同之點究竟爲什麽？這裏先作一箇單的回答，卽「生」而已。關於生，前第三章第四章裏言仁言性已經作過這樣的研討，現再言其與心之關係。爲明瞭起見，不妨先將那些證例再擇要重複檢抄一些出來（當然同時要參考前兩章）：

歐陽修：「童子問曰『復其見天地之心乎者何謂也？』曰『天地之心見乎動，復也一陽初動於下矣天地所以生育萬物者本於此，故曰天地之心也天地以生物爲心者也。』」——易童子問。

邵伯溫：「萬物無所不生則謂之曰心。」——語錄。

程顥：「天地之大德曰生，天地絪緼，萬物化醇，生之謂性，萬物之生意最可觀，此元者善之長也，斯所謂仁也，人與天地一物也，而人特自小之何哉？」——語錄。

「人心常要活，則周流無窮而不滯於一隅。」——同上。

「生生之謂易是天之所以爲道也天只是以生爲道，繼此生理者只是善也，善便是一個元的意思，元者善之長，萬物皆有春意，便是繼之者善也，成之者性也，成卻待他萬物自成其性須得。」——同上。

「觀天地生物氣象。」——同上。

程頤：「心生道也，有是心斯有是形以生，惻隱之心，人之生道也，雖桀跖不能無是以生，但戕賊之以滅天耳，始則不知愛物，俄而至於忍，安之以至於好殺，豈人理也哉？」——語錄

「人於天地間，並無窒礙處，大小快活。」——同上。

「天之化育萬物，生生不窮，各正性命，乃无妄也，……妄乃邪心也。」——同上。

謝良佐：「心者何也？仁是已。仁者何也？活者爲仁，死者爲不仁。」——語錄。

胡宏：「仁者心之道乎！」——五峯先生語。

「仁者人所以肖天地之機要也。」——胡子知言。

「心之精微，言豈能宣？涉著言語，便有滯處。」——五峯文集與彪德美。

朱熹：「此心之所以周流貫徹而無一息之不仁也。」——中和說答張敬夫。

「天地以生物爲心者也而人物之生，又各得夫天地之心以爲心者也。故語心之德，雖其總攝貫通無所不備，然一言以蔽之，則曰仁而已矣。」——仁說。

「心字一言以蔽之曰生而已，天地之大德曰生，人受天地之氣而生，故此心必仁，仁則生矣。」——語要。

「程子謂心自是活底物事，如何窒定教他不思？只是不可胡亂思，才着箇底意思便添了多少思慮，且不要恁地拘迫他，須自有寧息時。』——同上。

陸九淵：「謂敏求曰『吾友近來精神都死卻，無向來亹亹之意，不是懈怠，便是被異說壞了。夫人學問當有日新之功，今吾友守定，如何得活？』」——語錄。

陳埴：「心生物也，所以能生者以有仁也，……但人心中具此生理。」——木鐘集。

眞德秀：「凡天下至微之物皆有箇心，發生皆從此出。緣是稟受之初，皆得天地發生之心以爲心，故其心無不能發生者。一物有一心，自心中發出生意，又成無限物。且如蓮實之中，有所謂幺荷者，便儼然如一根之荷，他物亦莫不如是。故上蔡先生論仁，以桃仁杏仁比之，謂其中有生意，纔種便生故也。惟人受中以生，全具天地之理，故其爲心又最靈於物，故其所蘊生意纔發出便近而親親，推而仁民，又推而愛物，無所不至，以至於覆冒四海，惠利百世，亦至此而推之耳。此仁心之大，所以與天地同量也。……此卽所謂本心，卽所謂仁也。」——西山答問。

以上所舉均以「生」字解釋心字，除去虛僞派，大抵無不同然。張橫渠西銘原名「訂頑」，標題與內容同爲生字的注疏，前引諸例中無張氏語，補述於此。

儒家所謂「生」，約有二義，一是「生活」，一是「生長」，「生活」的正面是活的新鮮的，反面是死的痲木的，再引申則爲快活的適樂的。生長的正面是日新的前進的，反面是懈怠的後退的，再引申則爲活潑的，自強不息的。中庸上所謂「智」「仁」「勇」三者，都是這生字的描寫。宋儒心的解釋相同之點的「生」字，依據前面所舉的例證，歸納起來，也不外乎三者，這可看出宋儒究竟是誰家的嫡嗣了。

魏鶴山了翁有言：「禮記祭先脾，許氏異義曰：『今尙書歐陽說肝木也，心火也，脾土也，肺金也，腎水也，古尙書說，脾木也，肺火也，心土也，肝金也，腎水也。』許氏又謹案月令四時之祭，與古尙書同，鄭駁曰：『月令祭四時之物及其五臟之上下次之耳。』愚案以心爲土，蓋漢以前大抵皆然，考於五行傳，以貌言視聽思於五行爲木火金水土，於五常爲仁義禮智信，思卽心也，論塡心亦曰中央季夏土，信也，思也，仁義禮智以信爲主，貌言視聽以思爲主，故四星皆失，塡星爲之動，徐鍇云：『人心土藏，在身之中，象形，』博士說：『心爲火藏，』鍇云：『心星爲大火，然屬火也。』案此則漢以來原有二說，但以水火爲心腎，未見所出，禮記『季夏民驚則心動，』是害土神之氣。」又云「坎中一畫卽心體，故八卦惟習坎有孚惟心亨，心居中虛，於坎可見，然則心腎皆屬坎水，火未嘗離，非深於易者不及此」（鶴山師友雅言。）漢以前以心爲土，漢以來有爲土爲火二說，又有屬坎之說，坎水也，此儒家雜入五行說之結果（蔡沈洪範皇極內篇亦有「二爲火而心，其德禮也」之語，蔡係象數派，乃儒而雜入五行說者也。）宋儒雖偶有言之，但不之取，宋儒乃以承繼純粹的儒家的理論爲重，所以鶴山在另一處又這樣說：「聖人之心量直與天地萬物上下同流」（百源學案附錄引。）

還有一點，宋儒認心爲萬化根源，宇宙間的一切，都由心生出來，所以小程子說：

「蓋人萬物皆備，遇事時各因其心之所重者更互而出，纔見得這裏重，便有這事出。」

仁者見仁，智者見智，就是這緣故。宇宙間萬有現象都不過是心的表現，這也就是宋儒的宇宙觀。他與佛教相異之點，據他們自己說是這樣：

「佛教以心爲法，不問理之當有當無也，心以爲有則有，心以爲無則無，理與心爲二，謂理爲障，謂心爲空，此所以差也。聖人心卽是理，理卽是心，以一貫之，莫能障者。」——胡寅崇正辯。

「聖學以心爲本，佛氏亦然而不同也。聖人教人正其心，心所同然者謂理也義也，窮理而精義，則心之體用全矣。佛氏教人以心爲法，起滅天地而夢幻人世，擎拳植拂，瞬目揚眉，以爲作用，於理不窮，於義不精，幾於具體而實則無用，乃心之害也。」——同上。

「如釋氏擎拳豎拂運水搬柴之說，豈不見此心？豈不識此心？而卒不可與入堯舜之道者，正謂不見天理，而專認此心以爲主宰，故不免流於自私爾！前輩有言，聖人本天，釋氏本心，蓋謂此也。」——朱晦翁文集答張敬夫。

佛教認心不認理，儒學本理以言心，所以佛教認心爲幻，儒學則以生字詮心，學問講到精微處，所爭只在一間，雖只一間，卻是根本相異的重點。這於佛教認宇宙現象爲心之幻，儒學認宇宙現象爲心之重，幻與重的分別，就在理的有無，可以了然了。這是關於宋學的心的研究的第三步分析，也可說是第二步分析的完成。

五、心的種類

至此應該研究心的種類了。在前我已經說過，宋儒所說的心不是主管循環作用的肉體的心，而是一種神明不測抽象的心。心，在大體上可以說是分爲二類了，一類是肉體的心，一類是抽象的心，肉體的心宋儒不大看得起，大約所謂心屬土屬火以及屬水，漢以前以及漢以來，羼入五行說的儒家，所研究的對象是這箇。此外醫家言的也是這一種。宋儒所着重的是一種抽象的心，是孔子所謂「三月不違仁，」「七十而從心所欲不逾矩，」孟子所謂「仁人心也，」「操之則存舍之則亡」的心，是形而上的心，不是形而下的心。形而上爲道，小程子說「心卽道也，」分明是指言形而上的了。宋儒所講的既專是形而上的心，若說他的種類，當然要在這一面來分析，換言之，現在所要說的種類，乃是要說抽象的心的種類，不承認分心爲肉體的抽象的就算了事。

在儒家言抽象的心的種類，並不始自宋儒，所謂「由來已久」了。虞書上這樣的說：

「人心惟危，道心惟微，惟精惟一，允執厥中。」

這是把心分作人心道心兩種了。眞德秀的大學衍義序上說這是堯門的十六字心傳，堯舜乃儒家理想中的君主，尙書也曾經經過孔子的刪削，這「心傳」說他是儒家的原有的「心法」或者沒有什麼不妥當。儒家在開始就分抽象的心爲人心道心兩種。換言之，即在儒學的初期，已知道從事心的分類，而心的分類工夫並不是始自宋儒。

宋儒是如何地分析心的種類呢？人心道心的二分法，是儒家舊有的，在宋儒依然是守其統而不墜。他們這樣的分類，是從善惡的觀點出發，以人心代表心的惡的一面，以道心代表心的善的一面，善是儒家自孟子始倡以來，大部分都承認是本然的，但惡也是天地間不可抹煞的事實，焉能置而不論呢？宋儒於此便以人心說惡，而以道心說善，並不是說人有兩種心，心原只有一個，善的叫做道心，惡的叫做人心，這是應該注意的。虞書上雖以「危」與「微」說明人心與道心，但究嫌不大詳盡，宋儒於此則說出其所以然，並加之以發揮：

「人心惟危，道心惟微，心道之所在，微道之體也，心與道渾然一也，對放其良心者言之，則謂之道心，放其良心則危矣，惟精惟一，所以行道也。」——程頤語錄。

小程子之意是說良心就是道心（道與心原渾然爲一，）放其良心者爲人心。

「有道理底人心便是道心。」——朱熹語要。

饑欲食，渴欲飲者，人心也，得飲食之正者，道心也，須是一心只在道上，少閒，那人心自降伏得不見了，人心與道心爲一，恰似無了那人心相似，只是要得道心純一，道心都發見在那人心上。」——朱熹語要。

「蓋嘗論之，心之虛靈知覺一而已矣，而以爲有人心道心之異者，則以其或生於形氣之私，或原於性命之正，而所以爲知覺者不同，是以或危殆而不安，或微妙而難見耳。然人莫不有是形，故雖上智不能無人心，亦莫不有是性，故雖下愚不能無道心，二者雜於方寸之間，而不知所以治之，則微者愈危，微者愈微，而天理之公卒無以勝夫人欲之私矣。精則察夫二者之間而不雜也，一則守其本心之正而不離也，從事於斯無少間斷，必使道心常爲一身之主，而人心每聽命焉，則危者安，微者著，而動靜云爲自無過不及之差矣……其曰天命率性，則道心之謂也。」

——同中庸章句序。

「夫謂人心之危者人欲之萌也，道心之微者天理之奧也，心則一也，以正不正而異其名耳。惟精惟一，則居其正而審其差者也，絀其異而反其同者也，能如是則信執其中而無過不及之偏矣。非以道爲一心人爲一心，而又有一心以精一之也。」——觀心說。

朱子是道地的理氣二元論者，無往不以理氣二元爲根幹，言心當然也是一樣，人心生於形氣爲人欲，道心原於性命爲天理，心的虛靈知覺本來一而已，因爲根源不同，而所以爲知覺的乃因之而不同。

「天命之全體，流行無間，貫乎古今，通乎萬物者也。衆人自昧之，而是理也何嘗有間斷？聖人盡之，而亦非有所增益也。未應不是先，已應不是後，立則俱立，達則俱達，蓋公天下之理，非有我之得私，此仁之道所以爲大，而命之理所以爲微。若釋氏之見，則以爲萬化皆吾心所造，皆自吾心生者，是昧夫太極本然之全體，而反爲自利自私，天命不流通也。故其所謂心者，是亦人心而已，而非識道心者也。知言所謂自滅天命，固爲己私，蓋謂是也。」——張栻南軒答問。

張南軒的意思也是指原於性命爲道心，形氣爲人心。

「象山教人終日靜坐，以存本心，無用許多辯說勞攘，此說近本，又簡易直捷，後進易爲竦動，若果是能存本心，亦未爲失，但其所以爲本心者，只是認形氣之虛靈知覺者，以此一物甚光輝燦爛，爲天理之妙，不知形氣之虛靈知覺，凡有血氣之屬，皆能趨利避害，不足爲貴，此乃舜之所爲人心者，而非道心之謂也，今指人心爲道心，便是告子『生之謂性』之說，『蠢動含靈皆有佛性』之說，『運水搬柴無非妙用』之說。」——陳淳語。

「人心之虛靈知覺一而已，其由形氣而發者，以形氣爲主，而謂之人心，由理義而發者，以理義爲主，而謂之道心，飢思食，渴思飲，冬思裘，夏思葛，此皆人心也，視思明，聽思聰，言思忠，動思義，道心之謂也，二者固有脈絡粲然於方寸之間，而不相亂。」——同上。

「來教謂喜怒哀樂屬於人心，爲未當，必欲以由聲色臭味而喜怒哀樂者爲人心，由仁義禮智而喜怒哀樂者爲道心，以經文義理考之，竊恐不然，朱先生中庸序云：『人心發於形氣之私，道心原於性命之正。』形氣在我，如耳目口鼻是也，聲色臭味在物，豈得以發於聲色臭味者爲人心乎？朱先生云：『雖上智不能無人心，』今以由聲色臭味而喜怒哀樂，則是聖人未免於逐物也，而可乎？謂由仁義禮智而喜怒哀樂者爲道心，則鄉黨一篇委蛇曲折，煥乎其文章，莫非由仁義而發也，曷爲而以道心爲惟微乎？「人」指此「身」而言，「道」指此「理」而言，發於此「身」者，則如喜怒哀樂是也，發於此「理」者，則仁義禮智是也，若必謂兼喜怒哀樂而爲道心，則「理」與「氣」混然而無別矣。故以喜怒哀樂爲人心者，以其發於形氣之私也，以仁義禮智爲道心者，以其原於性命之正也，人心道心相對而言，猶易之言器與道，孟子之言氣與義也，人心既危而易陷，道心復微而難明，故當精以察之，則喜怒哀樂之間，皆見其有當然之則，又當一以守之，使之無一念而不合乎當然之則，然後信能守其中而不失也。」——黃榦勉齋文集復李公晦。

朱門大抵遵守朱子理氣二元的學統，惟李公晦（名方子號果齋）略有變動，故與黃陳二家所言不同，而謂「由聲色臭味而喜怒哀樂者爲人心，由仁義禮智而喜怒哀樂者爲道心，」在朱門算是主張理氣混一了，所以在當時極爲同門所攻擊，除前引黃氏之言外，陳淳亦曾痛斥之。

「李公晦質輭弱，以騎牆爲便，講學務騎牆，而不必是非之太白，論事務騎牆，而不必義利之太分，行政務騎牆，而不必誅賞之太明，與人務騎牆，而不必善惡之太察，熟此一線路，不知其病痛不少也。」

又曰：「世儒竊禪師之緒餘，以爲別有一物，光明迥超物表，固當麾之門牆之外，凡吾徒之略於事而忽於聞性與天道者，亦不可不戒。李公晦門下樂與緇黃來往，而又好觀楞嚴經解，恐其看他不破，未能脫此圈檻也。」——陳淳答陳伯藻書。

李公晦在朱門另成一流，換言之，朱門言道心人心有二種不同的說法，一以理氣二元說爲根榦，道心屬理，人心屬氣，一以理氣一元說爲根榦，以逐物者爲人心，順理者爲道心，後一說與小程子的良心爲道心，放其良心爲人心略相似，而微有不同，小程子於人心的解釋似乎沒有具體。

宋儒中有不言道心而言「本心」者，這如同小程子之說「良心」一樣，實在「本心」就是「道心」，袁燮說：「道不遠人，本心卽道」（絜齋粹言），不是本心就是道心嗎？講本心最多的是陸九淵，（參看第四章）他的學問以發明本心爲能事，但若說「本心」二字，則遍宋代諸儒，少有不出口的，陳襄固爲首倡者，朱子書中亦往往言及，即以心爲虛僞的蘇東坡他的文章中也有「本心」二字，不過他的意義稍有分別。

宋儒中有不言人心而言「成心」者，這張橫渠可算是代表，正蒙大其心篇上說：「成心忘然後可與進於道（成心者私意也）」，「化則無成心矣，成心者意之謂與」，「無成心者時中而已矣」，「成心」原來就是「意」，「無成心」可說就是「無意」。

宋儒言心的種類，仍不外人心道心二途，一守儒家舊有的學統，名目上或有更改，細按之，依舊是不失舊意。只有朱子的三傳，黃榦李燔的再傳，饒雙峯魯的弟子有名吳中者，他曾經有一段答部使的話，是前人所未言，可以附言於此：

「部使者稅駕其門，因質曰：『論語言心凡幾等？』即應聲曰：『簡在帝心，天地之心也；從心所欲不踰矩，聖人之心也；其心三月不違仁，亞聖大賢之心也；飽食終日無所用心，衆人之心也。』使者愕然嘆服。」——雙峯學案本傳。

分心爲四等，雖以論語爲言，究竟是其個人的學說而已，在宋學中並未起多大的作用。

我的第四步分析止於此。

六、宋儒爲何重心學及其目的與方法

關於「心」的本身，宋學中各種派別及其內容約略如上所述。以下擬轉變方向而討究三個問題：

甲、爲什麼宋儒要偏重心學；

乙、心學的終極目的；

丙、心學的方法。

關於第一個問題，宋儒自己的說明是：

「心也者萬事之宗也，惟人放其良心，故事失其統紀，學也者所以收其放而存其良也。」——朱熹語。

「今世才人文士，開口便說國家利害，把筆便述時政得失，終濟得甚事？只是講明義理以淑人心。」——同上。

「夫堯舜禹天下之大聖也，以天下相傳，天下之大事也，以天下之大聖，行天下之大事，而其授受之際，丁寧告戒，不過如此（指人心道心十六字之傳），則天下之理，豈有加於此哉？」——同中庸章句序。

因爲心爲萬事之宗，所以堯舜禹相傳只傳心，講明義理以淑人心，是治世的事，收其放以存其良，亦是修己的事，所以學應以心爲重。楊龜山時有言：

「知合內外之道，則顏子禹稷之所同可見，蓋自誠意正心推之，至於可以平天下，此內外之道所以合也，故觀其誠意正心，則知天下由是而平，觀其天下平，則知非意誠心正不能也。茲乃禹稷顏回之所以同也。」——語錄。

「明道先生嘗謂有關雎麟趾之意，然後可以行周官之法度。」——龜山文集答學者。

意字在宋儒都視爲不應有的東西，楊慈湖並立出「不起意」的宗旨來，蓋大都宗奉論語孔子四毋的學旨。論語說毋意，大學說誠意，這不是奇怪嗎？明儒劉蕺山宗周說意也是本體，蓋由誠意一語而發。在宋學中不大非難意的，恐怕是少數。楊龜山就是著名的，楊氏於毋意與誠意之間立出一調停學說。

「毋意云者，謂無私意爾，若誠意則不可無也。」——語錄。

「所謂毋意者，豈了然若木石然哉？毋私意而已！誠意固不可無也。」——龜山文集答學者。

私意應該毋，誠意便不可無，所以楊氏誠意與正心並舉爲言。

天下平的事，非意誠心正的人去做不可，楊氏說的如此，其師程明道所說的也是如此，所以宋儒於大學八條目的當中，把握住心作爲一貫的工具，而他們的學問，在心上用盡了畢生的精力，這中間或者有受佛教影響的處所，然大概是守着儒家舊有的學旨，因爲孟子一書，是心書，中庸一篇也是心篇。

關於第二個問題，心學的終極的目的，就是說宋儒如此地注重心學，在心上用盡了畢生精力，究竟要把心弄成怎樣的地位纔算好呢？這又可以分成三派來說：

有一派的人，如蘇東坡，他說心是虛僞的，虛僞自然不是學問的目的，所以他說「有是心也，僞之始也。」要不僞，便要無是心了，這一派的主張，心學的終極的目的是無心，到得無心，學問便算成了功，人類的本然是無心，有心乃是僞，到得無心，就是大人不失其赤子之心。

司馬光好像也是主張無心的，他有過這樣的說話：

「或問：『子能無心乎？』迂叟曰：『不能，若夫回心則庶幾矣。』『何謂回心？』曰：『去惡而從善，舍非而從是，人或知之而不能從，以爲如制悍馬如斡磻石之難也，靜而思之，在我而已，如轉戶樞，何難之有？』」——溫公迂書回心。

觀司馬氏的語氣，回心是第二級，無心是第一級，回心他可以辦到，無心則不能，既是那樣地尊崇無心，當然是以無心爲終極的目的了。

張橫渠氏也曾有過這樣的話：

「鼓萬物而不與聖人同憂，天道也，聖不可知也，無心之妙，非有心所及也。」——正蒙天道篇。

但他不是主張無心，而主張大其心與天心合，這觀正蒙大心篇可以知道。他所主張應該無的乃是一種成心，所以又說「無成心者，時中而已矣。」成心乃是一種私意，與蘇氏所主張的無心不同。

張氏不但不主張無心，並且主張要立心，所以又說：

「欲事立須是心立，立心不欽，則怠事無由立。」——橫渠理窟。

「爲天地立心，爲生民立命，爲往聖繼絕學，爲萬世開太平。」——近思錄拾遺。

他又嘗說心的所以有好有不好的原因，就在工夫生熟上面，生則心有時如失，並不是無心，他的說話是這樣：

「心淸時常少，亂時常多，其淸時卽視明聽聰，四體不待羈束而自然恭謹，其亂時反是，如此者何也？蓋用心未熟，客慮多而常心少也，習俗之心未去而實心未全也，有時如失者，只爲心生，若熟後自不然，心不可勞，當存其大者，存之熟後，小者可略。」——橫渠理窟。

反對無心的要算是楊時，楊時曾說：

「六經不言無心。」

這是不以無心的學說爲正統的意思。他只說過這樣的話：

「人各有勝心，勝心去盡，而惟天理之循，則機巧變詐不作，若懷其勝心，施之於事，必於一己之是非爲正，其間不能無窒礙處，又固執之以不移，此機巧變詐之所由生也。」——語錄。

勝心要去，勝心不是天理，算是私心了，並不是主張無心。

張子的成心，楊子的勝心，大概都是程子的所謂私心，在心的種類上都可以說是「人心」的別名，都是應該無的，無了「人心」，纔有「道心」「常心」「實心」也就是「道心」的別名，「道心」是循天理的。若說蘇東坡等爲無心派，那末，張子楊子等算是有心派了。

此外還有一派的人，既不主張無心，又不主張有心，而卻主張有心而無心，看起來好像是前兩派的折衷，實在他們是守着孟子的學旨。孟子說「必有事焉而勿正，心勿忘，勿助長。」這就是說應該有心而又不可太有心，在宋儒中大程子明道是這樣說：

「夫天地之常，以其心普萬物而無心，聖人之常，以其情順萬物而無情，故君子之學莫若廓然而大公，物來而順應。」——定性書。

「越着心把捉越不定。」

「人心不得有所繫。」

「今至於義理而心不安樂者何也？此則正是賸一箇助之長，雖則心操之則存，舍之則亡，然而持之太甚，便是必有事焉而在之也，亦須且恁去如此者只是德孤，德不孤必有鄰，待德盛後，自無窒礙，左右逢其源也。」——以上語錄。

小程子伊川也是這樣主張：

「且如物之好便道是好，物之惡便道是惡，物之好惡，關我這裏甚事？若說道我只是定，更無所爲，然物之好惡亦是在裏，故聖人只言止，所謂止，如『爲人君止於仁，爲人臣止於敬』之類是也。易之艮言止之義曰：『艮其止也，止其所也，』言隨其所止而止之。人多不能止，蓋人萬物皆備，遇事時各因其心之所重者更互而出，纔見得這裏重，便有這事出，若能物各付物，便是不出來也。」——語錄。

「聖人之心未嘗有在，亦無不在，蓋其道合內外，體萬物。」——同上。

「聖人之心本無怒也，譬如明鏡，好物來時便見是好，惡物來時便見是惡，鏡何嘗有好惡也？……聖人心如止水。」——同上。

「人多思慮不能自寧，只是做他心主不定，要作得心主定，惟是止於事，爲人君止於仁之類，如舜之誅四凶，四凶已作惡，舜從而誅之，舜何與焉？人不止於事，只得攬他事，不能物各付物，則是役物爲物所役，則是役於物者，物必有則，須是止於事。」——同上。

「孟子謂『必有事焉而勿正，心勿忘，勿助長，』正是著意，忘則無物，勿忘勿助，必有事焉，只中道上行。」——同上。

朱熹也是這一派：

「道夫言：『向者先生教思量天地有心無心，近思之，竊謂天地生物之心，若使其有心，必有思慮，有營爲，天地曷嘗有思慮來？然其所以四時行，百物生者，蓋以其合當如此便如此，不待思維，此所以爲天地之道。』曰：『如此則易所謂復其見天地之心，正大而天地之情可見，又如何？如所說，祇說得他無心處爾！若果無心，則須牛生出馬，桃樹上發李花，他又卻自定。程子曰，以主宰謂之帝，以性情謂之乾，他這名義自定，心便是他箇主宰處，所謂天地以生物爲心，中間欽夫以某不合如此說，某謂天地別無勾當，只是以生物爲心，一元之氣，運轉流通，略無停間，只是生出許多萬物而已。』問：『程子謂天地無心而成化，聖人有心而無爲。』曰：『這是說天地無心處，且四時行百物生，天地何所容心？至於聖人，則順理而已，復何爲哉？所以明道云，天地之常，以其心普萬物而無心；聖人之常，以其情順萬物而無情，說得最好。』問：『普萬物，莫是以心周遍而無私否？』曰：『天地以此心普及萬物，人得之遂爲人之心，物得之遂爲物之心，草木禽獸接著遂爲草木禽獸之心，只是一箇天地之心爾，今須要知得他有心處，又要見得他無心處，只恁定說不得。」——語要。

天地的心就是人的心，說天地是有心而無心，人的心當然也是這樣了！

陸象山在當代號稱心學家，其學專以發明本心，其承認有心自屬當然了，所以他主張要「立心。」他說：

「心不可泊一事，只自立心。」

「惟精惟一，須要如此涵養。」——同見語錄。

但他又說：

「學者不可用心太緊，深山有寶，無心於寶者得之。」——同上。

這又主張有心而無心了，他的大弟子楊簡也說過：

「是不可見者（指心而言），在視非視，在聽非聽，在嗌非嗌，在嗅非嗅，在運用屈伸，在步趨非步趨，在周流非周流，在思慮非思慮；視如此，聽如此，嗌如此，嗅如此，運用如此，步趨如此，周流如此，思慮如此，不思慮亦如此；晝如此，夜如此，寐如此，寤如此，生如此，死如此，天如此，地如此，日月如此，四時如此，鬼神如此，行如此，止如此，古如此，今如此，前如此，後如此，彼如此，此如此，萬如此，一如此，聖人如此，衆人如此；自有而不自察也，終身由之而不知其道也，爲聖者不加，爲愚者不損也，自明也，自昏也，此未嘗昏，此未嘗明也，或者蔽之二之，自以爲昏爲明也。」

——慈湖己易。

慈湖之弟子，袁燮之子袁甫有言：

「慈湖先生之訓曰：『舜曰道心，明心卽道也，何道也？熙帝之載，亮采惠疇，凡流行乎事物之間，理當如是而不容不如是者，何往非帝載乎？非道心乎？從五典，敍百揆，穆四門，納大麓，是帝載也，皆道心也，察璣衡，覲羣后，舉元凱，去四凶，是帝載也，皆道心也。舜命禹昌言，禹自敍刊木濬川，曁稷益播奏艱鮮，與凡懋遷之事，是帝載也，皆道心也。嗚呼！果可以有精粗本末論哉？果可以无精粗本末論哉？果可以置有无精粗本末之論哉？」——蒙齋文集樂平楊文元公遺書閣記。

大抵有心而無心的學說，就是孟子所謂「不動心」的宗旨，孟子以「不動心」爲極致，以「必有事焉而勿正，心勿忘，勿助長」爲方法，要「不動心」就是要「寂然不動，感而遂通」，就是要心如明鏡，「好物來時便見是好，惡物來時便見是惡，鏡何嘗有好惡？」（小程子語錄）蓋這些人認定「天地之間只有一個感與應而已，更有甚事？」（同上）心是萬事之宗，不寂然不動感而遂通如明鏡似地，怎能不身爲形役呢？同時天地之生長肅殺，天地何嘗有心，亦何嘗無心，人如不如此便不與天地相似，便不能參贊天地之化育而與天地合成爲三才。在修己爲人上這確是個雙方兼顧地好境地。

依照字面上的分析，宋儒心學的終極的目的，可以說止於上述無心派，有心派，有心而無心派三者。說他們是「派」，未免過於嚴重，說他們有這麽三種不同的目的論，那就沒有什麽毛病了。

但有一事應該補說的，張載楊時雖然是有心派，但卻又不是不主張無心，如張載說：

「有無一，內外合（庸聖同，）此人心之所自來也。」——正蒙乾稱篇。

「大易不言有無，言有無諸子之陋也。」——同大易篇。

「求心之始，如有所得，久思則茫然復失，何也？夫求心不得其要，鑽研太甚則惑，心之要只是欲平曠，熟後無心，如天簡易不已，今有心以求其虛，則是已起一心，無由得虛。」

楊時說：

「孔子之慟，孟子之喜，因其可慟可喜而已，於孔孟何有哉？中固自若也，鑑之照物，因物而異形，而鑑之明未嘗異也。」——語錄。

其宗旨與程朱陸等無有差異，還是主張有心而無心，所以嚴格的說，宋學心學的終極的目的只有兩種，一是無心派，一是有心而無心派，六經雖不言無心，無心或者是異端，然而孜孜於有無之分而不能像天地那樣以其心普萬物而無心，粘着不化，也是不對的啊！

至於第三個問題，心學的方法，就是說宋儒用怎樣地方法，以達到他們所希望的目的，說起來周濂溪的靜，程子的敬，謝上蔡的常惺惺，楊龜山李延平的觀喜怒哀樂未發前的氣象，陸象山的尊德性，朱晦庵的道問學，都是心學的方法，因爲宋學根本就是心學的緣故，他們的爲學的方法，自然也就是心學的方法了。

但是，若再細分析一下，就言心的本身來說，也不無歸併而成爲簡單的派別，可能本來心學的方法有下列二家所言的幾種：

「形容不欺昜木，幽晦不欺鬼神，言而不欺童昏，動而不欺愚懵，凝目於鼻，游心於帶，是制心者也，非治心者也；坐則見其存於室，行則見立於輿，是治心者也，非養心者也。」——王開祖儒志編。

「吾儒只說正心養心，不說明心，故於離不言心，而於坎言心。」——魏了翁鶴山大全集答蔣大著珍重。

「惟以坎爲腎，離爲心，則聖賢書中未有明文，特見之岐黃之說。」——同上與眞西山。

是心學原有四種方法，制心治心養心明心是也。制心這一種，宋學者在所不取，王氏的語氣可以看得出，陸象山罵他的學生李伯敏說：

「今吾友死守定，如何會爲所當爲？防閑古人亦有之，但他底防閑與吾友別，吾友是硬把捉，告子硬把捉，直到不動心處，豈非難事？只是依舊不是，某平日與兄說話，從天而下，從肝脯中流出，是自家底物事，何嘗硬把捉？吾兄中間亦云有快活時，如今何故如此？」——語錄。

聲色俱厲，想見他們深惡痛絕的態度了！第二方法治心，在宋儒有兩家是主張着，第一個是司馬光，第二個是蘇軾。

「學者所以求治心也，學雖多而心不治，何以學爲？」——温公迂書學要。

「小人治迹，君子治心。」——同上治心。

「治心以正，保躬以靜。」——同上無爲贊。

「禮曰：『甘受和，白受采，』故臣願陛下先治其心，使虛一而靜，然後忠言至計可得而入也。」——蘇軾擬進士對御試策一道。

但司馬光的「治心以正，」髣髴又是正心了，所以治心這一說，在宋學只可說是有，但其流並不大。第三種方法養心和第四種方法明心可就不同了，也可以說宋儒主要的心學的方法，不外乎養心與明心兩者的乘除消長，雖然魏了翁說明心不是儒家的舊有的方法，但在宋學中，確是變成爲儒學的方法了。考養心與明心二法同見倡於大程子明道，他曾經說：

「學只要鞭辟近裏著己而已，故博學而篤志，切問而近思，仁則在其中矣。言忠信，行篤敬，雖蠻貊之邦行矣。言不忠信，行不篤敬，雖州里行乎哉？立則見其參於前也，在輿則見其倚於衡也，夫然後行，只此是學。質美者『明』得盡，渣滓便渾化，卻與天地同體，其次惟在莊敬持『養』，及其至則一也。」

「學者須敬守此心，不可急迫，當栽培深厚，涵泳於其間，然後可以自得。」

「學在知其所有，又在『養』其所有。」

「若不能存『養』，只是說話。」

「敬以直內，是涵『養』意。」

「或問：『涵養』？曰：『若造得到，更說甚涵養。』」

「涵養到著落處，心便淸明高遠。」——以上同見語錄。

第一等資質美的人是「明，」第二等資質不美的人便要「養，」「敬」就是「養，」養到著落處，心便淸明高遠。他這兩種方法並言，是用以分配於兩種資質不同的人，資質好的人用明心的方法，資質不好的人就用養心的方法，學問的成功卻是一樣。

他的弟弟伊川先生就單主張一個「養」字，他說：

「學者先務固在心志。有謂欲屏去聞見知思，則是絕聖棄智；有欲屏去思慮，患其紛亂，則須是坐禪入定。如明鑒在此，萬物畢照，是鑒之常，難爲使之不照，人心不能不交感萬物，亦難爲使之不思慮。若欲免此，惟是心有主。如何爲主？敬而已矣！有主則虛，虛謂邪不能入；無主則實，實謂物來奪之。……大凡人心不可二用，用於一事，則他事便不能入者，事爲之主也。事爲之主，尙無思慮紛擾之患，若主於敬，又焉有此患乎？所謂敬者，主一之謂敬，所謂一者，無適之謂一，且欲涵泳主一之義，一則無二三矣。言敬無如聖人之言，易所謂『敬以直內，義以方外，』須是直內，乃是主一之義。至於不敢欺，不敢慢，尙不愧於屋漏，是皆敬之事也。但存此涵養，久之自然天理明。」

「不動心有二，有造道而不動者，有以義制心而不動者。此義也，此不義也，義吾所當取，不義吾所當舍，此以義制心者也。義在我，由而行之，從容自中，非有所制也，此不動之異。」——以上同見語錄。

小程子也不贊成制心之說，但他原來的主張「生而知之固不待學，然聖人必須學」（語錄，）所以講心學的方法不主張明心，而主張養心。他的學旨是「涵養須用敬，進學在致知，」但「人道莫如敬，未有能致知而不在敬者」（語錄，）他還是只以一敬字爲主，敬就是所謂涵養。

張橫渠是主張「立心」的了，但他這「立」就是敬，依然是主張養心的方法。

「欲事立須是心立，心不欽則怠墮，事無由立。」——橫渠理窟。

「敬斯有立，有立斯有爲。」

「敬禮之輿也，不敬則禮不行。」——同見正蒙至當篇。

「夫求心不得其要，鑽研太甚則惑。心之要只是欲平曠，熟後無心，如天簡易不已，今有心以求其虛，則是已起一心，無由得虛，切不得令心煩，求之太切則反昏惑，孟子所謂助長也，孟子亦只言存養而已，此非可以聰明思慮力所能致也。」——橫渠理窟氣質。

了。

橫渠的學問是以「禮」爲體的，「不敬則禮不行，」「敬斯有立，」立心不可不欽，欽就是敬，這不是依然以敬爲主嗎？而他言求心之法，深有取於孟子存養，這可確認他的立心依然是養心的方法

卽以主張心爲已發的胡宏而言，還是守着程張的養心的舊法，他在知言裏說：

「操而存之，存而養之，養而充之，以至於大，大而不已，與天同矣。」

這不是主張養心嗎？朱晦庵牢守着小程子「涵養須用敬，進學在致知」的口訣，所著的書中言敬言養心的很多，主要的如：

「敬卽是心自做主宰處。」

「不知以敬爲心，而欲存心，則不免將一個心把捉一個心，外面未有一事時，裏面已有三頭兩緒，不勝其擾也，就使實能把捉得住，只此已是大病，況未必眞能把捉得住乎？」——以上語要。

「蓋心主乎一身，而無動靜語默之間，是以君子之於敬，亦無動敬語默而不致其力焉，未發之

前，是敬也固已主乎存養之實；已發之際，是敬也又常行乎省察之間。方其存也，思慮未萌而知覺不昧，是則靜中之動，復其見天地之心也；及其發也事物紛糾，而品節不差，是則動中之靜，艮之所以不獲其身不見其人也。有以主乎靜中之動，是則寂而未嘗不感；有以察乎動中之靜，是則感而未嘗不寂；寂而常感，感而常寂，此心之所以周流貫徹而無一息之不仁也。」——中和說答張敬夫。

「向來講論思索，直以心爲已發，而日用工夫亦止察識端倪爲最初下手處，以故缺卻平日涵養一段工夫，使人胸中擾擾，無深潛純一之味，而其發之言語事爲之間，亦嘗急迫浮露，無復雍容深厚之風，蓋所見一差，其害乃至於此，不可不審也。」——同答湖南諸公。

朱子所講的敬有兩層意義，一是靜時存養，一是動時省察，湖南派中只知省察不知存養，這是缺點；但胡宏分明也說到養字，只是他對於心的基本認識不同，因而養其名而其實實同於省察。朱子雖涵養與省察並言，但觀其答湖南諸公之言的語氣，依然是以平日涵養的工夫爲重要，質言之，他依然是主張養心的方法。

「明心」的方法，自大程子一提以後，直到陸象山的江西學派始再抬頭，江西學派並且進一步而單止主張「明心」而反對主敬的學說。他的門人舒廣平璘曾經說過：「持敬之說，某素所不取，我心不安，強自體認，強自束縛，如篾箍桶，如藤束薪，一旦斷決，散漫不可收拾，理所宜然，夫子教人，何嘗如是？」（廣平類稿答葉養源）這是反對主敬學說的明文。同時他又說：「本原既明，是處流出，以是裕身則寡過，以是讀書則蓄德，以是齊家則和，以是處事則當。」（同答袁恭安）「自己良心先不明白，一旦處外境不動，難矣哉！」（同答劉淳之）這都是單主張「明心」。陸象山也未嘗不言涵養，但此乃明心以後的事，他的語錄有下面一段的記載：

「先生舉公都子問鈞是人也一章云：『人有五官，官有其職，』子南因思是便收此心，然惟有照物而已，他日侍坐先生，無所問，先生謂曰：『學者能常閉目亦佳。』某因此無事則安坐瞑目，用力操存，夜以繼日，如此者半月，一日下樓，忽覺此心已復澄瑩中立，竊異之，遂見先生，先生目逆而視之，曰：『此理已顯也。』某問先生何以知之？曰：『占之眸子而已，』因謂某：『道果在邇乎？』某曰：『然，昔者嘗以南軒張先生所類洙泗言仁書考察之，終不知仁，今始解矣。』先生曰：

『是卽知也勇也。』某因言而通，對曰：『不惟知勇，萬善皆是物也。』先生曰：『然，更當善爲說存養一節。』」

這一派的人認「人心自明」（楊簡絕四記，）只要「將精神收聚於內」則「此心自復，」再加之以「謹始克終」的工夫卽存養的工夫，那心自然會「卓然不動」（參考象山語錄與朱呂二公話及九卦之序一節，）所以主張「明心，」心旣明了，再加以存養的工夫，所以這派有「大悟幾十，小悟幾百」的情形，在當時及明代都受人的批評，說是「認靈光爲本體，」「認人心爲道心，」「混理氣爲一，」魏了翁的「吾儒的只說正心養心不說明心，」及「特見之岐黃之說」幾句話，說是攻擊陸學亦未爲不可。

魏了翁說明心之說本之岐黃，其實這似乎是受了佛教的影響，因爲佛教是講明心見性的。但陸學不是佛學，這因爲陸學的言心，還是守着儒家舊有的宗旨，在前面已經說過了。

宋學的心學的方法似乎只王魏二家所說的制心治心養心明心的四種，制心是初學的誤途，治心的人數很少，養心明心算是宋學的主要方法，周敦頤的主靜無欲，恐怕與大程子一樣，是兩種方法並重的。

爲什麼宋儒要偏重心學？什麼是心學的終極的目的？心學的方法怎樣？經過我前面的敍述，可以約略知其大概了吧！這是我關於宋學的心的研究的第五步分析，因爲我這一轉變研究的方向，已說盡了心學的各方面。

第六章　宋學的基本問題——力學

一、前言

宋學的內容如「心」「性」「仁」我已詳加分析，固然有許多疏忽而未達到妥當的地方，但大概是可以明了了！不過讀者會發生一個疑問：「究竟宋儒爲什麽要那樣地解釋『心』『性』『仁』？他們的根據在那兒？」這疑問就牽連到宋學的基本問題，這問題不解答宋學的內容未十分明白，我的研究依然不能算做完全。

各種哲學的不同點，我以爲就在他們——哲學家——對於宇宙的怎樣看法。宇宙本來是個謎，卽令現在科學如此的昌明，也不能說已經把握住宇宙的謎門的鎖鑰。宇宙太偉大了，現象太繁複了，居其間的人類太渺小了，卑怯者爲之懾服，聰穎者便不甘示弱，思竭其股肱之力，繼之以忠貞，作探究這謎門的嘗試，探得一分，便創立一說，因橫看側看的不同，發生了爲仁爲智的歧異，各尊所聞，各行所知，遂成各種不相同的學派。後人只就各種學派的成果驚訝他們相異的程度，忽略了他們基本歧異的宇宙觀，結果徒然驚訝而已，對於某一種的學說並未獲有深刻的認識。現在我們想完全了解宋學，對於宋學的基本問題宇宙觀當然有檢討之必要。

什麼是宋學的宇宙觀呢？宋學的宇宙觀拿什麼字面可以描繪盡？一言以蔽之曰「力」而已！前面曾說過儒家的宇宙觀是一生字，但生字還是「力」的解釋，宋學的基本問題就是力學，力學這名詞雖然是現代的，但討論力學在中國儒家學說裏卻很早，就有易經裏便有許多明文，宋儒承繼了這學統，對於力學更加以最大的努力。

宋儒的解釋力，如同今日的物理學家一樣，不外乎「動靜」二字，但怎樣叫做動靜？動靜在宇宙間誰是先有？究竟是誰的動靜？，這宋儒有宋儒的說法，不必盡與今人同，也未必不有一二與今人合，明白了以上宋儒關於力學的幾個問題，則宋儒的宇宙學與人生哲學，宇宙觀即人生觀的涵義，也可以明白了。以下卽逐次對於以上幾個問題加以詮釋。

二、究竟是誰的動靜？

爲方便起見，先研究「究竟是誰的動靜」這一問題。在今日物理學家的著作中所說的動靜，大都是說物質的動靜，就是說動是物質的動，說靜是物質的靜，物質是動靜的主體，撇開物質，是無所謂動靜的。宋儒則不然，宋儒的學問是形而上的學問，形而下的物質他們只承認是形而上的客形客感，張橫渠載有言：

「太虛無形，氣之本體，其聚其散，變化之客形爾！至靜無感，性之淵源，有識有知，物交之客感爾！」——正蒙太和篇。

客形客感，都不是原來本體的眞相。朱晦菴熹有言：

「正所以見一陰一陽雖屬形器，然其所以一陰一陽者是乃道體之所爲也。」——答陸象山太極圖說辯。

在朱子以前，爲朱子所最信仰的小程子伊川頤也說過：

「離了陰陽更無道，所以陰陽者是道也，陰陽氣也，氣是形而下者，道是形而上者，形而上者則是密也。」——語錄。

關於陰陽之究爲何物？與其在宋儒中說法的歧異，留待後面再討論；這裏所可明憭的，就是宋儒遵守易經上「形而上者謂之道，形而下者謂之器」的學統，把宇宙從縱的方面截成兩層，一層是形而上的道，一層是形而下的器，「所以陰陽者是道也」一語，是說形而下的器原是從形而上的道中出來，形而上的道雖就在形而下的器的當中，然而形而下的器是沒有自發的本領，他乃是形而上的道的形成，或者說是主持，換言之，宇宙乃是道的宇宙，宇宙間的物質，乃是道的客形客感，主體還是道，所以宋儒又這樣說：

「是知道爲天地之本，天地爲萬物之本，以天地觀萬物，則萬物爲物，以道觀天地，則天地亦爲萬物。」——邵雍觀物內篇。

「天由道而生，地由道而成，人物由道而行，天地人則異也，其於由道則一也。」——同上。

「道外無物，物外無道。」——朱熹蘇氏易解辯。

「此理塞宇宙，所謂道外無事，事外無道。」——陸九淵象山語錄。

就是說整個的宇宙都是道，道是宇宙之本，道外無事物，物事外無道，質言之，道便是宇宙的全體。宋儒既認明道是宇宙的全體，而看輕了物質，那末他們所說的動靜，當然不是如同今日的物理學家一樣說物質的動靜，而是守着他們不變的學統，專說形而上的道的動靜。還有，在宋代以前的儒家拿道與器來說明宇宙，宋儒雖然守其統而勿墜，但對於道則不相信不可以再分。道既是宇宙的全體，道又不是形而上的東西，究竟是個什麽呢？若果說是有，則道無形，若果說是無，則宇宙分明是有，程明道顥有言：

「言有無，則多有字，言無無，則多無字。」

「如此則亦無始，亦無終，亦無因甚有，亦無因甚無，亦無有處有，亦無無處無。」——同見語錄。

蘇東坡軾亦有言：

「一陰一陽之謂道，繼之者善也，成之者性也，陰陽果何物哉？雖有婁曠之聰明，未有能得其髣髴者也。陰陽交然後生物，物生然後有象，象立而陰陽隱，凡可見皆物也，非陰陽也，然謂陰陽爲無有可乎？雖至愚知其不然也，物何自生哉？是故指生物而謂之陰陽，與不見陰陽之髣髴而謂之无有，皆惑也。」——蘇氏易解。

既不能謂之無，又無自見其有，雖然，朱子有言：

「存而察之，心目之間，體段昭然，未嘗不可見也。」——蘇氏易解辯。

然於下文緊承之曰：

「然惟知道者乃能識之。」

這種專有品的說法，殊不足以解消天下人的苦悶，宋儒自己曾經亦感覺這苦悶，當然明白天下人之同此苦悶，在爲己爲人上，都逼迫得他們非追究道究竟是什麽不可，因爲要認識道究竟是什麽，同時認明了道不是不可再分的東西。

道究竟是什麽？易經上說：

「一陰一陽之謂道。」

這是孔子替道下的界說。宋儒反對孟子的很多，反對孔子的絕無有；不但不反對，對於孔子的學說且是絲毫不敢逾越範圍的。孔子替道下的界說是如此，宋儒當然也是如此了。不過對於「一陰一陽之謂道」這一句的解釋，因孔子當時未再加以詮注，漢儒的「幾個杜撰的子曰」又不足以置信（用陸象山語意），各憑自己的見解去讀古書，當然不能意見一致，綜合宋儒對於「一陰一陽之謂道」的解釋有三種不同：

甲、認一陰一陽爲陰陽未交各自存在。陰陽交乃始生物，未交時爲形而上，已交後爲形而下，着眼在「一」字上，由「一」字生出「交」與「未交」來，前引蘇東坡的易解卽是如此。

乙、着眼依然在「一」字上，謂一陰一陽者爲陰陽二氣之運行。陰陽氣也，形而下者也，所以陰陽者乃是道。如張橫渠的正蒙太和篇有云：

「由氣化有道之名。」

又天道篇有云：

「運於無形之謂道，形而下者不足以言之。」

大程子明道也說：

「繫辭曰：『形而上者謂之道，形而下者謂之器，』又曰：『立天之道曰陰與陽，立地之道曰柔與剛，立人之道曰仁與義，』又曰：『一陰一陽之謂道，』陰陽亦形而下者也，而曰道者，惟此語截得最分明，元來只此是道，要在人默識之也。」——語錄。

小程子伊川也說：

「離了陰陽更無道，所以陰陽者是道也。陰陽氣也，氣是形而下者，道是形而上者，形而上者，則是密也。」——語錄。

朱晦菴也說：

「至於大傳既曰『形而上者謂之道』矣，而又曰『一陰一陽之謂道，』此豈眞以陰陽爲形而上者哉？正所以見一陰一陽雖屬形器，然其所以一陰一陽者是乃道體之所爲也。……直以陰陽爲形而上者，則又昧於道器之分矣！」

「若以陰陽爲形而上者，則形而下者復是何物？熹則曰，凡有形有象者皆器也，其所以爲是器之理者則道也，如是則來書所謂始終晦明奇耦之屬，皆陰陽所爲之器，獨其所以爲是器之理，如目之明，耳之聰，父之慈，子之孝，乃爲道耳！」——同見太極圖說辯答陸象山。

「運行」與「所以」二詞不能忽視，因這派人認陰陽原是一個氣的退與生（朱子語意）。

丙、認陰陽就是形而上的道，大程子明道雖云陰陽卽是道，但認陰陽爲形而下者；這派人則謂陰陽不但是道，而且就是形而上者，如陸象山答朱晦菴的太極圖說辯卽有云：

「易之大傳曰：『形而上者謂之道，』又曰『一陰一陽之謂道，』一陰一陽已是形而上者，況太極乎？」

「直以陰陽爲形器而不得爲道，此尤不敢聞命，易之爲道，一陰一陽而已！先後始終，動靜晦明，上下進退，往來闔闢，盈虛消長，尊卑貴賤，表裏隱顯，向背順逆，存亡得喪，出入行藏，何適而非一陰一陽哉？奇耦相尋，變化無窮，故曰：『其爲道也屢遷，』說卦曰：『是以立天之道曰陰與陽，』顧以陰陽爲非道而直謂之形器，而孰爲昧於道器之分哉？」

依然着眼在「一」字上面。

甲與丙同謂陰陽爲形而上者，但甲解釋「一」字是靜的，丙解釋「一」字則含動性，這是區別的地方。丙與乙解釋「一」字同含有動性，但丙守着儒家原來的學統，對於道不再加以分析，乙則於承認宇宙全體是道外，因認道爲運行，爲所以陰陽者，復對道字加以分析，卽謂道字尙非最後的單元，其中依然可以分析，這又是區別的地方。

道字再可以分析成些什麽呢？這可於小程子伊川解釋「心」字看出，他解釋心字說：

「心卽道也。」

何謂道？他又說：

「循理曰道。」

什麽是理？他又說：

「性卽理也。」

拿理字專屬於性，不屬於心，拿道字專屬於心，而說「循理」是道，這「循」字大可注意了！「循」字與前「運行」「所以」二詞有聯帶關係，「循」是動詞，動詞必有主詞，於是「循理曰道」一語可如下式：

×＋理＝道

張橫渠朱晦菴雖說心統性情，張南軒栻說心主性情，但小程子則說「性之有形者謂之心，」「有形」係形而下者，那末心乃是形而上兼形而下者的了！心卽是道，道的內涵乃如下式：

有形＋無形＝道

「無形」是「理」「有形」是「氣，」那末，道的內涵便是

氣＋理＝道

（注意）爲方便計，故如此列成公式，但與化學上「$H_2+O=$水」的內容不一樣。這裏是「氣循理爲道」的意思。

了！質言之，便是乙派的人把「道」字再分成「氣」與「理」兩個單元，如同化學家的從原子又發現了電子一樣（這也是口順纔如此說。）

陰陽屬氣，氣亦在道的範圍以內，但道不只是陰陽，陰陽外還有所謂理，理是形而上者，乃是所以爲陰陽的東西，所以陰陽一句須整看。道就是所以陰陽的理，但又不能離開氣來說，離氣可以單說的就是理，這是道與理同而不同的地方。

理與氣在宇宙間那個先有呢？這朱子有言如下：

「或問：『理在先，氣在後？』曰：『理與氣本無先後之可言，但推上去時，卻如理在先氣在後相似。』」——語要。

「氣之已散者既化而無有矣，而根於理而日生者，則固浩然而無窮也。」——答廖子晦書

是理在氣先，而理便是氣的生生不窮的根源了。因爲分析「道」的結果，以前認「道」爲宇宙的究竟，現在改認「理」爲宇宙的究竟，這是儒學進一步的表現，所以這派人多言「理」而少言「道」字。但「理」依然是形而上者，不同物理學家之以物質爲主體一樣。

不論宋儒之仍守儒學的舊統，以道爲宇宙的究竟，或者較前更進一步認理爲宇宙的究竟，其不認形而下的形器爲宇宙的本體則同。於此以見宋儒的本體論的同，且以知其別；既憭然其所以別，又當深知其所以同。

宋儒認定本體是道是理，那末他們言動靜當然是言道的或理的動靜了，他們自己是這樣地說：

「氣一而已，主之者神也，神亦一而已，乘氣而變化，能出入於有無死生之間，無方而不測者

也。」——邵雍觀物內篇。

「誠，五常之本，五行之原也，靜無而動有，至正而明達也。」——周敦頤通書誠下。

「寂然不動者誠也，感而遂通者神也，動而未形有無之間者幾也。」——同上聖。

「動而無靜，靜而無動，物也。動而無動，靜而無靜，神也。動而無動，靜而無靜，非不動不靜也。」——同上動靜。

「至誠則動，動則變，變則化。」——同上擬議。

「無極而太極，太極動而生陽，動極而靜，靜而生陰，靜極復動，一動一靜，互爲其根，分陰分陽，兩儀立焉。」——同太極圖說。

「冬夏寒暑陰陽也，所以運用變化者神也。」——程顥語錄。

「太和所謂道中涵浮沈升降動靜相感之性，是生絪縕相盪，勝負屈伸之始。」——張載正蒙太和篇。

「天下之動，神鼓之也。」——同神化篇。

「動靜合一存乎神。」——同誠明篇。

「太極之有動靜，是天命之流行也。」——朱熹語要。

所謂「神」「誠」「太極」都是道或理的別名，都是說動靜的主體是道或理，周子說得更明顯。

「動而無靜靜而無動，物也；動而無動，靜而無靜，神也。」

指出他們所言的動靜的主體不是物質。

三、怎樣叫做動靜？

明白了宋儒所言的動靜的主體卽「究竟是誰的動靜」，可以繼續討論「怎樣叫做動靜」這問題了。

今日物理學家替動靜下的界說是：

「凡物質用力（自力或他力）改變其地位或方向者叫做動，與動相對者爲靜。」

有地位，有方向，這是物質的特性，但宋儒所講的道理，乃是一種沒有時間與空間的東西，程明道說：

「愚者指東爲東，指西爲西，隨像所見而已；智者知東不必爲東，西不必爲西；惟聖人明於定分，須以東爲東，以西爲西。」——語錄。

這是沒有方向觀念了！程伊川說：

「又語及太虛，先生曰『亦無太虛，』遂指虛曰：『皆是理，安得謂之虛？天下無實於理者。』」

「或謂『許大太虛，』先生謂：『此語便不是，這裏論甚大與小？』」——同見語錄：

明道先生曾有打破有無的觀念的說話，伊川先生這裏又說出無虛實大小的話了。邵雍又說：

「夫古今者在天地之間猶旦暮也。以今觀今，則謂之今矣，以後觀今，則今亦謂之古矣，以今觀古，則謂之古矣，以古自觀，則古亦謂之今矣。是知古亦未必爲古，今亦未必爲今，皆自我而觀之也。安知千古之前，萬古之後，其人不自我而觀之也？」——觀物內篇。

這不是無時間的限制嗎？張橫渠說得好：「有無一，內外合，」「有無虛實通爲一物」（正蒙乾稱篇）「大易不言有無，言有無諸子之陋也」（同書大易篇，）儒家所認識的宇宙，乃那麼一個無時間無空間的差別絕對無上的東西，所以大家都稱這東西叫做太極。全宇宙是這太極，小之而至一物，亦莫不有太極，它——太極是一個形而上的東西，玄妙到聖而不可知的地位，何所謂方向位置呢？既不可以方向位置言，當然宋儒所言的動靜的解釋，不能應用今日物理學家為物質所下的動靜的定義了。

究竟宋儒所說的動靜是怎樣呢？程伊川這樣的說：

「靜中便有動，動中便有靜。」——語錄。

在先周濂溪已經說過：

「動而無動，靜而無靜，神也；動而無動靜而無靜，非不動不靜也。」

宋儒所言的動靜，原來是這樣一個神祕的力，當然無法確實下一定義。然而宋儒所言的動靜，也不是絕對不可說明。

周濂溪有言：

「寂然不動者誠也。」——通書聖。

「不善之動妄也，妄復則无妄矣，无妄則誠矣。」——同家人睽復无妄。

「寂然不動」是靜，「不善之動」的反面是「善的動，」依然是動，同為誠，只有善與不善的區別，那末，周濂溪的意思是說善的動也是靜了！這還是他那「動而無動，靜而無靜，非不動不靜」的意思，乍看來很奇怪，其實有他們的至理存乎其間。程明道有言：

「如冬至之前天地閉，可謂靜矣，而日月星辰亦自運行而不息，謂之無動可乎？但人不識有無動靜耳！」——語錄。

「所謂定者，動亦定，靜亦定，無將迎，無內外。」——定性書。

朱晦菴有言：

「動時靜便在這裏，動時也有靜，順理而應，則雖動亦靜也，故曰：『知止而后有定，定而后能靜。』事物之來，若不順理而應，則雖塊然不交於物，以求靜，心亦不能得靜。惟動時能順理，則無事時能靜，靜時能存，則動時得力，須是動時也做工夫，靜時也做工夫，兩莫相靠，使工夫無間斷始得。若無間斷，靜時固靜，動時心亦不動，動亦靜也。若無工夫，則動時固動，靜時雖欲求靜，亦不可得而靜，靜亦動也。動靜如船之在水，潮至則動，潮退則止，有事則動，無事則靜。（一云事來則動，事過則靜，如潮頭高船也高，潮頭下船也下。）雖然，動靜無端，亦無截然爲動爲靜之理，如人之氣，吸則靜，噓則動，又問答之際，答則動也，止則靜矣，凡事皆然。」——語要。

「靜中動起念時動中靜，是物各付物。」——同上。

「主敬存養，雖說必有事焉；然未有思慮作爲，亦靜而已。所謂靜者固非枯木死灰之謂；而所謂必有事者，亦豈求中之謂哉？

「程子謂心自是活底物事，如何窒定教他不思？只是不可胡亂思，才著個靜底意思，便添了多少思慮，且不要恁地拘迫他，須自有寧息時。又曰，要靜便是先獲，便是助長，便是正。」

「道夫言：『向者先生教思量天地有心無心，近思之，竊謂天地無心，仁便是天地生物之心，若使其有心，必有思慮有營爲，天地曷嘗有思慮來？然其所以四時行百物生者，蓋以其合當如此，便如此，不待思維，此所以爲天地之道。』曰：『如此則易所謂復其見天地之心，正大而天地之情可見，又如何？如所說，秖說得他無心處爾，若果無心則須牛生出馬，桃樹上發李花，他又卻自定。」——同上。

「太極之有動靜，是天命之流行也，或疑『靜處如何流行？』曰：『惟是一動一靜，所以流行，如秋冬之時，謂之不流行可乎？若謂不能流行，何以謂之靜而生陰也？觀生之一字可見。』」——同上。

現在可以明白宋儒之所謂動靜了！在天地間萬物紛紛生長是動，然牛不生馬，桃樹不開李花，這就是靜；如四時循環是動，然寒暑之有一定秩序，就是靜；冬至是靜，星辰之運行不輟，是動；在人靜坐是靜，心則必有事焉是動；思慮營爲是動，心則物各付物，所謂「以其情順萬物而無情」是靜。拿現代的語言來說，便是行星之運行是動，運行而不失乎軌道是靜；耳聽目視口嗜鼻嗅是動，耳不視目不聽鼻不嗜口不嗅是靜；生死是動，生必有死，死必有生是靜；桃樹不開李花，牛不生馬是靜，桃樹之必開花，牛亦生生不已是動。這便是動而無動，靜而無靜，而非不動不靜；便是靜中便有動，動中便有靜。這就是宋儒對於動靜的說明。既無地位可言，又沒有方向可變，因爲他們是說明宇宙間一切現象的原理原則，是個形而上的東西。

有一事附帶的說明於此，即令日物理學家所爲動靜下的規律，「動者恆動，靜者恆靜，」宋儒在昔已經說過。如周濂溪的「有動無靜，有靜無動」便是，但指說這是物的動靜。他們所討論的對象是宇宙一切現象的原理原則，是個形而上的東西，物的規律當然不盡適用，故他們另外說「動而無動，靜而無靜，非不動不靜，」或者說「動中便有靜，靜中便有動，」這可說是他們的動靜的規律。

四、動靜在宇宙間誰是先有？

動靜在宇宙間究竟何者是先有呢？換言之，宇宙間究竟是先有動呢？抑先有靜呢？關於這，宋儒有三種不同的說法：有說是先有靜而後有動，這是第一派；有說是先有動而後有靜，這是第二派；更有說動靜同本於動靜之間，卽動靜無端說，這是第三派。各派都有他們所堅持的理由，應略加抒陳：

甲、先有靜而後有動說：

明言靜先於動者，宋儒中爲數不多，吾人讀蘇東坡之易解，蓋其言似屬於此，其言曰：

「一陰一陽者，陰陽未交而物未生之謂也。……陰陽一交而生物。」

所謂「交」是動，「未交」是未動，由「未交」而「交」是由未動而動，其意卽是先有靜而後有動了。

乙、先有動而後有靜說

主張這一說的人數也不多，周濂溪說：

「太極動而生陽，動極而靜，靜而生陰，靜極復動，一動一靜，互爲其根。」

雖然有「一動一靜，互爲其根」的話，但「太極動而生陽，動極而靜，」是靜之生乃由於動之極，而太極開始卽是動，是動在靜先了。

丙、動靜無端說：

主張這一說的人就不少了，宋儒的大部份都是如此的說法，宋儒所討論的對象，原來是宇宙間一切現象的原理原則，這原理原則原來動中就有靜，靜中就有動，動靜不可分離，那能分出誰在先誰在後呢？所以主張動靜無端的便說：

「夫一動一靜者，天地之至妙者與！夫一動一靜之間者，天地人之至妙至妙者與！」——邵雍觀物內篇。

「蓋天地之心……不可以動靜言而未嘗動靜，亦未嘗離乎動靜者也，故於動靜之間有以見之。然動靜之間，間不容髮，豈有間乎？惟其無間，所以爲動靜之間也。——邵伯温語錄。

「陰陽開合，本無先後，不可道今日有陰明日有陽，如人有形影，蓋形影一時，不可言今日有形，明日有影，有便齊有。」——程頤語錄。

「尹焞嘗請益於伊川先生曰：『某謂動靜一理，』伊川曰：『試喩之，』適聞鐘聲，某曰：『譬如鐘，未撞時，聲固在也，』伊川喜曰：『且更涵養。』」

「論動靜之際，聞寺中叩鐘，和靖曰：『說着靜便多一鐘字；說動亦然。』伊川頷之，和靖每曰：『動靜只是一理，陰陽死生亦然。』」——伊川語錄，

「動靜無端，陰陽無始」也是程子的話，朱子也說過，原來主張動靜一有齊有，無所謂先後。即周濂溪先生雖然於太極圖說裏有「動極而靜」的話，但在通書裏便主張動靜不可分了！陸九淵先生疑心太極圖說不是周先生作的，或者是周先生少年時代的作品，當然不是無因！

主張先有靜而後有動的，似乎是受了佛老的影響，主張先有動而後有靜的，與主張動靜無端的，還未出乎儒學的範圍，不過先有動說似乎看粗心了一點。

五、力學就是宋學的宇宙觀

關於動靜力的本身，宋儒是如上面所陳說的那樣解釋，但究竟力學何以即是宋儒的宇宙觀呢？在這裏不能再不說明了。

前面說過，宋儒認明宇宙的本體就是太極，太極究竟是什麼呢？道也是形而上，理也是形而上，以形而上詮釋形而上，終究是不容易使人明白的，朱熹於此則不能無言：

「太極自是涵動靜之理，卻不可以動靜分體用，蓋靜即太極之體也，動即太極之用也。」

那末，動靜即是太極，太極即是動靜了！太極是宇宙的本體，也就是動靜是宇宙的本體了！所以邵雍又說：

「天生於動者也，地生於靜者也，一動一靜交而天地之道盡之矣。動之始則陽生焉，動之極則陰生焉，一陰一陽交而天之用盡之矣。靜之始則柔生焉，靜之極則剛生焉，一剛一柔交而地之用盡之矣。動之大者謂之太陽，動之小者謂之少陽，靜之大者謂之太陰，靜之小者謂之少陰，太陽爲日，太陰爲月，少陽爲星，少陰爲辰（辰者天之土，不見而屬陰）日月星辰交而天之體盡之矣。太柔爲水，太剛爲火，少柔爲土，少剛爲石，水火土石交，而地之體盡之矣。

「人皆知天地之爲天地，不知天地之所以爲天地，則舍動靜將奚之焉？」——同見觀物內篇。

是動靜就是宇宙一切現象了！也就是動靜是全宇宙了！所以李延平個也這樣說：

「至理之源，只是動靜闔闢。」——延平答問。

所以二程子都說：

「天地之間只有一個感與應而已，更有甚事？」——語錄。

因爲動靜之爲物，不可以始終大小古今內外言，隨在皆有，分之爲千萬個，合之仍爲一個，一個是千萬個，千萬個是一個，所以程子又說：

「沖穆無眹，萬象森然已具，未應不是先，已應不是後，如百尺之木，自根本至枝葉皆是一貫，不可道上面一段是無形無兆，卻待人施安排引出來，教入塗轍，既是塗轍，卻只是一個塗轍。」

「寂然不動，感而遂通，此已言人分上事；若論道，則萬里皆具，更不說感與未感。」

「寂然不動，萬象森然已具，感而遂通，感則只是內感，不是外面將一件物來感於此也。」——伊川語錄。

感應都是本身感應，就是動靜都是本身動靜，動靜是一個，宇宙是一個，那有不是本身之理？於此可知朱子所謂「道外無物，物外無道，」陸子所謂「此理塞宇宙，所謂道外無事，事外無道」的意義了。而宋儒所謂道所謂理，在某一方面說雖有他們的區別，實際上它們都是太極的別名，太極是動靜，道理就是動靜了，所以說動靜闔闢是至理之源。又因為「動亦定，靜亦定，」宇宙間現象雖然繁多，然動有動的軌道，靜有靜的條理，莫之為而自有一定，我常常這樣說：「儒家所以命名他們的學問的對象叫做『道』『理』，是他們認識了宇宙的本體就是動靜，動靜又有一定而不可紊亂的秩序。」宋學在當時有道學的徽號，道學實在就是力學，力學就是動靜，動靜就是宇宙，那末，宋儒的力學就是他們的宇宙觀，意義很顯明了！（前說「運行」與「所以」二詞，卽是動靜，卽是說動靜本身是道。）

六、力學就是宋儒的人生哲學

宋儒認淸楚了宇宙就是力，宇宙間的一切現象就是力的表呈，把握住這一點，用來發揮他們對於人生哲學的見解。

力是整個的，宇宙是整個的，人生在宇宙間，當然也在這整個的當中。雖是一個人，也是宇宙的全體，宇宙的全體也可以說是一個人。張橫渠的西銘極力闡明「民吾同胞物吾與也」的旨趣，邵雍的觀物內篇亦說「仲尼之所以能盡三才之道者，謂其行無轍迹也，」就因爲力是不可分，宇宙是不可分，天人原來是一不是二。所以陸象山說：「宇宙內事乃己分內事，己分內事，乃宇宙內事，」又說：「仰首攀南斗，翻身依北辰，舉頭天外望，無我這般人」有我便是私，便是「宇宙不曾限隔人，人自限隔宇宙。」所以宋儒最重公私之辨，私是要去的，與私對待的是公，公便是無我，便是「與萬物渾然爲一。」

宋儒的學問，我常說拿易經上一句話可以包括無餘，卽是：

「窮理盡性以至於命。」

宋儒在某一場合是說：理是物之理，性是人之性，命是天之命，窮物之理，爲的是要盡人之性，所以要盡人之性，原因是要至於天之命；但大程子則說：「三事一時並了……若實窮得理，卽性命亦可了。」原來雖有三個名詞，其實卻只是一樣東西，這個力在物爲理，在人爲性，都是天命的流行，隨在命名，得着一個全體也就都得着了。所以小程子說：「性卽理也，」理本是全宇宙，所以又說：「性大無外，」性、命、理、實際就是力，就是宇宙。

因爲易經上有句「生生之謂易」的話，宋儒認「易」就是這個「力，」「生生」就是這「力」的全體，於是就以「生」字來說明這「力。」「生」字一轉就是「活潑潑底，」「力」的動而靜靜而動，動動靜靜，果然是「活潑潑底。」「生」字又可訓爲「生長，」「力」的生生無窮，日新不已，普遍無缺，果然是「生長」底。這一點「生生」之理，在天則謂之天心，在人則謂之人心，所以他們以「生」字解釋「心」字。又以這一點「生生」之理在人心，如桃核中之有仁，所以又有人以「生」字來解釋「仁。」「生」字有活潑的意義，所以又有人說：「活者爲仁，死者爲不仁。」宇宙的生生，原是普遍的，所以又有人以「公」字說仁，而謂「仁者渾然與萬物一體。」至「愛之德心之理」的說話，又是從「生生」而推到宇宙之必爲「好生」的了。質言之，便是宋儒所謂

「仁，」依然是指的這個「力。」由有「仁」的名稱，再隨在而定出義禮智信的名目來，義禮智信也是這個「力」

宋儒所謂陰陽，生者爲陽，消者爲陰，流行爲陽，停止爲陰，二氣原是一氣，陰陽由力而得名。宋儒所謂鬼神，神者氣之伸，鬼者氣之屈，鬼神就是屈伸二物原是一物，鬼神由力而得名。張橫渠所謂神化，「推行有漸爲化，合一不測爲神，」神化只是動靜的緩急，也是由力而得名。所以我說宋儒的人生哲學就是力學，人生觀就是宇宙觀，力學纔是宋學的基本問題，明白了宋儒的力學，宋儒學問的全體可以「思過半」了。

七、宋學的力學與佛老之不同點及其來源

宇宙這樣大，人事這樣繁，每一個人都免不了有劉老老進大觀園的情形，在五花八門耳縈目擾當中，人所看見聽見的都是動，能認得出動中有靜的很少；日處在動盪之中，人有不隨之而動盪者很少。在這情形之下，與人說動易，與人說靜難，教人能動易，教人能靜難，導人入動易，導人入靜難，所以一切的宗教與哲學，多半是教人們在靜字上用功。但宇宙的力，是動中有靜，靜中有動，不如此

則所謂與天地不相似，許多宗教家哲學家教人的結果，往往走入形如槁木死灰的路途上去，這是錯誤的。宋儒看清楚了這一點，所以他們說出「動中有靜靜中有動，」「動而無動，靜而無靜，非不動不靜」一的規律來，這是矯正別家的錯誤。宋儒所以極端排斥異端的，顯然不是一種偏見。

記住了宋儒關於力學的規律，再來看周濂溪的主靜以及其他宋儒的靜坐法，當知他們是與佛老二家不同的。程子朱子之不說主靜而說持敬，而說主一，謝上蔡之說常惺惺，說者謂儒家是着重在動的一面，是動中求靜，其實這不是儒家一家爲然，而儒家所獨有的乃在動中求靜，靜中亦不可無動，因爲力是整個的啊！所以小程子又有一段說話：

「曰：『中莫無形體，只是箇言道題目否？』曰：『非也，中有甚形體？然既謂之中，也須有形像。』曰：『當中之時，耳無聞目無見否？』曰：『雖耳無聞目無見，然見聞之理常在。』曰：『中是有時而中否？』曰：『何時而不中？以事言之，則有時而中，以道言之，何時而不中。』曰：『固是，所謂皆中，然而觀於四者未發之時，靜時自有一般氣象，及至接物又自別，何也？』曰：『善觀者不如此，卻於喜怒哀樂已發之際觀之。賢且說靜時如何？』曰：『謂之無物則不可，然自有知覺處。』

曰：『旣有知覺，卻是動也，怎生言靜？人說復以靜見天地心，非也，復之卦下面一畫便是動也，安得謂之靜？自古儒者皆言靜見天地之心，惟某言動而見天地之心。』或曰：『莫是於動上求靜否？』曰：『固是，然最難，釋氏多言定，聖人便言止，且如物之好，便道是好，物之惡便道是惡，物之好惡關我這裏甚事？若說道我只是定，更無所爲，然物之好惡亦是在裏，故聖人只言止，所謂止，如爲人君止於仁，爲人臣止於敬之類是也。易之艮言止之義，曰艮其止也，止其所也，言隨其所止而止之，人多不能止，蓋人萬物皆備，遇事時因其心之所重者更互而出，纔見得這裏重，便有這事出，若能物各付物，便是不出來也。』或曰：『先生於喜怒哀樂未發之前下動字下靜字？』曰：『謂之靜則可，然靜中須有物始得，這裏便難處，學者莫若且理會得敬，能敬則自知此矣。』或曰：『何以用功？』曰：『莫若主一。』——語錄。

說來說去，總不落動靜的那一邊，主一則靜自然有動，動自然有靜，不落於動靜的任一邊，這就是中了。儒家的中庸之道，實在說起來也是在說力啊！

宋儒何以會知道力學的如此重要？這或者是由河圖洛書中理解出來的，宋儒蔡九峯沈在他的洪範皇極內篇裏有過那麼幾段話：

「河圖體圓而用方，聖人以之而畫卦；洛書體方而用圓，聖人以之而敍疇。卦者陰陽之象也，疇者五行之數也，象非耦不立，數非奇不行，奇耦之分，象數之始也。」

「河圖非無奇也而用則存乎耦；洛書非無耦也而用則存乎奇。耦者陰陽之對待乎！奇者五行之迭運乎！對待者不能孤，迭運者不能窮，天地之形，四時之成，人物之生，萬化之凝，其妙矣乎！」

「數者動而之乎靜者也，象者靜而之乎動者也，動者用之所以行，靜者體之所以立，淸濁未判，用實先焉，天地已位，體斯立焉，用既爲體，體復爲用，體用相仍，此天地萬物所以化生而無窮也。」

宋儒對於象數學都有很深的硏究，他們對於宇宙的全體既認明是力，乃是由於他們知道了象數的成立都不外乎力，宇宙的一切現象不外象數，那末宇宙的全體當然也就是力了！而且他們說力雖是絕對的而說宇宙間的一切現象，則又無往而不曰「無獨必有對」，大程子思得這道理，嘗手之舞之足之蹈之，這不是合乎蔡氏所謂奇耦對待迭運的意思？所以我說宋儒力學的來源似乎是

由河圖洛書中理解出來的。

中華民國二十六年五月初版

宋學概要一册

每册實價國幣壹元壹角
外埠酌加運費匯費

(2 3 7 4 2)

著作者 夏君虞

發行人 王雲五
上海河南路

印刷所 商務印書館
上海河南路

發行所 商務印書館
上海及各埠

港